别人家的孩子

[加拿大] 杰里米·格里马尔迪——著

唐晓萌——译

译林出版社

图书在版编目（CIP）数据

别人家的孩子 ／（加）杰里米·格里马尔迪（Jeremy Grimaldi）著；唐晓萌译. — 南京：译林出版社，2021.4
书名原文：A Daughter's Deadly Deception
ISBN 978-7-5447-8259-3

I.①别… II.①杰… ②唐… III.①家庭教育 IV.①G78

中国版本图书馆 CIP 数据核字（2020）第 069926 号

别人家的孩子　[加拿大] 杰里米·格里马尔迪 ／ 著　唐晓萌 ／ 译

责任编辑　於　梅
装帧设计　崔晓晋
校　　对　蒋　燕
责任印制　单　莉

原文出版　Dundurn Press, 2016
出版发行　译林出版社
地　　址　南京市湖南路 1 号 A 楼
邮　　箱　yilin@yilin.com
网　　址　www.yilin.com
市场热线　025-86633278
排　　版　南京展望文化发展有限公司
印　　刷　南京爱德印刷有限公司
开　　本　718 毫米 ×1000 毫米　1/16
印　　张　24
插　　页　2
版　　次　2021 年 4 月第 1 版
印　　次　2021 年 4 月第 1 次印刷
书　　号　ISBN 978-7-5447-8259-3
定　　价　55.00 元

目　录

引　子

这一定是场噩梦。

“钱他妈在哪儿？”有人压低嗓门问。

话音刚落，更让人心惊胆战的一幕悄然降临——他觉得脸颊贴到了冰冷的金属：手枪。身为人父的他吓得浑身颤抖。就在他抬头的工夫，那人又说了一遍：“我说，钱他妈到底在哪儿？”

这是怎么回事？劳累一天的他，此刻不是正在自家二楼卧室床上熟睡吗？他试图从睡得迷迷糊糊的状态中清醒过来，想弄明白发生了什么事。站在他面前的歹徒却不容他有时间思考，他必须照着吩咐去做。今天他撞上歹徒发饷的日子了。潘汉辉已经57岁，歹徒却粗暴地揪着他的后颈。如果潘汉辉有时间戴上眼镜，他就能看清这人的样貌，不过歹徒把棒球帽檐压得很低，几乎遮住了眼睛。他用枪口紧紧抵着潘汉辉的后脑勺，把潘汉辉带去了一楼。他们一级级走下弧形楼梯，潘汉辉也慢慢看清了家人的危险处境。一楼还有一个蒙面男子，也戴着平帽檐的棒球帽，站在潘汉辉的妻子梁碧霞身后，用枪抵着她的后颈。

梁碧霞刚上完了每周一次的集体舞课，还在用热水泡脚。她小心翼翼地抬起头，用广东话[1]问丈夫："他们怎么进来的？"惊恐之下，她说话都走了音。

"我不知道啊，"潘汉辉回答，"我在睡觉。"

歹徒中的一个不耐烦地大声嚷了一句："闭嘴！你们废话太多！"他转向潘汉辉，又问了一遍："钱他妈在哪儿？"这一次，他语速更慢，声音中满是暴怒。

潘汉辉估计这些人只想劫财，无意要夫妇俩的性命，所以他只管完全照他们说的去做。数年前，潘家还住在多伦多市士嘉堡区的时候，家里曾遭遇劫匪抢劫——潘汉辉举家搬出治安较差的士嘉堡区就是为了避免再遭抢劫——自那以后，他们再也不在家里存放大量现金。潘汉辉告诉劫匪说："楼上我裤子口袋里只有60加元，但是我的家当很值钱。"

"骗人！我他妈就要现金，别的我不要！"

潘汉辉突然感到后脑勺一阵灼痛，不禁摔倒在地。鲜血顺着客厅沙发流淌下来。

"起来！"

直到潘汉辉和妻子双双被带到地下室，他才感到了真正的恐惧。潘家位于多伦多市郊一个典型的中产社区，潘汉辉无法相信，在这样一个异常温暖的11月的夜晚，暴力和恐惧就这样降临在他和家人身上。

1　梁碧霞和潘汉辉在移民加拿大前为越南华人。

梁碧霞的反应则不同。她意识到情况危急，自己命悬一线。她的脑子转得飞快，拼命想弄明白歹徒为什么要把他们带去地下室。极度惊恐中，求情的话脱口而出："求你们了，冲我们来吧，千万别伤害我女儿！"然后，她又哭着哀求歹徒放过他们一家。

在地下室，潘汉辉夫妇二人被勒令坐在沙发上。仅仅几个小时前，他们的女儿珍妮弗还懒洋洋地躺在这里，看她每周必看的情景喜剧。然后，歹徒用毯子兜住了潘汉辉和梁碧霞的头。这毯子是潘家人在常年阴冷的地下室保暖用的。潘汉辉镇定自若，听天由命。而梁碧霞则完全歇斯底里。持枪歹徒隔着毯子瞄准潘汉辉，扣动了扳机。一颗子弹打断了潘汉辉右眼内眼角附近的骨头，擦着颈动脉过去了。第二颗子弹击中了他的右肩，从右肩后上方穿出。

随后歹徒将注意力转向不断尖叫的梁碧霞。枪管中飞出的第一颗子弹穿透了她的脖颈，第二颗子弹穿透了她的右肩。最后一颗子弹从更近的距离射出，飞速穿过了她的颅骨：这是致命的一枪。

他们的女儿珍妮弗讲述案发经过时，说听到了"四五声枪响"，然后是歹徒匆匆离开潘家的脚步声。警察接到报警电话赶到现场时，看到珍妮弗被绑在二楼的楼梯扶手上。

潘汉辉慢慢恢复了知觉，睁开双眼。他意识到刚刚过去的八分钟不是噩梦，而是可怕的现实。回想着歹徒入室抢劫的种种细节，他心中充满恐惧。他再看向身边，自己的妻子瘫倒在血泊中。潘汉辉向妻子爬去，鲜血从他肩上和头部的伤口涌出，痛得他呻吟不止。潘汉辉摇晃着妻子，呼喊她的名字，喊了一次又一次——没有回答，和他相伴30年的妻子已经没有任何生命迹象。潘汉辉放声痛哭，不仅痛在身上，更痛在心里。他踉踉跄跄走上楼，只见惊恐万状的珍妮弗正在给911打电话求助。潘汉辉绝望的嘶喊和呻吟，连电话那头的911接线员都听到了。潘汉辉又回到一楼，摇摇晃晃地走向大门。到了屋外，他一头栽倒在正要出门上班的邻居面前。

“爸爸？”女儿珍妮弗在楼上对他喊，“我在给911打电话……我没事！”

潘汉辉没听见，他自己正备受痛苦煎熬。

第一部分　幻灭

为保护当事人隐私，

某些人名为化名。

1. 侦破开始

◇◆◇

“这里是911，您是否需要——”

接线员话音未落，就听见一个年轻女子发疯似的呼救：“救命啊！救救我……我不知道我爸妈在哪儿……”

“女士，女士，镇静一点。发生什么事了？”接线员问道。

“有人刚闯进我们家把所有的钱都偷走了！”女子大喊着，“我刚听见枪响。我给绑在楼上，手被反绑着，不过我的手机在口袋里。快来人啊……救命啊！”

“他们长什么样？”

“我说不好……刚才绑我的那个人，是个男的……有个人穿着连帽衫。他们走的时候把灯都关了。我觉得他好像是黑人，好像，我不敢肯定。他们没有伤到我……他们有枪，拿枪口对着我……他们把我爸妈带到楼下去了，然后我就听见枪响……他们就说了一句‘你们不够配合’。”这个报警的女子正在犯罪现场。

电话里传来另一个人撕心裂肺的嘶喊声。

“爸爸？我在给911打电话……我没事！”年轻女子大声喊道。

“你妈妈在楼下有没有发出什么声音？”

“我听不到她的声音了……”女子的声音越来越低，由于情绪激动，声音已经变了腔调，听起来她已经吓傻了。她央求接线员在警察赶到之前别挂电话。

不出几分钟，警察赶到现场，接线员透过电话能听到警笛大作、人声鼎沸。

三个警员跳下巡逻车，进入骇人的犯罪现场，他们竭力将现场的一切收入眼底。海伦街240号的车道上站着两名男子，正是潘汉辉和邻居张彼得。潘汉辉衣冠不整，头发凌乱，他用蹩脚的英语大叫着说脸上很痛。他的衣服浸透了鲜血，浓稠的鲜血还在不断从鼻子里往外涌。邻居张彼得担心地陪在他身边。警员迈克·斯特斯科走近潘汉辉，他不太听得懂潘汉辉的哭喊，潘汉辉用手指比画出手枪的样子，斯特斯科警员很快明白过来是持枪歹徒抢劫了潘家。潘汉辉告诉他劫匪枪击了他和他的妻子，他们的女儿现在还在屋里。

案发当晚，约克郡警员梅森·贝恩斯正在执勤，在安大略省万锦市宁静的街道上巡逻，他觉得最不可能发生的就是谋杀案。可是对讲机里竟然传来枪击的讯息，贝恩斯警员飞速驶向案发地点海伦街，仅用两分钟就抵达了一英里外的案发现场。贝恩斯警员下了车，走向案发住宅的大门，他反复回忆着训练时学过的应对枪击现场的方法——靠墙，拔枪，确认安全。

贝恩斯警员低头扫视，发现通向潘家大门的一路上都有血迹。他循着血迹走进大门，穿过餐厅。他大声喊叫，想确认屋里人员的方位。一个惊恐万状的女子回应了他，告诉他自己“在二楼”。

“我没事！”女子喊着，她说她的母亲在地下室，估计中了枪。

现场平静得很怪异。贝恩斯警员循着血迹慢慢向前推进。除了地板上的血滴外，一楼看起来井井有条。

迈克·斯特斯科警员带着新手搭档布赖恩·达罗克警员紧随其后。迈克·斯特斯科警员后来回忆说：“房子里面整整齐齐的。以前我们遇到的入室犯罪，现场都被翻得底朝天，但这个案子的现场，劫匪什么都没碰，好像什么都没拿。”

地下室案发现场（开庭时所示现场照片）

三个警员下到地下室，贝恩斯警员被眼前的景象吓得退后了一步。梁碧霞的尸体面朝下倒在组合皮沙发前。她身着绿色丝质维尼小熊睡衣睡裤，双脚还是湿漉漉的，说明不久之前，她还在泡脚。

斯特斯科警员后来在描述现场的时候说:“地下室现场血很多,是那种颜色很深的血。我们沿着一楼地上的血迹来到地下室,一楼的血迹是溅开的,颜色比较浅,而地下室的血更黏稠。死者头上蒙着蓝色的毛巾,血是从她的头部流出来的。”

在现场,斯特斯科警员对梁碧霞说话,但他知道这是浪费时间。贝恩斯警员检查了她的脉搏,然后看到了脖颈上和肩部的枪眼。达罗克警员注意到梁碧霞的腿已经变为浅灰色。

四名急救员很快也赶到了现场,他们把梁碧霞已无生机的身体翻过来开始做心肺复苏,结果无济于事。

斯特斯科警员让自己的搭档达罗克警员到二楼去保护报案的年轻女子。达罗克警员拿着枪,小心翼翼往楼上走。他慢慢靠近珍妮弗,然后把枪插回枪套。珍妮弗却说她也不知道歹徒是不是真的已经离开了。达罗克警员再次快速举起枪,盯着瞄准器。他谢过了珍妮弗的提醒,然后开始挨个房间搜查。主卧一片狼藉,床垫被翻了个个儿,被砸坏的空抽屉躺在地上——显然已经被洗劫过——抽屉里的东西散了一地。除此以外,屋里其他东西看起来都没被动过。

确认现场没有任何歹徒后,达罗克警员又回到珍妮弗身边。达罗克警员是从苏格兰来到加拿大的新移民,事后他说,珍妮弗坐在地上的姿势让他想起哥本哈根的美人鱼雕像。她的脚踝偏在身子一侧,被绑住的手腕可以在距离楼梯栏杆20厘米左右的范围内活动。达罗克警员从珍妮弗卧室里拿来了剪刀,剪断了绑住她纤细手腕的鞋带。他发现珍妮弗惊魂未定,便用带着苏格兰口音的低沉嗓音和她攀谈,帮助她平静下来。随后,达罗克警员立刻领着珍妮弗从前门离开现场,并记录下她的手腕没有红肿和瘀痕。

来到屋外，或许因为紧张，或许因为夜晚凛冽的寒风，珍妮弗瑟瑟发抖。达罗克警员给她披上了自己的警服，并把她交给在一边待命的急救员。他向急救员暗示，他怀疑珍妮弗可能遭到了入室歹徒的性侵。事后他说："我让他们给这姑娘做个检查，有时候女性不愿意把自己的经历透露给男性，我只想确保她平安无事。"

急救员把潘汉辉抬上担架，给他处理伤口，张彼得——潘汉辉血流如注走出家门时曾央求他打911求救——和另外几个邻居以及一个摄影师木呆呆地看着眼前发生的这一切。他们都是这桩恶性抢劫杀人案的目击证人。

珍妮弗一边接受急救员的检查，一边焦急地大喊："爸爸，你怎么样了？"话音刚落，救护车就关上了车门，飞速把潘汉辉送往医院。

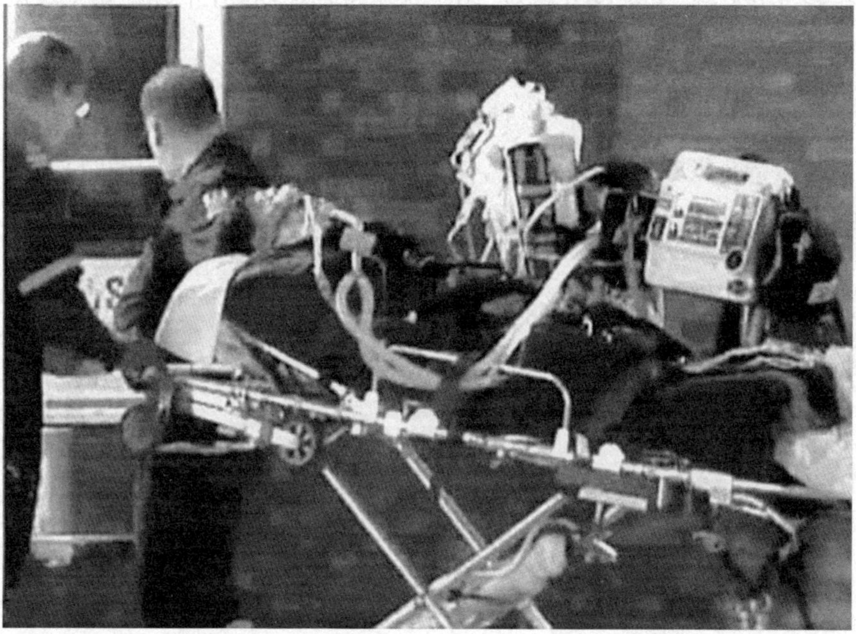

生命垂危的潘汉辉在案发现场被抬上救护车，送往附近的万锦市斯托夫维尔医院（图片来源：Global News）

绅士做派的达罗克警员护送珍妮弗去了医院。当珍妮弗问起父母的状况时，达罗克警员告诉她梁碧霞已经死了。他问珍妮弗，她还能记得多少案发的经过。珍妮弗回答说，不太记得了。歹徒一共是三个人，其中一个略矮，还有一个满头发辫。她说歹徒闯入的时候屋里太暗，所以没看清他们的长相。他们到处翻找梁碧霞的钱包时随手拉开了冰箱门，冰箱里透出的灯光是当时屋里唯一的光亮。

珍妮弗被送到万锦市斯托夫维尔医院后，很快便得知父亲伤势严重。大家都惊讶于潘汉辉居然大难不死。潘汉辉当时还不能说话，医生在尽全力抢救。

枪击案带来的痛楚慢慢显现，珍妮弗在惨烈的现实面前开始崩溃：她永远失去了母亲，很可能即将失去父亲。医院的危机援助人员安排珍妮弗晚上11点15分就诊，给她开了抗焦虑药物，平复她紧张过度的神经。其间，达罗克警员一直在诊疗室门外守卫。

珍妮弗出院已是11月9日凌晨1点31分。达罗克警员护送珍妮弗抵达万锦市警察局，在此之前，珍妮弗的罗杰斯公司[1]三星手机已被警方收缴，为即将开展的破案调查备用。

---

1 加拿大最大的通信公司之一。

2. 第一轮讯问

◇◆◇

潘家入室谋杀案发生四小时后，24岁的珍妮弗被带入万锦市警察局的审讯室。此时潘汉辉仍命悬一线。主持讯问的是约克郡警察局凶杀科的资深警探兰迪·斯莱德。此刻是11月9日凌晨2点45分。讯问预计将持续两个小时。

坐在斯莱德警探面前的这个年轻女子戴着眼镜，一条麻花辫从左肩垂下来。她身穿花样滑冰俱乐部宽松款队服卫衣和黑色瑜伽裤，脚上是一双有蝴蝶结的湖蓝色拖鞋。母亲刚毙命于歹徒枪下，此刻的她显然近乎精神崩溃。斯莱德警探尽力用最温和的态度、最得体的措辞问出了所有的问题。

斯莱德警探温和地向珍妮弗解释说，放在她面前的知情同意书一旦签署就表示她同意警方录制她的誓词，这并不是说警方要起诉她，而只是为了让她保证说出全部的实情。斯莱德警探说完后，珍妮弗点头表示明白。斯莱德警探进一步说明，目前进行的是凶杀案调查，证人如果做伪证将要负法律责任，此时珍妮弗点头的样子似乎心事重重。当斯莱德警探说如果做伪证罪名成立，最高将面临14年监禁时，珍妮弗显得很紧张，小动作不断，一会儿摸自己的腿，一会儿颤颤巍巍地把手放在胸口。斯莱德警探起身离开审讯室去拿《圣经》来让珍妮弗宣誓，等他再回到审讯室时，珍妮弗好像吓了一跳。尽管她服下的抗焦虑药物已经在起作用，但她仍然显得惴惴不安。

“我发誓会说实话，全部的实话，而且只说实话。上帝啊，请给我力量。”珍妮弗念誓词的时候身体挺得笔直，念完誓词后，她又脱口而出补

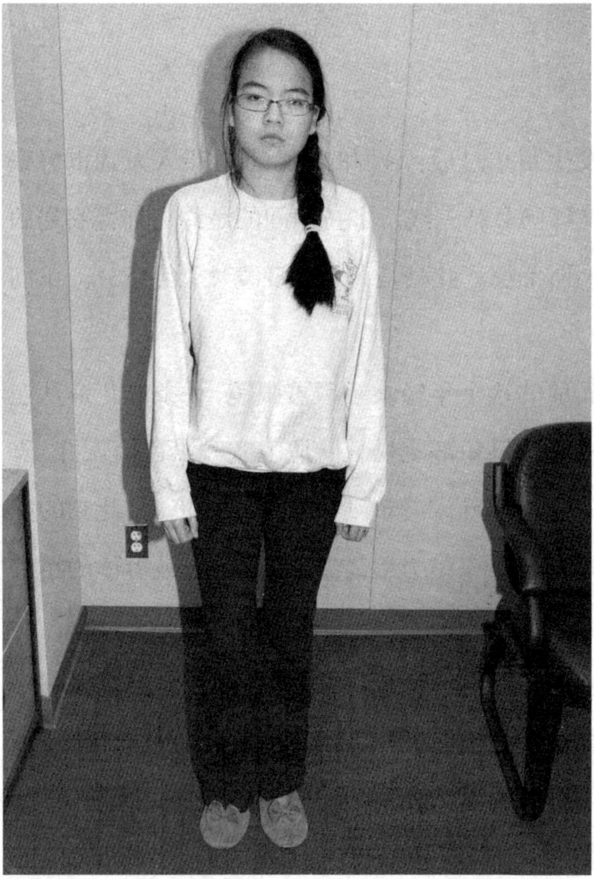

这是梁碧霞被杀后当夜警方进行第一轮讯问时拍摄的珍妮弗的照片(开庭时所示证物)

充说:“我能记得多少就说多少。”说这话时,她的下唇在微微颤抖。

“我要听的就是这些。”斯莱德警探说,“这份同意书不是冲你来的,明白了吗?录证词都要走这么个过场。”

当斯莱德警探再次提起母亲被杀的事实时,珍妮弗的情绪激动起来,她垂下头不住啜泣,伤心得没法说出母亲的名字,半天才勉强说出“梁——碧——霞”三个字,旋即又掉过脸去哭泣不止。没过多久,在隔壁房间观看监控视频的阿尔·库克警探注意到一些让人费解的情形。斯莱德警探给哭哭啼啼的珍妮弗递了张纸巾,但是,珍妮弗擦过的纸巾竟然是干的——她根本没有眼泪。“第一轮讯问的时候我们就开始暗中观察珍妮弗。”库克警探说,“她没有眼泪,也不难过,当然她可能还惊魂未定,所以这不能当作证据,但是我们会关注,这有助于我们后续分析案情。”

斯莱德警探坐在珍妮弗对面,其他侦破人员在审讯室外看着监控视频,大家一起专心致志地听珍妮弗描述案发当晚到底发生了什么。珍妮弗讲述了一个离奇的故事:她家闯进了三个持枪歹徒,歹徒没找到钱所以气急败坏,她的父母又很不配合,歹徒一怒之下向她父母二人的头部开了枪。

斯莱德警探的当务之急是要确认凶犯的外貌。珍妮弗告诉他,凶犯中有一个是黑人,中等身材,满头发辫。发辫垂在脸上,所以看不清他的五官。这人年龄在28到33岁之间,身高大约5英尺7英寸。“看起来好像是三个人里的头儿。”珍妮弗提到这个为首的凶犯时居然用“先生”来称呼他。当被问及凶犯脸部的毛发时,珍妮弗的手在下巴旁边比画着说:“我觉得……嗯……我不想说错话。”这是她第一次说“我不想说错话”,此后在整个警方讯问过程中,她不断重复这句话。她称为首的凶犯为“一号”，说那人拿着手枪，戴黑色皮手套，口音听起来像是在加拿大出生的本地人。她对凶犯的外貌描述得非常含混，甚至自相矛盾——关于凶犯的脸型，她对斯莱德警探说的原话是“有点圆，有点方”。

珍妮弗说“二号”凶犯是在另外两个凶犯之间跑来跑去帮忙的角色。他长着椭圆形长脸，身穿黑色连帽卫衣。鼻子上遮着一块方巾，完全不说话，只是点头，完全听从其他两个人的指挥。

珍妮弗声称她没机会看到用枪抵着她父母的“三号”凶犯，但“三号”说话有加勒比口音，她有个中学同学，全家是从圭亚那来的，“三号”和那个同学的父母口音很像。

斯莱德警探让珍妮弗说说案发当天的情况。珍妮弗从11月8日早上说起，那天早上，一向宁静的社区发生了一件不寻常的事。珍妮弗和母亲离开家时看到警察封住了半幅路面。他们说附近发生了煤气泄漏，暂时不能通行。警察的路障撤除后，她决定不和母亲一起出门，而是留在家里练琴。那天接下来就跟平常差不多，梁碧霞出门办事，直到下午三四点才回家，珍妮弗和母亲一起吃了晚饭。潘汉辉自己一个人吃了晚饭，然后进书房看越南语报纸新闻，这是他的习惯。珍妮弗说，弟弟费利克斯在45分钟车程外的汉密尔顿市就读麦克马斯特大学工程专业，平时住校。

晚饭后，珍妮弗的朋友阿德里安·蒂姆克维茨来了，两人一起看了他们最喜欢的电视剧《老爸老妈的浪漫史》和《绯闻女孩》。阿德里安离开后，珍妮弗回到自己的卧室，看《极速前进》真人秀，她又打电话给另一个朋友爱德华·帕奇菲卡多聊了会儿天。珍妮弗说听到母亲大概九点半回到家，梁碧霞每周一晚上都去多伦多一座教堂上集体舞课。

她听到梁碧霞在楼下"翻箱倒柜"，然后听到母亲大声叫父亲下楼。母亲用了英语，这让珍妮弗觉得很诧异，感觉有点不对劲，梁碧霞在家基本只说越南语或广东话。珍妮弗赶快挂了电话，安安静静在自己房间里坐着，"一动不动"，听着楼下隐约传来的奇怪人声。"说话的人声音很陌生，我很害怕……完全不敢动。我在房间里坐了一会儿，听到他们好像都去了地下室。"珍妮弗于是打开房门，向黑洞洞的二楼过道张望，这时，她看到后来被她称作"一号"的凶犯手里拿着根绳子朝她走来。那人抓住她，把她的手反绑在身后，说："我用枪抵着你的后背呢。照我说的做。只要照我说的做，我就不会伤人。钱在哪里？指给我看你的钱在哪里。"

珍妮弗说她照做了，指给那人看她放了2000加元现金的地方。这钱是她攒着买新iPhone的。那人随后用枪抵着她，推她走进过道对面父母的卧室，"一号"和"二号"问珍妮弗她父母都把钱放哪儿。她说不知道，于是两人就把卧室翻了个底朝天，在她母亲的床头柜里找到了一点现金。接着他们"拽着"珍妮弗下了楼，命令她跪在地上，眼睛看地面。珍妮弗说她只看到"三号"的影子，但是她听到"三号"怒气冲冲地让梁碧霞把钱包交出来，还向梁碧霞嚷嚷了几句，这让她不知所措。"我妈妈不断要站起来，他们不断让她坐下。"珍妮弗拖着哭腔告诉斯莱德警探说，"他们想要她的钱包（wallet），但是她英语不好，所以她一直说包包（purse）。"梁碧霞又一次想站起身，却被重重地推回沙发上。"我不想让她受伤，所以我就让她坐下。"说完珍妮弗就开始抽泣，情绪完全失控。

"不着急，"斯莱德警探安慰她说，"你说的所有这些都很重要，慢慢讲，不要急。"

潘汉辉告诉那些“先生”——珍妮弗又一次用“先生”来称呼凶犯——说自己钱包里有60加元现金，不过钱包在二楼卧室，于是几个凶犯把珍妮弗重新带回楼上，找到了潘汉辉说的现金。然后“一号”叫“二号”去找一截绳子来，他用“二号”拿来的绳子把珍妮弗绑在二楼的楼梯扶手上。珍妮弗记得父母被带去了地下室。“我听见他们说的最后一句话是‘你撒谎！你对我们撒谎！’”珍妮弗垂头丧气地回忆道，“我妈妈尖叫着，我也大喊着‘妈妈’，然后我听到几声枪响，我好像听到我妈妈又说着或呻吟着什么，接着他们又开了一枪，然后有人说：‘我们得走了，时间太久了。’他们就从前门跑出去了。”

等到珍妮弗用手机打电话报警的时候，她听到楼下传来父亲的声音。“我还是没听到我妈妈的动静，我只听到我爸爸呻吟着跑到马路上。”珍妮弗说道。

珍妮弗刚刚回忆完案发经过，斯莱德警探就说他想要和珍妮弗再过一遍事件经过，这一次要按照他的方法来：“我们要不带任何感情地回顾一遍，假想你从高处俯瞰一切。”

复述事件经过可以帮助受害者回忆微小的细节，同时也可以让侦破人员发现目击证人描述中前后矛盾的地方。珍妮弗在复述案发经过时，态度依然镇定，复述细节时语言依旧比较简洁，但是她的复述中出现了引起侦破人员注意的重大变动。珍妮弗第一次描述案发经过时说，梁碧霞当晚回家后没有跟她照面。但珍妮弗在复述时说，梁碧霞当晚回到家，自己下楼去迎接了妈妈。第一次描述中是凶犯拿着绳子向她走去，但复述的时候变成“一号”给她看了“枪套中”的手枪，然后命令她坐在床上，自己去拿钱——第一次说的是2000加元，这次说是2500加元。在复述的版本中，珍妮弗说“二号”给“一号”找了根鞋带，

潘家一楼和通往二楼的楼梯（开庭时所示现场照片）

潘家二楼过道，珍妮弗被凶犯用绳子绑在此处楼梯的扶手上，警察用照片里的剪刀给珍妮弗松了绑（开庭时所示现场照片）

然后“一号”才把她给绑上。“他绑得非常非常紧，我猜他感觉到我在挣扎，所以又打了一个结。”珍妮弗说。

珍妮弗说她被带到楼下的时候，凶犯让她坐在地上（之前她说是被勒令跪在地上）。然后，她回忆起了一些新的细节：一个关键场面。珍妮弗说，这时她违背了凶犯让她盯着地面看的命令，抬头看了一眼，注意到“三号”身材瘦小。她看到“三号”用一把“左轮手枪”指着自己的父亲——她说她能看出那是左轮手枪，因为那把枪有“旋转的圆柱形轮子”。这次复述时，珍妮弗告诉斯莱德警探凶犯找到了更多的钱——现在她回忆起来是1100美元，是上次去美国没有用完带回来的。在复述的案发经过中，凶犯没有找到潘汉辉的钱包，所以怒斥潘汉辉不老实（珍妮弗反复提到这句话）：“你骗我们！你骗我们！你必须照我们说的做！”

然后珍妮弗用痛苦、呜咽的嗓音说到母亲生命的最后一刻。“我好像听到我爸妈走下楼，我妈妈叫他们让我跟我爸妈在一起，那些人不愿意——‘我要和女儿在一起，为什么我女儿不能跟我一起下来！我要我女儿。’”珍妮弗说着，停顿了一下，然后重重地吐出了一口气，继续结结巴巴地描述，“我听到两声枪响……我妈妈尖叫……我大声喊她，然后又是几声枪响……我好像听到我妈妈说了什么，或者呻吟着什么，然后他们又开了一枪。其中一个人说：‘我们现在得走了。时间太久了。’然后他们就跑出了门。”

几分钟后，当她拨通911和接线员说话时，她听到父亲逃出家门，痛得呻吟不止。“我爸爸当时在屋外，”珍妮弗说到这里又哭起来，“我朝他大喊，但他不愿意进来。我不知道他是不是没听到，反正他没进屋。我猜他去找人帮忙了。后来我一直没见到我爸爸……直到刚才我离开医院之前才见到他。”

正是这个细节，在警探比尔·库尔蒂斯心头挥之不去。他看着讯问监控，心里一遍又一遍地琢磨：为什么潘汉辉身为父亲，明知女儿还在屋里，却自己一个人冲出家门？比尔·库尔蒂斯警探后来说道：“虽然潘汉辉在楼下中枪，而且伤势致命，但是有些家长在这种情况下，仍然会因为挂记孩子上楼查看。”有时候，父母会为了救孩子，冲进着了火的房子。“在这个案子里，潘汉辉飞快地离开了现场。他听到女儿的喊叫却没有停下。”库尔蒂斯警探说，他把自己的疑虑暂时搁置了，“当时……我们还是相信她的话的。”

当被问到在家里的状况时，珍妮弗没有对斯莱德警探多说什么，只说家人当时“需要她在家里住一阵”。斯莱德警探问起珍妮弗的职业，问到她交给凶犯的那么多现金是怎么赚来的，珍妮弗说是靠教钢琴课挣来的。斯莱德警探问到珍妮弗的教育情况时，她只字不提过往经历，只谈未来的规划。“我打算1月重新去上学，”她告诉斯莱德警探，“学生物技术工程。”斯莱德警探又问案发前她家里有没有什么异常情况，珍妮弗给了斯莱德警探一个最平常不过的回答：“我们家生活平平常常，几乎一成不变。”

斯莱德警探随口跟她说，她弟弟费利克斯这会儿正在隔壁审讯室里。珍妮弗突然坐立不安起来。她没问弟弟此刻感受如何，也没问自己能不能和他说话，她似乎更关心警方的讯问。她显然不知道，凶杀案的调查都要经历上百轮的讯问。珍妮弗屏住呼吸问道：“哦，他也得来啊？”

“事情就是这样，谁也说不准，该走的程序一步都不能少。”斯莱德警探回答，暗示警察只不过是和她弟弟谈谈，走个过场，她没必要这么紧张。

弟弟到场的消息，似乎诱发了珍妮弗心里的什么情结，这让侦破人员觉得颇值得关注。斯莱德警探最后离开审讯室，去和同事讨论一下他的初步思考结果。这时，我们从监控视频里可以看到，珍妮弗的行为举止发生了剧烈的变化。她先喝了一大口水，然后双手托着头，拇指和食指按着太阳穴，最后两手把脸完全遮住，随即又坐直，一手捂着胃。她站起身，在审讯室里踱来踱去。她似乎头晕不适，始终单手扶墙，有时得靠着墙或椅子才能勉强站住，看起来她随时会晕过去。然后，她开始甩动双手，把前额抵在墙上。折磨人的二十多分钟过去了，斯莱德警探再次走进审讯室，向珍妮弗传达了侦破小组可能会深入调查的一些问题。“结论其实挺明显的，凶犯可能是被你母亲座驾的车型和目的地吸引来的，”斯莱德警探说，“我们会进一步调查。”

听到斯莱德警探说出这个推断，珍妮弗立刻又生龙活虎起来，讨论案情时也显得更为放松。警探问她，会不会是潘家的生活方式——珍妮弗称之为“土豪做派”——招惹了凶犯的注意。珍妮弗忙不迭地回答说，母亲的确开一辆雷克萨斯。当被问到潘汉辉的座驾时，珍妮弗幽幽地笑着说：“他开奔驰，他可宝贝自己的车了。”

不过，珍妮弗的欢快情绪没持续太久。当警方开始深入了解她的手机通信记录时，她的情绪开始变化。听到斯莱德警探说从她手机上搜集到一些具有时间坐标性质的数据信息时，珍妮弗又闪烁其词起来。“我不是——嗯——我是经常打电话，但是我不——”她支吾着。

斯莱德警探打断了她，说：“恐怕爱德华和阿德里安也得来警察局一趟，因为他们案发当天或者去过你家，或者和你通过电话。”这话让珍妮弗更加忧心忡忡。除此以外，斯莱德警探还告诉珍妮弗，媒体可能会如何狂轰滥炸地追踪报道这类凶杀案件。“媒体绝对会追踪报道这个案子，”斯莱德警探说，“他们要怎么报道怎么追踪，我们管不了。我给你的唯一建议就是：不要看报纸也不要看电视。入室抢劫凶杀案是很大的新闻，而且大家……都会盯着案件的进展。”

珍妮弗听完斯莱德警探这番话，把原先交叉的双手放在胸口，眼泪几乎夺眶而出。接着调查人员让她签署文件，同意警方从她的罗杰斯公司三星手机里调用11月1日至9日的通话和短信记录。她鼓足勇气问，警方究竟会联系哪些人。“他们会调查得多……深入？”珍妮弗问道，“就是普通的通话记录吗？……因为有时候我会给钢琴老师打电话什么的。”

斯莱德警探说，她手机里的信息对于捉拿凶犯起着至关重要的作用，警方不会仅凭她一方的描述就确认当晚潘宅发生的一切，珍妮弗听到这些时显得很惊讶。斯莱德警探说，在如今的通信世界，通过基站的记录可以确认手机使用者的行踪，这些信息对于凶杀案的侦破非常关键。“在这个案子里，我们也会用到基站提供的信息，因为它可以定位接电话时手机使用者所处的方位。”斯莱德警探解释给珍妮弗听，“如果你说‘接电话的时候我人在家里’，我们就可以去核实这样的证词，因为这个信息就储存在基站的数据库里。假设你是凶犯的目标，案发前你出现在案发现场附近，那么有了基站提供的定位信息，我们就可以去调取当时案发现场附近的监控录像。我不是说在你家这个案子里要调用监控录像，我的意思是……基站的信息能让我们掌握你的手机通话发生在什么时间、什么地点。如果在侦破过程中，你对警方说谎或弄虚作假，基站的这些信息证据就可以用来指控你。我们必须让你明白，如果你对我们撒谎，依照法律我们可以用这些证据来指控你。”

珍妮弗显然被侦破工作的调查方向吓到了。“如果你们要联系谁的话，会通知我联系人的名字和事由吗？”珍妮弗问道。斯莱德警探不为所动，不作任何回应。从现在开始，珍妮弗对案件调查的进展都将一无所知。

凌晨5点左右，珍妮弗离开了警察局。

就在珍妮弗接受警方讯问期间，几英里外的万锦市斯托夫维尔医院做出了用直升机把潘汉辉转移到多伦多市中部一所外伤诊治中心的决定。为了转移，医生们采用了一个费劲的方案：用药物让潘汉辉暂时陷入昏迷状态。

3. 刑侦铁三角

◇◆◇

本案的残忍程度让一些侦破人员怀疑潘汉辉和梁碧霞是否涉入了黑帮活动——赌博和贩毒。在珍妮弗接受第一轮讯问时，关于非法赌博的怀疑就被提了出来。警探问珍妮弗，据她所知，父母是不是在家里藏了大量现金。但是这方面的怀疑很快就被排除了。虽然警方通常不会在拿到有力证据之前就轻易排除某个作案动机，但是，案发现场的各种蛛丝马迹都和这一怀疑不吻合。事实是，57岁的潘汉辉和53岁的梁碧霞再清白不过，他们真的只是一对勤恳工作的越南裔中产夫妇而已。

但案情显然有蹊跷。如果说潘汉辉和梁碧霞是无辜的受害者这一推断成立，那么案发现场的情况就违背了所有侦破人员的经验。如果贼人意在洗劫潘家财产，完全可以速战速决，拿钱跑路，为什么要暴力行凶呢？这完全有悖常规。公众最害怕的可能是这样的案件：罪犯根据屋宅的外观猜测住户贫富，然后任选一家，入室抢劫。但对警察来说，这样的案件闻所未闻。有经验的刑警会告诉你，99%的案件都有明确的作案动机，有个由头——走漏风声让人知道保险柜里装满了现金、家有珠宝、床垫下藏了数千大洋，或是买了顶级跑车。但是，如果犯罪动机是劫财，准备动手的窃贼都会确保家里没人。说到底，盗窃犯最多面临六个月监禁，而凶杀犯则会获判无期徒刑。

如果说，潘家夫妇二人不是无辜的，也就是说两人中有一人可能和黑帮有牵连，那么犯罪动机可能就会是报仇或是杀鸡儆猴。

案件侦破工作有自己的一套规则，遵循规则是为了规避所谓“确认偏误”的现象，即警探试图寻找线索去佐证自己对案件的既有推断。不管侦破人员遵循何种规则，他们仍然会本能地产生判断。在珍妮弗长达八分钟的、歇斯底里的报警电话录音里，能听出来就连911接线员都提出了质疑：“他们认识你父母吗？和他们有什么牵连吗？”接线员不解地问道：“他们就这样走过来把你绑起来了？”

《环球邮报》11月9日的报道描述了这起骇人的凶杀案在社会上引发的震惊和诧异：“宁静的万锦市郊鲜有毫无来由的暴行……但这个晚上他们杀死了一名女性，重伤了她的丈夫，他们的女儿双手被捆，魂不附体。周围邻居都胆战心惊，他们不知道一个似乎和犯罪没有丝毫关系的家庭怎会招来杀身之祸。”

万锦市位于大多伦多地区的约克郡，人口约30万，占约克郡总人口的三分之一，市郊治安非常好。整个约克郡在2009年（即案发前一年）只有14起入室案——这里的入室案指的是罪犯破门而入并意图施暴，其中万锦市仅占6起。“从我们早期的调查工作来看，这起案件似乎……完全是歹徒临时起意的行为。”时任约克郡警察局长的阿曼德·拉·巴尔热这样告诉媒体。案件情节十分恶劣——一户“寻常”人家的女主人平白无故地在自家被杀害——局长怒斥了“卑劣”的作案手段。拉·巴尔热局长对公众承诺，警方将调动“一切可用资源”捉拿真凶——多达24名警员被调集投入侦破工作，随着后续调查信息不断涌入，案件侦破人员数量迅速减少。本案一名律师说，加拿大警察局普遍存在警力不足的问题，一般刑侦工作开始时只会部署少数几个警员，随着工作推进，在需要的时候再追加人手，而本案的侦破工作部署正好相反。

通常在恶性刑事案件（如凶杀、严重性侵、绑架）发生后，公众会“强烈要求破获案件，逮捕并惩治凶犯”。加拿大警方会特别设立一个“重案管理”部门，配备由三位资深刑侦人员组成的“指挥铁三角”，为案件调查提供全方位指导。设立指挥铁三角不仅是为了做出最英明的决策，同时也是为了领导部门内人数众多的侦破人员。

位于万锦市海伦街的潘宅（开庭时所示证物）

负责指挥本案侦破工作的是探长拉里·威尔逊，他是指挥铁三角中经验最丰富的一位，在重大凶杀案侦破中身经百战。负责日常战略指挥的是警探比尔·库尔蒂斯。库尔蒂斯警探负责指挥过五起凶杀案的侦破工作，并参与过多达80起谋杀案件的侦破工作，其中就有万锦市著名的克里斯利特尔案。退伍军人出身的他脾气耿直，平日衣冠楚楚，烟不离手。很多同事都觉得这人很难相处，因为他直言不讳，执着较真，不留情面。指挥铁三角的第三人是警探艾伦·库克——前缉毒侦探，也曾在情报局工作，人送绰号“曲奇”。他和黑手党成员（尤其是卡拉布里亚的光荣会黑手党成员）合作的卧底工作经验弥补了他凶杀案侦破经验不足的缺陷。别人可能觉得很难和库尔蒂斯警探合作，但库克警探不会。库克警探和库尔蒂斯警探在长年的刑侦合作中结下了深厚的战友情谊。潘家入室凶杀案的侦破工作时间长、强度大，库克警探和库尔蒂斯警探两人共同度过了案发后不眠不休的48个小时。

警方第一轮讯问结束，侦破人员的意见分化成两个阵营：一方认为，案发现场、珍妮弗的行为，以及她描述的事件经过太可疑、太不可信；另一方则很难想象这个天使般的小女生会和这起凶残狡诈的谋杀案有任何瓜葛。

指挥铁三角中最具案件分析能力的侦破专家威尔逊探长不想在现阶段做出任何推断。他保持中立，等待获取更多的信息。库尔蒂斯警探分析案件中规中矩，他同样持观望态度，虽然有自己的怀疑但不愿贸然下结论。目前警方掌握的信息有很多自相矛盾的地方，令人费解，库尔蒂斯警探想要更多的线索。有侦破人员说，重案管理部成员就当晚的案发经过常常高声争执不下，而库尔蒂斯警探却矢口否认，他说：“每个侦破人员都会有自己的意见。我们不是在争吵，而是在讨论。这就是我们的工作。我们要分析手上掌握的所有线索,找出一个破案方向。”

库克警探可以说是警察中的警察。他风度翩翩,擅长和各色人等打交道。面对部门内的两种意见,他完全不忌讳亮出自己的观点。他说他从最初就觉得事有蹊跷。“我早知道这案子有内鬼,”他这样告诉我,“我一开始就觉得她是凶手。谁会闯进民宅,开枪打死两个人(库克警探说这话时还不知道潘汉辉能否幸存),然后留下一个活口做目击证人呢?你想,她都没躲起来就活了下来。别人都被开枪打死了,就她一个人只被绑起来,为什么呢?人家为什么单单不杀她呢?”随后库克警探又罗列了无数理由,说明为什么歹徒不会随便挑一户人家入室行凶:“可能歹徒没留意的时候主人回家来了,这家人可能没钱,户主可能有枪。这个案子违背我们所有的现场经验,完全说不通。”

其实,侦破人员跟我们普通人一样,有的爱听信人,有的爱怀疑人;有的觉得证人撒下了弥天大谎,有的不这么认为。虽然斯莱德警探坚持说,自己在讯问过程中尽力保持中立,不带任何偏见,让事实说话,但从监控视频来看,他是相信珍妮弗的。当然事情也并非如此简单。一位侦破人员解释说(应本人要求,不便透露此人的姓名),第一轮讯问中,“相信”一个人其实是非常理想的策略。“有时候能让当事人开口就是最大的收获,”他说,“就算说谎也比一言不发更有利于案件侦破,因为谎言可以被戳穿。如果当事人什么都不说的话,调查工作……就比较痛苦了。”

11月9日,案发第二天,媒体蜂拥而至,参加位于纽马克特市的约克郡警察局总部仓促召开的新闻发布会。正如斯莱德警探所言,本案万众瞩目,新闻发布会的实况向全加拿大直播。约克郡警察局长阿曼德·拉·巴尔热登上临时搭建的讲台发表声明。他神情肃穆，显然也被案情震惊。“昨晚的入室凶杀案性质恶劣，凶犯对我们的社区安全构成了极大威胁。”局长说道，“在一个宁静的夜晚，就在平民百姓自己家里，三名歹徒突然闯入，威胁他们的生命……一般入室行凶案的受害人多少都与各种犯罪行为有牵连……但在这起案件里，没有任何证据显示受害人涉嫌任何犯罪活动……”

巴尔热局长继续说道：“受害人是一对无辜的夫妇，这让我心情很沉重。感谢上帝，男主人大难不死……否则，我们此刻调查的就是两起命案了。”

警方称他们认为凶犯可能是被受害人的高端汽车吸引而至，但他们也指出，凶犯并没有抢车。这样的矛盾，让发布会上见多识广的刑事案件记者也觉得费解不已。警方说现场没有任何破门而入的迹象，也就是说，当晚受害人家里的大门没有上锁。警方拒绝透露凶犯劫获钱财的具体数目，未在发布会上公布的线索还包括：警方在梁碧霞的钱包里发现240加元现金，在潘汉辉的钱包里发现60加元现金，另外珍妮弗的钱包里还有20加元现金，这些钱凶犯分文未取。当天发布会上公布的凶犯描述完全基于珍妮弗的证词：

一号凶犯：男性，黑人，年龄在28至33岁之间，身高5英尺7英寸，中等身材。

二号凶犯：男性，黑人，31岁，身高5英尺8英寸，身材偏瘦，头戴深色帽子，脸上蒙着方巾。

三号凶犯：男性，瘦削，说话带加勒比口音。

新闻发布会结束后，记者紧接着赶到案发现场附近，周围的邻居向记者倾诉了他们的恐惧。住在潘家街对面的梁先生说："我现在紧张得晚上都睡不着觉，你想想，这事发生在一个正经人家里。"

安保公司在案发社区内大搞宣传攻势，希望能揽得大笔住宅安保系统的订单。这起发生在万锦市的凶杀案不仅仅吓到了小区里的邻居。案发第二天，加拿大全国各大报纸头版都登出了骇人的标题《女子在自家莫名遭歹徒枪杀》，凶杀案的恐怖细节让有家有口的读者不禁倒吸一口冷气。

4. 匿名举报

◇◆◇

随着案件新闻传遍大街小巷，没过多久，珍妮弗的好友们也都获悉了案件的瘆人细节——因此珍妮弗的手机短信提示音响个不停。

珍，刚看到新闻，那是你家吗？你没事吧？有什么要帮忙的尽管说。爱你，C。

珍，我只想说你和你妈妈都是好样的，她一定会希望你现在坚强起来。我相信。

丫头？听说被抢的是你们家!! 节哀!! 有需要只管打我电话!! 我的爱和你同在!! 爱你……对了，我是J。

珍妮弗的前男友黄志光说，案发第二天，他在上班路上听到新闻时大吃一惊："珍妮弗的妈妈死了，爸爸生死未卜？"他马上拿起手机给她发了一条短信：需要的话我随叫随到。当时还不到早上9点。他后来又回复了珍妮弗的短信：挺住，多少要吃点东西。从中可以看出当时珍妮弗的情绪状况。

警方讯问结束五小时后，珍妮弗仍然没有休息，她和家人一起守在多伦多日溪医院重症监护病房，这里是加拿大最好的外伤诊治中心，此刻潘汉辉仍然昏迷不醒。医生走进病房，向家属通报潘汉辉的伤情，伤势虽然严重，但能大难不死已经是个奇迹。一颗子弹打穿了潘汉辉的脸，下行到颈部，打断了颈骨，最后停留在颈部。医生说潘汉辉的脸部仍然残留着弹片，但是弹片残留刚好避开了往大脑输送有氧血液的主动脉。如果这根主动脉被打穿，潘汉辉必死无疑。就目前情况来看，潘汉辉可能会慢慢恢复过来。守候在病房里的都是潘汉辉的兄弟姐妹等家人，大家原本忧心忡忡，现在总算松了一口气。

珍妮弗脸上笑着，脑子却在飞速运转。她问医生，潘汉辉颈部的子弹会不会引发感染。"不会。"医生安慰她。

医生的回答让病床前的家人欢呼雀跃，这时，珍妮弗问谁有零钱，她要打个电话，她的手机完全没电了。叔叔胡安拿出自己的手机让她用，但珍妮弗拒绝了，她坚持要五毛钱。叔叔给了她两个两毛五分钱硬币，珍妮弗起身走向走廊里的投币电话。11月9日上午10点40分，父母被枪击的第二天，珍妮弗给一个心里熟记的号码拨了电话——黄志光的电话。电话转入了语音信箱。

在万锦市海伦街的案发现场，警方仍在继续查访。作为侦破的前期工作，两名警察负责地毯式排查社区内的所有住户。就在两名警察坐在警车里寻思如何才能寻访完附近的400户人家时，有人敲了敲这个移动“指挥站”的车门。

匿名举报人是一名青年男子，上了警车后，他告诉警察，珍妮弗的男友黄志光是个毒贩，珍妮弗帮他送过货。警察迅速查对警方记录，果然，黄志光多年前在多伦多警察局有涉毒案底。目前案件侦破毫无头绪，这是警方获得的第一个关键线索，对此警方给予了高度重视。

第二天，11月10日下午4点整，黄志光走进万锦市警察局，陪他一起来的姑娘名叫卡特里娜·维拉诺瓦。黄志光穿黑色抓绒外套，戴眼镜，一头黑发乱糟糟的。因为在感冒，他不停地吸着鼻子。黄志光的讯问由警探罗伯特·米利根负责。

和珍妮弗不一样，25岁的黄志光回答问题时面似平湖，米利根警探几乎无法洞察他的心思。他被一个人留在审讯室里的时候，居然还打了个盹。黄志光不仅心态放松，而且态度友善，毕恭毕敬，积极配合警察的问话。珍妮弗接受警方讯问时可以说是谨小慎微，而黄志光则是随意发挥。

米利根警探知道对黄志光来说，形势非常不妙。一般与年轻女子有关的凶杀案，男友和前男友都是侦破人员最先考虑的犯罪嫌疑人。所以，在讯问正式开始之前，米利根警探尽力帮黄志光打消顾虑。他只想从黄志光嘴里尽量多套些破案线索。“跟你说明一下，每个人都要接受我们警方讯问的，”米利根警探给黄志光吃定心丸，“十年、十五年来认识潘家人的每个相关人士我们都会找来讯问。所以，你也不例外。”

黄志光简单介绍了自己的经历，很快就和米利根警探相谈甚欢。他说自己曾经在约克大学主修音乐（他吹小号），后来退学，开始全职在波士顿披萨工作。波士顿披萨是一家有名的连锁餐厅和运动酒吧。黄志光很得意地告诉米利根警探自己如何从厨房后场打杂迅速晋升到现在的职位。

很快，话题转到黄志光的私生活上。米利根警探问话时，刻意没有透露任何警方已经掌握的信息。他等着黄志光自己交代他和珍妮弗的亲密程度，看他对于这个问题会不会撒谎。但是黄志光没有撒谎。米利根警探问他有没有女朋友，黄志光说："我有对象。"言下之意指的是陪他来警察局的卡特里娜·维拉诺瓦。当米利根警探问到他和珍妮弗的关系时，黄志光的眼神躲闪了一下，他揉了揉鼻子，说："我其实是她的前男友。我们俩高中毕业那会儿有一段，差不多两年前就分手了。"

接下来，在黄志光接受讯问还不到三分钟的时候，本案侦破工作发生了重大转折。黄志光的证词说明，珍妮弗竭力向斯莱德警探描绘的潘家"平平常常"的生活其实根本不同寻常。黄志光告诉米利根警探他和珍妮弗如何背着珍妮弗的父母维持了七年的恋爱关系。珍妮弗来自家教严格的亚裔家庭，父母不许她交男朋友。"她是花样滑冰选手，又弹钢琴，"黄志光说，"所以上中学的时候她真没时间谈恋爱。早上上学之前，她得参加花样滑冰训练，放学后还得接着弹钢琴或者继续训练花样滑冰。她父母基本上逼她过着没时间谈恋爱的生活。"

黄志光很快就供出了珍妮弗的许多怪诞行为。他说，为了掩盖两人的地下恋情，珍妮弗骗父母说自己在读大学，还谎称自己找了份药剂师的工作。而实际上，珍妮弗当时在东区马里奥餐厅当服务员，后来又和黄志光一起在波士顿披萨工作。黄志光透露，珍妮弗每周有三天晚上会到位于多伦多市以东的阿贾克斯市的自己家里过夜，而珍妮弗的父母对此完全蒙在鼓里，因为珍妮弗骗他们说自己住在好朋友托帕斯位于多伦

珍妮弗的前男友黄志光在警察局接受讯问（约克郡警察局照片）

多市中心的公寓里，这样可以离学校近一点，省下时间来学习。

虽然两人不是没说过结婚的事，但是黄志光坦白说，自己从一开始就想得很清楚。“对的，说到过结婚……嗯，不过不是当真的，因为我比较害怕承担责任。”黄志光对米利根警探这样说道。

米利根警探帮他打圆场，说：“哎呀……男人都这样。你还年轻。”他对黄志光挤了挤眼睛，捶了他一下，两人相视一笑。

黄志光说：“其实我也认真考虑过我和珍妮弗的关系，但是我心里明白……我跟她在一起七年，从来没正式和她爸妈坐下来碰个面、吃顿饭什么的，什么都没有。我和她爸妈只打过一次招呼，说了声‘你好’。我不能打她家座机找她，只能打她手机，因为如果是她爸妈接电话，就可能会对我发火。”

黄志光说，有一次珍妮弗的父母知道了两人的关系，尽管珍妮弗为了讨父母开心，谎称黄志光有工程专业的本科文凭，但是他们仍然不赞成两人交往。据他所知，珍妮弗的父母说黄志光在波士顿披萨工作的工资不够养家糊口。“他们说：‘啊？他怎么大学工程专业毕业只在波士顿披萨找了份工作啊？他为什么不去当工程师拿六七万的年薪呢？’”黄志光说。

黄志光还说，有一次珍妮弗告诉他，父母嫌他不是纯种中国人：“那次我问她的时候，她说，我爸妈反对不是因为你挣钱多少的问题，是因为你算半个菲律宾人。”两人到底有没有计划要结婚最后已无关紧要，因为后来珍妮弗为和黄志光交往而编造的谎言世界彻底崩塌，情况变得一发不可收拾。“我们本来是想继续交往下去的，”黄志光说，“但是她和她爸妈闹了很大的矛盾。她爸妈的意思基本上就是‘有他没我们’。后来她就跟我断了，把工作都辞了搬回家住，也就是说选择站在她爸妈一边，她爸妈把她所有的东西都没收了。”黄志光告诉米利根警探，珍妮弗的父母没收了她的笔记本电脑、钱，还有手机，然后逼她辞了工作从此住回家里。“我们俩的事情曝光以后，他们说：‘不许你去那儿工作，不许你工作，就这样。’”黄志光继续说道，“所以我只好跟珍妮弗说：‘回你爸妈那里吧，再看看能不能找到别的解决办法，我们俩的事走一步看一步吧。’”

黄志光说，和珍妮弗分手，主要就是这个原因。“后来，她爸妈都不让她出门。”黄志光告诉米利根警探，“她等于在蹲监狱……生活很痛苦。”黄志光说，两人在2009年4月分手后，慢慢就疏远了，只是偶尔见个面，通个电话。“我要是接到她的电话，就跟她聊一会儿，”他说，“我也会给她打个电话什么的，看看她过得怎么样。”

米利根警探把话题转向潘汉辉和梁碧霞，黄志光回答说完全不知情：“说实话，关于她父母，除了她告诉我的，我真的什么都不知道。”他解释说在和珍妮弗交往的七年中，他去珍妮弗家的次数屈指可数。不过，他倒是透露了一些珍妮弗跟他说过的家里“不寻常”的细节。“她跟我说过好多次，她爸妈从来不睡在一张床上。”黄志光说，“她妈妈经常睡地下室，她爸爸睡二楼主卧。她爸妈经常吵架，好像是她爸爸只会坐享其成，什么事情都推给她妈妈做。”黄志光还透露了潘家夫妇装修房子的一个细节，说他们付了包工头差不多3万加元的现金。

很快，话题又回到潘家夫妇为什么不喜欢黄志光这个问题，因为米利根警探想让黄志光说说自己怎么会在警察局留了案底。黄志光说珍妮弗的父母并不知道自己有前科。他第一次被捕是因为警察拦下他的车并在他车上发现了一磅大麻，市价大约在1000到4000加元之间。

黄志光说，第二次惹上官司并不是他的错。他的朋友借了他的车，结果被警察拦下，被控非法持有毒品。他觉得涉毒风险太大，自此便放弃了毒品交易：“我不想到最后整天提心吊胆，过了今天不知道明天，还得防着人家抢生意什么的。”

黄志光坚决否认珍妮弗跟毒品交易有任何牵连。米利根警探说：“我知道你贩过毒，不过我现在不关心那个，那都是过去的事了。你和珍妮弗交往那么久，她可能在生意上也帮过你，这我可以理解。”

“我叫她永远别碰毒品。”黄志光回答说，“因为我不想把她搅和进去。”

接着，他们说到了黄志光手机上的诡异来电。自从黄志光和珍妮弗分手之后，手机上就经常接到莫名其妙的来电和短信，而且近来愈演愈烈。黄志光告诉米利根警探："不知道什么人给我手机打电话，我接了以后，电话那头什么声音也没有，过了十几秒钟，那头就挂了电话，就这样反反复复。如果电话响了我不接，情况会更糟。这些人简直丧心病狂，我的手机一晚上能响100回。"

黄志光说，老有人给他发恐吓短信，像是：哈哈哈，砰砰砰。他还说，珍妮弗也说自己收到了恶毒的短信骂她"又丑又蠢"，还说为什么黄志光竟然想和她这样的女生交往。黄志光的新女友卡特里娜也没能幸免。卡特里娜的手机上全是揭发黄志光持续联系珍妮弗的匿名短信。有匿名短信这样写道：他不关心你的感受吗？

黄志光说，诡异的骚扰事件后来发展到登峰造极的程度。先是珍妮弗的手机不见了，后来手机被裹在塑料袋里出现在她家信箱内，袋子里还有不知是什么的白色残渣。黄志光说，珍妮弗还在信箱里收到过子弹，并且被一伙五个亚洲男子轮奸。

米利根警探反复暗示，黄志光的毒品交易可能是潘家这起入室抢劫凶杀案的诱因。"会不会是你的对手？"米利根警探问道，"看你不顺眼的人？"接下来，他与黄志光的对话变得颇为有趣。

面对米利根警探的质疑，黄志光的对策是把话题重新转回到匿名电话和短信上去。"我觉得这案子可能跟匿名电话什么的有关。"黄志光说道，"我有95%到99%的把握这案子跟我以前的贩毒没关系。我在生意上没什么要跟人竞争的，而且也不会有人为了一克大麻给你一枪。"他坚称自己把毒品生意控制在一个很小的熟人客户圈里。随后他又开始说自己的猜测。"案发后我比较担心自己的安全。"黄志光说，"我不知道是谁犯下了这起杀人案……愁得晚上睡不着觉。如果是打骚扰电话的那帮人的话，他们既知道我家的座机号码，也知道我的手机号码，也就是说他们有我家的地址。这是明摆着的……如果他们能用珍妮弗的手机号码查到她家的地址，那么他们也能用我的手机号码查到我家的地址。我妈也担心得睡不着觉。我一直在想：会是谁干的呢？是谁呢？这会是一起无缘无故的入室凶杀案吗？我觉得其实是跟那些匿名电话什么的有关。”

从破案的角度来看，黄志光不经意间透露了珍妮弗还有一个手机——贝尔公司[1]的iPhone，这是最让侦破人员兴奋的关键线索：“她自己的手机她爸妈会没收，她另外一个手机是我给她的，这样我好联系她。”

在讯问最开头，黄志光说自己和珍妮弗已经分手了。现在看来，有必要追问一下：这两人到底分没分？“我们是很好的朋友，”黄志光说，“七年可不短，我很感激她为我做的一切，我们分手以后还是好朋友。”

在讯问即将结束的当口，深谙讯问技巧的米利根警探看似不经意地问了一句：“你们这行里，杀人是个什么价儿？说个数吧。”黄志光的回答让人瞠目结舌。“什么价儿都可能。”黄志光说，“如果真是急缺钱用，多少钱他都能干。可能得要差不多1万块，出1万块就肯定能找到人干。”

对黄志光的讯问持续了两个半小时，就在他走出万锦市警察局的时候，珍妮弗那头又有了新情况。珍妮弗和家人在医院看护潘汉辉时，媒体记者就守在医院门外等着珍妮弗出来。有记者听到珍妮弗在电梯旁接了一通电话，在之后与媒体的对话中，珍妮弗失声痛哭，泣不成声，全靠身边的家人扶持。家人向记者透露说，珍妮弗的外公，也就是梁碧霞的父亲，刚刚去世。

1 加拿大一家通信公司。

5. 破绽百出

◇◆◇

11月的那个夜晚，改变了潘家人的命运，案发后，海伦街238号便成了被封锁的犯罪现场，珍妮弗只能住在离家不到一英里的舅舅舅妈家，和表妹米歇尔·梁待在一起。珍妮弗的日子很难熬。她得向亲戚借衣服穿，还得面对他们的诘问和怀疑。珍妮弗不仅是这起离奇凶杀案的幸存者，而且居然毫发无损，因此媒体都在疯狂搜索着关于珍妮弗的一切消息，而公众则在公开揣测她和凶手之间有着怎样的联系。她同尚未接受讯问的母亲那方的亲属住在一起，这后来也导致了警方对她更加不信任。

11月10日晚上9点10分，珍妮弗的表妹米歇尔接受了警方讯问。米歇尔说，就在她来警察局前的几个小时，珍妮弗特地告诉她，自己和黄志光已经分手了，还说她一直收到恐吓短信。在第二轮讯问中，警探问珍妮弗对米歇尔的这番证词如何解释。珍妮弗打了个马虎眼，说她只是想安慰"太紧张的"米歇尔，让她"实话实说"。但是，显然珍妮弗的举动让警方对她更加怀疑。

除了米歇尔，家里其他人也留意到了珍妮弗的怪异举止。珍妮弗的叔叔胡安揭发说，他在案发几个月前，在蒂姆·霍顿咖啡馆[1]看见珍妮弗和一个黑人男子在一起。珍妮弗在医院用公用电话联系了谁？为什么偏要在那个非常时刻？为什么非要用公用电话？这些问题也都在家人心头悬而未决。案发后不久，作为一个不幸沦为舆论焦点的受害者，珍妮弗要摆脱家人的怀疑可能还不难，但后来，家人对她的怀疑与日俱增。

11月11日上午9点43分，珍妮弗再次来到万锦市警察局，接受第二轮警方讯问，此时的她看起来惊恐不安。审讯室视频记录显示，珍妮弗孤零零坐在审讯室里，像被关在笼子里的动物。她不断搓着手，掰着手指关节。我们基本可以断定，黄志光已经把他向警察供出的事实和珍妮弗事先通了气，仅凭黄志光向警方透露的信息，珍妮弗就知道自己得往回找补不少说辞。珍妮弗的第二轮警方讯问历时四个小时。

“珍妮弗·潘，你是否宣誓在本案调查中提供的证词是真实的，是全部真相，除了真相别无其他？你是否庄严宣誓？”宣誓公证人问道。

“是的。”珍妮弗回答。她的长发在脑后束成一个光洁的马尾辫，她身穿一件老式及膝灰色开衫，内衬紧身T恤。她的鼻尖上架着标志性的眼镜，她需要时不时把眼镜往上推一下。她脚蹬一双超大号运动鞋——估计是从哪个亲戚那里借来的。

“你患有任何精神疾病吗？”斯莱德警探问道，“有没有饮酒？有没

1　遍布大街小巷的加拿大国民咖啡馆，主营咖啡及汉堡快餐。

有服用任何药物?”

“没有服用药物,没有饮酒。”珍妮弗回答的时候跳过了一个关键的细节,但斯莱德警探并未察觉,只管继续问话。

讯问还没正式展开,珍妮弗就先声夺人,想以此左右斯莱德警探的判断。“我很紧张,”她直言道,她担心自己在接下来的讯问中可能会犯错,所以提前给自己找个借口,“我不想说错话。那天发生的事情太多,我觉得恍恍惚惚的,有的细节能记起来,有的记不起来。这两天我才把事情回忆得差不离了。”

斯莱德警探的回答干脆利索,直奔主题:“只说真话就不会紧张,这是真理。”

斯莱德警探要求珍妮弗再次准确描述11月8日案发当晚的经过,珍妮弗预感到麻烦大了。她的腿止不住地乱抖,牛仔裤面料快速摩擦的声音在视频记录中清晰可辨。

首先,珍妮弗不得不承认自己的教育程度只是中学毕业。斯莱德警探接着说,关于珍妮弗在第一轮警方讯问中的证词,他还有很多问题要进一步向她了解。斯莱德警探感觉到珍妮弗正处在高度紧张的状态,于是先带着珍妮弗做了一些放松练习,然后才和珍妮弗一起回顾那个恐怖的夜晚。珍妮弗的预感是对的:她第三次描述案发经过时出现了更多显而易见的“错误”。她说听见母亲用越南话(她先前说用英语)对父亲喊了句什么,自己当时坐在床上“一动不动”。她说自己从卧室门缝里看出去,看到一号凶犯拿着枪向她走来,把她吓了一跳(第一次她说一号凶犯拿着绳子走过来)。慌乱中珍妮弗又忘了提凶犯从她父母卧室里拿走了1100美元。“我没见他们找到什么东西,没有。”她说。

“你确定吗?”斯莱德警探逼问道,“上次你说他们还在别处找到了钱。”于是，珍妮弗赶紧改口说自己记得凶犯找到了“几百”美元现钞。

不一会儿，珍妮弗又再次道歉。“对不起，”她哭着说，“我记不清了。”说话时她的腿仍抖个不停。

“不用跟我道歉。只有撒了谎的人才需要道歉。”斯莱德警探说。

“我没有。”珍妮弗回答道，声音低得几乎听不到，她双手合十放在面前，仿佛在祈祷。

凶犯没有索要卧室衣柜显眼处保险柜的密码，斯莱德警探问珍妮弗，她觉得可能会是什么原因，这一问让珍妮弗更加手足无措。

慌乱中的珍妮弗第一次说出了一个她可能本不想向警方透露的名字——安德鲁·蒙特马约尔。她告诉斯莱德警探，安德鲁在案发前给她打电话说想见面，但她只能说不行。这是珍妮弗第一次告诉警察她不能离开家。

斯莱德警探跟珍妮弗挑明，相比两天前的第一轮讯问，自己现在对案情线索有了更多了解。“我们待会儿再追究你以前的那些事，你为什么不能离开家什么的我们都待会儿再说。”斯莱德警探说道，“这些我们都注意到了。”

斯莱德警探接下来想重点讨论的是珍妮弗先前没有交代的贝尔公司的iPhone。珍妮弗说，手机是“朋友”黄志光给的，手机费也是黄志光在付。斯莱德警探问手机现在何处，珍妮弗声称自己也不知道。她说把手机藏起来是为了不让父母发现。“我不记得最后一次用这个手机是什么时候了。”珍妮弗说，“原来在外套口袋里，现在在哪儿我也不知道。”珍妮弗特地补充说，她最后一次和黄志光通话已经是一周前的事了。

珍妮弗的煎熬这才刚刚开始。斯莱德警探接着让她站起来，演示怎样在双手被反绑的情况下打电话。“弄清这个问题很重要。我们知道是你打了911报警，显然大家都会觉得奇怪，如果手被反绑在楼梯栏杆上，那么你怎么跟911接线员说话？”珍妮弗一边听一边点头，脸上是无比痛苦的表情。

侦破指挥库尔蒂斯警探认为，珍妮弗拨打911的细节至关重要。手机怎么塞在瑜伽裤的后腰处才能既不掉出来，又不被凶犯发现？对此他早有怀疑。库尔蒂斯警探说：“她说把手机塞在瑜伽裤的裤腰里。好，那手机不会滑到裤腿里去吗？我们知道她是一个人待在二楼的，但她居然等所有凶犯离开之后才打911？”

审讯室里，珍妮弗一边啜泣一边拖延着，显然极不情愿做演示。然后，她猛喝了一大口水，脱去开衫，把斯莱德警探递给她的仿真手机塞进裤腰，慢慢站起身，然后扭转身体，做了一个还算说得过去的动作，展示了自己如何双手反绑着掏出手机。但是这样的姿势之下怎么才能讲电话就是另外一回事了。珍妮弗把头尽力往手机的方向凑，假装被反绑的双手尽力把手机往耳边送，但是手机和耳朵仍然距离甚远。

“你这样怎么打电话？”斯莱德警探讯问道。

“我就这样冲着电话喊，”珍妮弗回答说，她纤细的手腕靠在一起，手机离她的耳朵仍有大约45厘米。斯莱德警探问，这样怎么能听到电话那头的人声。珍妮弗似乎瞬间慌了神，过了一会儿，她想出了一个回答：“我把音量调到最大。”

斯莱德警探含沙射影地说珍妮弗在撒谎，这让珍妮弗极度反感，她的肢体语言充分说明了她的感受。她猛地从斯莱德警探身边躲开，仿佛要她演示的要求冒犯了她。她的反应让久经沙场的斯莱德警探都不自在起来。斯莱德警探审度着珍妮弗的情绪，然后很绅士风度地想给她把开衫披上。可珍妮弗拒绝了斯莱德警探的帮助，一把抓过开衫，

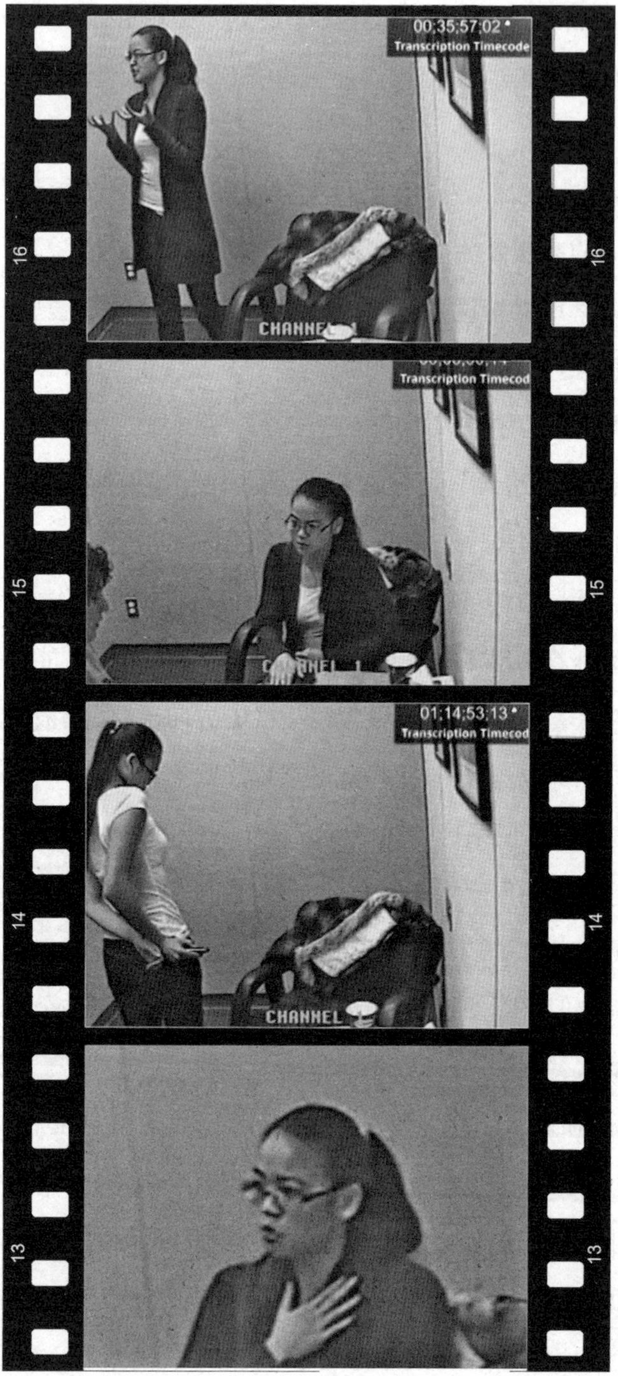

珍妮弗在第二次警方讯问中显得有些生气。从上到下依次为：
1. 珍妮弗问及案件侦破，警探试图宽慰她
2. 珍妮弗宣誓据实相告，绝无隐瞒
3. 警探让珍妮弗演示她是如何在双手被反绑的情况下拨通911的，她极不情愿地配合了一下
4. 珍妮弗反复否认自己和案件策划有任何牵连
（约克郡警察局照片）

站得离斯莱德警探远远的。斯莱德警探想重新赢得珍妮弗的信任，于是问她要不要再喝点水，说话的语气也缓和了很多。“非常感谢你的配合。”斯莱德警探说道，“这个演示很重要，我们得看一下你是怎么掏出手机打911的，但是我们也不可能把你再反绑起来。”

斯莱德警探的问题重新回到案发现场，这次，珍妮弗把凶犯为什么只留了她一个活口的原因说得更圆了。首先，这次她加了一句一号凶犯对她说的话：“你挺听话。”（乖乖交出了钱。）此外，她还说三号凶犯被潘汉辉的反抗弄得很恼火，对潘汉辉大喊：“其他钱在哪儿？你撒谎。还有更多的钱。在哪儿？你撒谎。”

复述完案发经过，珍妮弗显得神色慌乱，似乎已经到了承受压力的极限，可斯莱德警探不依不饶，继续给珍妮弗施压，叫她把案发经过按从后往前的顺序再说一遍。珍妮弗又开始止不住地抖腿。在巨大的心理压力之下，珍妮弗的举止已经不受理智的控制，她无暇顾及自己此刻的表现会给人留下怎样的印象。珍妮弗把案发经过从结尾到开头又说了一遍，每说完一句都要想很久，有一次还在停顿的时候自言自语道：“我漏说了什么没有？”整个对话过程，珍妮弗都捂着咕咕乱响的胃，她的肚子胀气得厉害，在讯问过程中忍不住放了屁，她还为此向斯莱德警探道了歉。没想到，珍妮弗居然真的又把案发经过讲了一遍，最后，她腼腆地问斯莱德警探：“这样可以了吗？”她像个刚参加完口试的学生。

观看讯问视频的侦破人员后来坚持说，尽管珍妮弗举止怪异，但他们没有因此对她抱有任何成见。库克警探说，珍妮弗的一言一行，侦破主力警探都看在眼里。“她捂着胃，像是要吐，”库克警探说，“她对案发经过的描述和第一次讯问时有很多不一致。如果你从一开始就怀疑她，这时候你可能就会说‘哦，这些事实证实了我的判断’。但是，判断必须建立在证据的基础上，看问题不能片面。”库克警探说侦破人员特别关注的是涉案人在谎言被戳穿时的反应，他们的应对方式最能说明问题。“我们每天都和这些打交道，”库克警探补充说，“说没说谎一眼就能看出来。”

斯莱德警探终于给了珍妮弗一个喘息的机会，说接下来警方要了解一些珍妮弗的个人经历。听了这话，珍妮弗似乎如释重负，神态平静了许多，完全像变了一个人。接着，珍妮弗就像躺在心理医生的沙发上一样，开始第一次讲述自己真实的人生以及她和黄志光的恋情。她回忆自己和黄志光如何第一次约会，如何堕入情网，而这一切都瞒着自己的父母。“我们挺自然就交往起来——嗯，虽然我说交往，其实我跟他见面机会不算多。”珍妮弗说道，“我当时17岁，父母不让我交男友。”她说主要是父亲潘汉辉反对，母亲梁碧霞倒还在其次。

话锋慢慢调转，珍妮弗不堪回首的往事一点点浮现，珍妮弗最后终于承认她对黄志光仍然心存爱意。她承认伪造了大学文凭以及一切与之相关的信息：“我爸爸很固执，非要我进医药行业。他想让我当药剂师。”

“后来那几年你怎么办的呢？”斯莱德警探故作吃惊地问道，“你爸爸想让你进入医药行业，那么你是怎么办的呢？”

“我对他撒了谎。我跟他说我要去大学读理科。”珍妮弗继续说道，她根本没上过瑞尔森大学，也没上过多伦多大学。所谓上学的日子，她其实是在图书馆里炮制听课笔记。与此同时，她在餐厅打工，在学钢琴，每周有三个晚上在黄志光家过夜。

“那你要用钱啊，钱从哪里来呢？”斯莱德警探问道，他似乎还在拼命琢磨一个人怎么能扯这么大的谎。

“我当时在东区马里奥餐厅打工，自己挣钱花。”她说，“我爸爸从来不给我钱。”

“你父母都以为你在读大学？”斯莱德警探问。

珍妮弗点点头。

“他们到现在都还以为你读了大学本科？”

珍妮弗低头看着双手，羞愧难当，像被父亲当场抓了现行一样。“是的。”她轻声答道。

“你自己是怎么想的呢？你对父母扯谎，你自己内心是什么感觉？”

珍妮弗解释说，虽然自己很愧疚，但是父母对她的期望值太高了，所以她只能硬着头皮撑下去，绝不能让他们失望。接着，让人无比震惊的是，珍妮弗居然还恳求斯莱德警探不要在潘汉辉面前戳穿她的谎言。珍妮弗说，虽然潘汉辉识破了她伪造的部分学历，并且知道她住在黄志光家里的事，但是他至今仍然相信珍妮弗确实读了大学。经过这一番讯问，情况就很清楚了，父母的评判对珍妮弗来说重如泰山。当下，珍妮弗只在乎她的谎言是不是会大白于天下。保全名声变得头等重要，母亲被杀的案子反而退居其次。她一心要保住自己苦心经营多年的骗局，决意要让父母蒙在鼓里，对于自己可能被控谋杀亲生母亲的危险，珍妮弗似乎浑然不觉。“我不想让妈妈失望，他们不知道我学历造假的事情，大家都觉得我妈妈是个好人，我不想现在她因为我被人看不起。”珍妮弗继续说道，“她是个好妈妈，我不想因为我个人的原因改变这一点。”

斯莱德警探不敢相信，坐在自己面前的这个年轻女子竟能扯出那么多弥天大谎。他反复询问珍妮弗，她是如何伪造出那么多细节在父亲面前蒙混过关的。鉴于目前的特殊情况，斯莱德警探没有对她的撒谎行为做任何评论，但他似乎确实被她的欺骗行为扰乱了既定的讯问思路，或许是不由自主地假想了万一自己的女儿扯下如此弥天大谎会怎样。

珍妮弗说，案发前，她在家的全部活动就是起床、练琴、帮忙做家务、上钢琴课，然后再回家。几个月来，她唯一一次晚上出门就是在生日那天和朋友托帕斯去滑冰。她说，那天晚上出门之前，父母直接和托帕斯确认了她们俩的活动安排，他们存下了托帕斯的手机号码以便随时保持联系，而且还规定珍妮弗必须在晚上9点之前回家。珍妮弗说，晚上9点前必须回家是雷打不动的家规，自从她上高中以来一直如此，只为参加好友的婚宴破例过一次。也许是因为害怕被控做伪证，抑或是因为不愿背叛和斯莱德警探建立起来的信任关系，珍妮弗显然不想无谓地对斯莱德警探撒谎。因此对于斯莱德警探的下一个问题，她选择了迂回战术。

"你恨过你父母吗？"

"这是我自己的选择，"珍妮弗摇着头说，"最后我还是选择了父母。"她的回答表明，尽管狡猾的珍妮弗用谎言骗过了那么多人，骗了那么久，但她撒谎实属不得已而为之。

斯莱德警探问珍妮弗是否真的参与过黄志光的毒品交易，珍妮弗一再坚称自己从未染指毒品。斯莱德警探又问潘汉辉夫妇是否参与过赌博或毒品交易，珍妮弗的回答则给警方留下了一个小小的发挥空间。"据我所知没有。"她说。

接着珍妮弗拉拉杂杂说了一堆有关潘汉辉的故事，暗指潘汉辉和一个"说中文的女人"有婚外情："我爸爸不知道我拿起了分机……那女人的声音我从没听到过……那女人说：'你必须马上过来，马上。'我爸爸一直说：'我现在来不了，不行。'"不一会儿，潘汉辉就离开了家，跟珍妮弗说的是他要去一趟珍妮弗的舅舅家，给他们帮个忙。珍妮弗说自己在那一刻就知道父亲在撒谎。她跟表妹米歇尔透露了这通电话的内容，还有父亲匆忙出门的事，米歇尔说潘汉辉确实去了梁家，不过那是好久之后了。

不久，潘家座机上接到一个没有来电显示的电话，这让珍妮弗怒不可遏。"这些莫名其妙的电话骚扰我们很久了……我和我妈一接电话，那头就把电话挂了。"她特别说明这些电话是从2010年8月底到9月初开始的，"过了几天，我一个人在家的时候，又接到一个没有显示号码的电话，我听到对方没挂电话，就用中文对着听筒大喊了一句：'别再打电话来啦！'这次之后，可能又有过一次来电，然后就彻底消停了。"

这时，斯莱德警探起身离开了审讯室。这究竟是试探珍妮弗的策略之举，还是纯粹为了和同事交流一下？答案不得而知，但很明显，斯莱德警探的离开让珍妮弗非常不安。尽管斯莱德警探留着一道门缝，想缓解珍妮弗独处一室的焦虑，但是这还不足以让珍妮弗平静下来。在接下来的半个小时里，珍妮弗的情绪很快便开始失控。

观看当时的监控视频简直就像旁观车祸现场，眼睛完全移不开。珍妮弗喘着粗气在房间里来回踱步，明显是胃痉挛的表现。坐在隔壁房间的警探德博拉·格拉丁看出这个年轻女子的焦虑，就走进审讯室想帮她缓解一下。格拉丁警探给珍妮弗倒了点水，然后带着珍妮弗穿过走廊去了趟洗手间。几分钟后，珍妮弗回到审讯室。她开始来回摇晃，身体重心不断从这只脚挪到那只脚。不一会儿，她又开始在屋子里踱来踱去，最后开始狂捋自己的马尾辫。珍妮弗的举止看起来就像强迫症患者，而此刻格拉丁警探就在审讯室里，珍妮弗的所有举动都是当着格拉丁警探的面——然而她已顾不得这些了。

接着珍妮弗开始自言自语，零零散散说了一大串。“我这是在给自己下套。”她一边说一边来来回回地走，好像服用了抗抑郁的安非他命似的，“他一直问我这些问题，好像我当时应该更留意这些细节。但是事情来得那么快，根本……我又不能说我不知道的事。”

“你可不能胡编乱造——”格拉丁警探说。

珍妮弗打断了她。“我没有胡编乱造，不是这样的。”她一边说一边继续捋头发，“我希望刚才我能答得上来。我希望能答出所有问题，这样能帮助破案。”

“但是你不知道的事情就是不知道，”格拉丁警探一板一眼地跟她说，“这才是最重要的，我们能说什么，我们当时又不在现场。你才是当事人。”

随后，珍妮弗问起案件侦破的进展：“他们有没有发现什么？找到线索去抓嫌疑人了吗？有没有查出来后来那车开到哪里去了？”

珍妮弗只顾着不让自己精神崩溃，她都没意识到，自己又一次给在隔壁房间观看监控视频的侦破人员上演了一出生动的情绪崩塌大戏。珍妮弗好像是头晕，靠在墙上才勉强站住，格拉丁警探看到她这样，便问她要不要吃点东西，说自己注意到她的肚子在咕咕乱响。“那是你的胃告诉你该吃东西了。”格拉丁警探好言相劝道。尽管格拉丁警探几乎是用恳求的语气让她吃点薯片、面包圈或巧克力，但珍妮弗全都拒绝了，显然焦虑导致反胃，她根本吃不下东西。随后，格拉丁警探又恳求珍妮弗坐下来，因为她已经在屋里来来回回走了不知多少趟。珍妮弗坐下的时候紧紧抓着椅子扶手，她蜷成胎儿在母体内的姿势，前额抵在膝盖上（此后数年，这个坐姿会成为她的常态），双手掩面，哭了起来。

斯莱德警探终于回到审讯室，他想方设法让珍妮弗平静下来。斯莱德警探告诉珍妮弗，她此刻的情绪被称为“幸存者负疚感”，要在心理医生的协助下才能摆脱这种情绪的困扰。“这会是一个很长的过程。你现在有这样的情绪非常正常。”斯莱德警探说，“很多跟你有同样经历的人都有这样的心理体验。”

斯莱德警探对珍妮弗的同情没持续多久，很快，这位经验丰富的警探又进入了诘问模式。斯莱德警探首先借用媒体报道，暗示珍妮弗可能和贩毒团伙暗中来往，导致家里遭劫：“媒体人很狡猾的，如果让他们嗅到什么蛛丝马迹，四处打听起来，他们会变得很难对付。实话跟你说，媒体人准备把这个案子写成毒品相关案件，说你们一家人都不是无辜的受害者，是因为跟贩毒有牵连才被暗算。有没有可能你前面讲的黄志光的那些事情说得不对？”

珍妮弗继续否认自己涉及大麻交易。“我不想和大麻有任何瓜葛，所以黄志光都在干什么我不闻不问。”她说。

斯莱德警探对珍妮弗的话半信半疑。“我不知道事情是不是真是你说的那样，”斯莱德警探没好气地说，“我就是想找个理由来解释为什么刚好是你们家被抢。我还没弄明白他们是怎么进你们家的。你没听到门铃响，没听到……有人敲门，也没听到有人踹门。他们就这么进了门，刚好撞上你妈妈。这说不通啊。一般来说，偶然事件绝大多数都不是偶然。”

接下来，斯莱德警探切入了正题，他的同事已经敦促他半天了：“好，那么你说你跟案件没有任何牵连，你没有涉及任何违法犯罪行为，那些人不是因为盯上你才到你家来找巨额现金的，你和发生的这一切没有丝毫关系。对吗？”

珍妮弗没说话，只是点了点头，她的下唇颤抖着。

“珍妮弗，你看，疑点是显而易见的。大家很自然都会注意到，当时你在楼上，他们在楼下。他们为什么把你一个人留在楼上呢？为什么他们不把你也一起干掉呢？”

珍妮弗还是继续摇头，来来回回就是那一句话：“他们说我很听话，我知道的就这么多。”然后，她哭着说：“我当时让他们把我和妈妈一起带走的。”

“你承认自己撒了谎，不过不是对我，而是对你父母。”斯莱德警探丝毫不松口，“既然你能对父母撒谎，那么我怎么知道你前面说的这一切不是谎言呢？我怎么知道你没有对我撒谎呢？如果你是在撒谎的话，这案子就是我这辈子办过的最冷血的一起。”

珍妮弗瞪着斯莱德警探，好像斯莱德警探刚刚往她心上扎了一刀。两人互相打量着对方，安静的审讯室里气氛凝重。最后，珍妮弗垂下了头，目光看向别处，只管继续摇头。

斯莱德警探首先开腔，问潘汉辉和梁碧霞有没有购买人寿保险。

“我猜有吧，我也不知道。”珍妮弗说。

“我再问一个很难回答的问题，就算我不问……这个问题也是明摆着的，”斯莱德警探说道，“你父母干涉你的感情生活，干涉你的人生选择，还把你关在家里，你可能会恨你父母……”

“说到底，我还是爱我爸妈的。”珍妮弗回答道，她又一次绕过了问题的核心，“我最终选择了跟他们在一起，我完全可以离开他们，但是我没有，因为我想和他们在一起，我想照顾他们。”

“所以这案子不是你炮制的恶毒阴谋——”

珍妮弗把手放在胸口，脸上是惊呆了的表情，她愤然打断斯莱德警探：“噢！我的天哪！当然不是！”她和斯莱德警探四目相对，眼睛一眨不眨。

"你跟案件没有任何牵连?"斯莱德警探又问了一遍。

"没有。"珍妮弗答道。

"你知道要证明你在撒谎是很容易的,对吧?"斯莱德警探说,"你刚才的证词里很容易找到破绽,然后破案的焦点就会转移到你身上。对破案来说这是很自然的事。有的人我们会排除,有的人我们会特别关注。这是很简单的事,没那么复杂。"

这时有人敲了敲审讯室的门,斯莱德警探走到外面走廊上去。珍妮弗的腿又开始抖起来,抖动幅度之大,牵扯着手和手臂撞在身上沙沙地响。"谁能进来一下吗?"珍妮弗像个可怜兮兮的孩子一样问道。

格拉丁警探回答说:"这就来。"但是人却不进屋。珍妮弗重新又蜷成胎儿在母体内的姿势,前后摇晃着。

斯莱德警探回到审讯室的时候,珍妮弗抱怨说:"你真的吓着我了。我受不了了。我很害怕,我知道所有的事情现在都冲我来了,我也不明白为什么。我觉得你现在讲话有点……我理解你说过你必须把话讲在明里……我脑子里好像有念头在打转,但是我不敢把这个念头说出来。"

"你长年对父母撒谎这件事……这个很让人警惕。"斯莱德警探说,"有时候我们必须给人扣帽子……把你惹毛,然后看你会做出什么反应。我刚才不过是问了个问题,你已经回答了。如果你说的是实话,就没什么可怕的。"停顿了一下,他接着说:"刚才的证词有什么你想改动的地方吗?"

"我现在觉得我说错话了。"珍妮弗答道。

斯莱德警探单刀直入:"是不是你对我说了谎?"

"我不可能说谎。"珍妮弗坚持。

“为什么？”

“因为你让我觉得很害怕。”珍妮弗终于说了出来。

斯莱德警探这时候又反过来安慰珍妮弗：“这案子我们一点头绪都没有，我们能做出的唯一合理判断就是：这案子完全不合情理。现在我们还没锁定任何嫌疑人，你是我们唯一的线索……除非你爸爸能开口说话，否则，你就是我们唯一的线索。”

历经四个小时，第二轮警方讯问终于结束了。珍妮弗于下午两点离开了万锦市警察局。

除了珍妮弗在审讯室的奇怪举止以及凶犯为什么没要她的性命（她在整个案发过程中毫发无损，也没有遭到性侵）这两个问题之外，爱追根寻底的库克警探还在寻思第三个问题，这个问题自他接手案件那天起就在他心头挥之不去：这起劫案的凶犯到底有多蠢？凶犯可能那么毫无准备吗？摆在库克警探面前的事实是：三名凶犯闯入民宅抢劫钱财，他们没带任何撬门的工具，也没带任何装赃物的袋子。更何况，此时侦破人员已经调查清楚了，用来反绑珍妮弗的绳子是从梁碧霞的针线盒里拿来的。这帮家伙竟然没带胶带和绳子来绑人！“他们从潘家抢走了什么？”库克警探自问自答，“基本上什么都没拿。”此外，库克警探对于凶犯选择潘家下手的动机仍然存疑：“潘家根本不是生意人，只是无名小卒。他们为什么选潘家呢？我脑子里一直在琢磨这个。”

6. 潘汉辉开口了

◇◆◇

警方讯问结束后，珍妮弗回到医院，守在父亲的病榻边尽孝心。如果父亲苏醒过来，珍妮弗希望自己是他见到的第一个人。在同一个地点反复出现，这让珍妮弗暴露在追拍热点人物的好事者面前。第二轮警方讯问这天，珍妮弗就在医院停车场被加拿大电视台新闻摄影记者逮了个正着。姐弟俩在凛冽的寒风中穿过停车场，珍妮弗只好让弟弟费利克斯帮忙挡着窥探的镜头，她自己用棉袄的帽子把头和脸遮得严严实实，偶尔为了看路才抬起头。如果有人想要看看那个在入室抢劫凶杀案中毫发无损的年轻女子到底长什么样，首先搜到的就会是在停车场抓拍到的这张照片，后来才被珍妮弗在梁碧霞葬礼上的照片取代。当然，即便她挡住脸也阻挡不了公众对她的猜忌和怀疑。就在同一天，珍妮弗怀疑自己的车被人跟踪。她很害怕，不知道跟踪她的是记者还是杀手，所以她报了警要求警方保护。

11月12日，潘汉辉终于从昏迷中苏醒过来。但是在警方完成所有讯问工作之前，他们不允许珍妮弗与潘汉辉单独相处。“我爸爸还在医院，而且处处都是监控。”珍妮弗说，“我没法……单独和他说话。”

潘汉辉的苏醒让家人欢欣鼓舞，他们尽最大努力安慰他，平复他遭受重创的心灵。对珍妮弗来说，父亲的苏醒诱发了她又一次的“精神崩溃”，她再次向医院的心理咨询师求助。正是在这次心理疏导中，珍妮弗病态的精神状况首次显现出来，这个话题我们会在后文中另作讨论。此时距母亲被杀不过数日，父亲刚刚苏醒几个小时，你可能以为导致珍妮弗焦虑的是丧母之痛和对父亲的担心。实际上，折磨珍妮弗的主要原因似乎是本案对她的负面影响。她担心媒体对她的报道——尤其是媒体对她个人隐私的揣测。珍妮弗的所有就诊记录都是严格保密的，然而仅有的一点点相关人士透露的信息，再清楚不过地表明了珍妮弗的自私自利，她永远将自己的利益置于首位，因为担心自身安全和名声而备受心理煎熬，至于家人的安危对她来说则根本无足轻重。

潘汉辉状态稳定，但是因为脖子里残存着一颗子弹，他疼得厉害，得靠一个专门的支撑器才能从床上坐起来。开始他还不能说话，要靠一个装在嘴边的装置用嘴呼吸。他脸颊里残留的弹片，医生也无法全部取出来。“我的脖子非常疼，眼睛也睁不开，因为我是脸上中了枪。”他后来在庭审的时候这样说道，“我的颈骨都碎了。”

潘汉辉还未及哀悼妻子或见见家人，警方就开始了对他的讯问。警察抵达之前，潘汉辉的兄弟姐妹已经告诉了他案发之后的种种情况，珍妮弗用医院的公用电话这件事是他们最早告诉潘汉辉的事情之一。

警探马尔科·纳波莱奥内和戴维·麦克唐纳走进潘汉辉的病房，他们眼前的这个中年人完全被突如其来的横祸击垮——苏醒后的他发现最可怕的噩梦其实是残酷的现实：妻子已经离世，警探能察觉到他觉得此事和女儿有关。于是他们开始盘问潘汉辉对案发当晚的回忆。

潘汉辉告诉警探，闯入他家的凶犯是两个黑人和一个白人。他们个子都很高，差不多都在一米八上下。他们都穿着高领衣服——警探猜测可能是为了遮住文身。潘汉辉还说，凶犯穿的黑衣服上好像有棕色斑点。最后，潘汉辉告诉警探，当他和妻子在枪口威胁下"魂飞魄散"的时候，女儿却"自由"和"随意地在家里四处走动"。这或许是潘汉辉说过的最让自己痛心的话。

对潘汉辉的讯问主要围绕珍妮弗展开，过程极为漫长，临到末了，潘汉辉明确表示，他殷切盼望警方能将凶手绳之以法。"调动你们的力量，抓住凶手。"说这话的时候，潘汉辉目光直视警探的双眼，言外之意，在场的人都心知肚明。这一幕在两名警探离开病房后还久久萦绕在他们心头。

虽然潘汉辉特别交代家人，自己不想见女儿，但是珍妮弗还是在11月13日周六来到了病榻前。此前连续两天，警方都对潘汉辉进行了讯问。这是案发后珍妮弗与父亲第一次独处，现场也没有监控，这也是案发后珍妮弗第一次没有服用医生开具的镇定药。

潘汉辉还没有勇气当面指控女儿，但他挑明了问女儿，她是否觉得黄志光是凶杀案背后的唆使人。"我不敢百分之百确定，但是我觉得不是他。"珍妮弗这样对父亲说。后来珍妮弗向警方解释为什么父亲会怀疑黄志光："他以为我们还在交往，他觉得黄志光为了和我在一起什么事都做得出来。其实黄志光已经交了新女友，所以我觉得他不会为了要和我在一起而去做什么，而且我觉得他也不认识做得出这种事的人。”

潘汉辉还问珍妮弗，医生说他没有生命危险之后，珍妮弗是不是立刻用医院的投币电话联系了黄志光。珍妮弗承认了，但她说打电话给黄志光是要告诉他这个好消息。(后来在庭审中，控方的一个主要观点便是，珍妮弗用投币电话而不用已被警方监控的手机，旨在警告黄志光，他们的计划已经落败。控方律师当庭呈上证据，证明尽管珍妮弗声称用投币电话是因为手机没电了，但实际上在用投币电话之前和之后，珍妮弗都曾用手机联系过黄志光。) 靠着无人能及的厚颜无耻，珍妮弗旋即又向潘汉辉索要了1200加元，说是要交学费。

就在11月13日那天，库尔蒂斯警探正式将珍妮弗列为作案嫌疑人。没多久，珍妮弗和家人的关系就紧张到无以复加。没人愿意让珍妮弗住在自己家，但她毕竟是血亲，而且她也确实无处可去。“没人愿意收留她，但他们又有责任照顾她。”一名警探说道，“他们是一家人，至少在案子水落石出之前是……”

潘汉辉这方的亲戚对珍妮弗疑心最重。珍妮弗的叔叔胡安得知警方想对珍妮弗再进行一轮讯问，而珍妮弗借口要操办母亲和外公的丧事拒绝配合，于是和她当面对质，甚至还扬言要向警方告发她。后来，胡安向警方透露说，珍妮弗曾经跟他讲，入室凶犯没伤害她是因为他们“喜欢她”。

“我爸爸那边的亲戚以前跟我们不大来往，现在他们成了我的家人。”珍妮弗说道，“但是，突然之间，我感觉他们都开始躲着我。”

11月15日，珍妮弗参加了母亲的葬礼。后来她抱怨说父亲把丧葬的事全都推给她一个人打理。珍妮弗说，华人的习俗是要让家里年龄大的人先入土，所以珍妮弗外公的葬礼被安排在梁碧霞的葬礼之前举行。外公的葬礼之后，珍妮弗便立刻为母亲的葬礼挑选骨灰盒、寿衣和法事道场用的帐子。珍妮弗外公和梁碧霞的葬礼前后只相隔四天。

梁碧霞的葬礼在士嘉堡区安福殡葬馆举行，葬礼由一位佛家僧人全程主持，百来号人到场吊唁。珍妮弗和弟弟一起站在骨灰盒旁边，面对所有前来吊唁的人。几名警探也参加了葬礼，警方表示，出席梁碧霞的葬礼不仅仅是为了进一步观察珍妮弗的言行，同时也是为了哀悼逝者，然而葬礼的所见令警探们震惊。"她站在那儿不断揉眼睛，然后抬头看看我们，接着又揉眼睛，但始终没有掉眼泪。"一个警探这样说道，"葬礼的场景让我很不舒服。你正在哀悼被杀害的母亲，就别一个劲看我们了。"除了警探外，其他出席葬礼的人也注意到了珍妮弗的表现。教了珍妮弗很久的钢琴老师艾娃·克拉耶夫斯卡提到，当众人在殡葬馆里以泪洗面的时候，珍妮弗却一滴眼泪都没掉："她没有哭，她低着头像是在哭，但其实没有流眼泪。"

珍妮弗哀叹，弟弟费利克斯要回学校参加考试，所以自己"不得不一个人料理丧葬事宜"。虽然明知潘汉辉是遵照医嘱才没去参加梁碧霞的葬礼，但珍妮弗说她因此对潘汉辉非常失望，她的抱怨再次表明了她不明事理。

《星岛日报》的摄影记者抓拍到了珍妮弗和弟弟离开殡葬馆时的照片。

11月17日，医生从潘汉辉脸部取出了几块子弹碎片，封装在袋子里，送交位于多伦多市的加拿大法医科学中心进行分析鉴定。

11月22日，也就是梁碧霞下葬后三天，珍妮弗接到受害人服务组

珍妮弗和弟弟费利克斯参加完母亲的葬礼离场。潘汉辉因身体状况未能出席

织的电话，通知她务必再去一趟警察局接受警方讯问。珍妮弗不愿意去，但是联络人告诉她，除了配合警方工作，她别无选择。“我们家里来了亲戚，我还在悼念中，”珍妮弗后来说道，“我母亲才入土，事情太多，我没有心理准备，我以为他们会再给我一天，但是她说我非去不可。”

大部分加拿大公民都以为，按照法律规定警察必须说实话，珍妮弗也不例外。而事实并非如此。加拿大最高法院于2000年裁定，只要涉及证据收集或侦破策略，警察可以撒谎。加拿大有个著名的奥伊克案，该案的判决明确了判断嫌疑人招供是否出于自愿的四个标准：一、警方是否事先做出过承诺或威胁；二、迫使嫌疑人招供的手法是否“恶劣或非人道”；三、嫌疑人是否明白自己在说什么以及在对什么人说；四、警方套取口供的方式是否会“激起公愤”。在不触犯这四条原则的前提下，警方基本上可以随心所欲，他们的说辞是真是假都没关系。在奥伊克案中，奥伊克明明通过了测谎仪测试，但警方为让他招供，跟他说没通过，同时他们也没有向奥伊克说明，测谎仪的结果不能在法庭上作为证据被采纳。这是警方在雷德审讯法指导下惯用的一种审讯手段。雷德审讯法是警方获取口供的常规技巧，审讯人需要彻底颠覆加拿大司法系统的根本原则——无罪推定。雷德审讯法的出发点是审讯人一开始就暗示嫌疑人有罪，操作方法常常是由审讯人进行友好、耐心的谈话，貌似很理解被审讯人。最终，审讯人会给嫌疑人提供一个“出路”，为犯罪行为在心理学上找到开脱的理由。

雷德审讯法在很多国家被禁用，因为它需要在没有证据的情况下暗示嫌疑人有罪，具体操作起来可能会是这样的问话：“是你说个地点我们就能找到尸体，还是必须得你带着我们去才能找到？”反对者认为，这样的审讯手段会导致假供，就像犯罪纪录片《制造杀人犯》中史蒂文·埃弗里的外甥布伦丹·达西经历的那样；或者导致案件侦破过早锁定嫌疑人目标，过分偏重侦破人员的推断。约克郡警察局一位不愿透露姓名的侦破人员说，雷德审讯法是警方普遍采用的手段，但是具体操作方法很少照搬教科书，警探们都有自己的一套风格和手法。他说，有的警探不喜欢撒谎，有的警探在使用雷德审讯法的时候喜欢配合“一个唱红脸，一个唱白脸”的技巧。审讯技巧的核心主题是：每个人都有“弱点”，这个弱点一定要抓住。完整的雷德审讯法共有九个步骤。第一步，提出正面指控。第二步，将责任从被审讯人身上转给别人。第三步，尽量不让被审讯人否认罪行，因为一旦被审讯人开始为自己辩解，审讯过程对审讯人来说就会非常困难。第四步，指出嫌疑人为什么不是罪犯的原因，在此基础上让嫌疑人招供。如此这般，直到第九步。

7. 会怎么处置我?

◇◆◇

2010年11月22日，警方付费叫了一辆出租车，于下午两点左右将珍妮弗接到了万锦市警察局。珍妮弗一定也猜到这次没法继续抵赖了。她不仅被同一屋檐下的家人怀疑杀害了梁碧霞，同时还遭到警方的严密监控。此外，媒体的揣测和猜疑也尖刻得让她无法忍受。

珍妮弗这次走进审讯室的时候，举手投足间流露出前所未有的听天由命。她看起来还略有一些落难少女的感觉，在前两轮讯问中，珍妮弗把这个楚楚可怜的形象演绎到了极致。这一次她看上去更加严肃和孤独。唯一没变的是珍妮弗的焦躁不安，不过随着讯问的不断深入，珍妮弗的焦躁不安慢慢变成了自我封闭，神经质的抽搐最终变成双手捂脸的胎儿姿势。虽然珍妮弗还没完全放弃矢口否认、绝不松口的想法，但是，看起来她已经意识到形势有多严峻了。珍妮弗的口袋里揣着两张100加元的钞票和卫生巾，她要应对的不仅是情绪激荡，还有生理痛。

此时距案发已有两周。这次珍妮弗收拾得齐齐整整出现在警察局，也许是找到了愿意借衣服给她穿的人，当然也许是她有钱新置办了衣装。不合脚的运动鞋换成了黑色欧式风格的跑鞋，原先破破烂烂的格子棉袄换成了时髦的长款黑色外套，外套里面是黑色V领开衫和白衬衫，以及打底的黑白竖条纹T恤，下身穿黑色休闲裤。

这次讯问的性质和前两次截然不同。对警方而言，珍妮弗的身份从受害人变成了凶杀案头号嫌疑人。

这次，珍妮弗的审讯人换成了比尔·戈茨警探，斯莱德警探接手了另一起谋杀案，不再参与本案。戈茨警探不是凶杀案侦探，而是经验丰富的审讯人和测谎专家。他的讯问方式与斯莱德警探的截然不同，相比而言，自称“验真专家”的戈茨警探可远没有斯莱德警探那么慈祥。这次讯问中，珍妮弗可得不到什么安慰。戈茨警探身材高大魁梧，灰色的头发剃成军人的板寸，人送绰号“鳄鱼”。戈茨从一开始就表现得精明、冷酷，他公事公办，没心情让珍妮弗耍手腕，对珍妮弗也显得没有同情心。在讯问中，戈茨警探既扮红脸又扮白脸，一个人在两个角色中游刃有余。他使用了雷德审讯法，在讯问中有不少不实言辞。(好几名嫌疑人和证人后来在庭审时都对法官和陪审团抱怨说，警方对他们没有据实相告。)

珍妮弗刚一坐下，戈茨警探就跟她挑明了说自己没工夫跟她兜圈子。他直奔主题，提问方式铁面无情。戈茨警探首先问珍妮弗知不知道为什么今天会坐在这间审讯室里。

“说点事情。”珍妮弗心不甘情不愿地回答。

“说什么事情？”戈茨警探毫不拐弯抹角。

珍妮弗眼睛盯着地面，过了一会儿，噘着嘴说：“发生在我家的事情。”说完她抬头看了看戈茨警探的表情，但很快又低下了头。

“因为这起入室行凶案，你父亲中枪，母亲梁碧霞被杀，是这样吗？”戈茨警探问道。

珍妮弗闭着眼睛，耷拉着脑袋，点了点头。

“你得出声才行。”

“对不起……是的。”珍妮弗一边轻声回答，一边擦了擦眼睛。这次，没人给她递纸巾。审讯室的录音系统出了故障，他们不得不挪到另一个房间去，这时珍妮弗告诉戈茨警探在他出去的时候，自己不想一个人被留在审讯室里。但是戈茨警探并没有找人来陪珍妮弗，只说了一句：“等一下。”

待到他们在另一间审讯室里安顿下来，戈茨警探首先对珍妮弗宣读了她依法享受的权利，示意从现在开始，珍妮弗的回答将会被追究法律责任，会给她带来真真切切的危险。“如果你和这起入室抢劫案有任何牵连，你可能会被指控谋杀和谋杀未遂罪名。”戈茨警探说道，“你对我所说的关于这起案件的一切都将被记录在案，并可以作为呈堂证供。你明白吗？”

珍妮弗乌黑的头发被编成利索的麻花辫，只有一缕头发散在外面，她不断地将这缕碎发捋到左耳后面，然后说：“明白。”

讯问继续进行，每次提到母亲，珍妮弗的回答就被啜泣声盖过，听不清楚。戈茨警探也不安慰她，只是冷静且严厉地让她讲话声音大一点。

戈茨警探自称不仅擅于识破谎言，而且精通如何从想欺骗警方的人嘴里套出实话。开头气势汹汹、说话直来直去的戈茨警探此时突然换了手法。他懒洋洋地靠坐在椅子上，一改原先说话的警方口吻，将话题引到珍妮弗的个人生活上。戈茨警探首先问到珍妮弗在钢琴和花样滑冰上的兴趣以及她交的朋友。回答这些问题的时候，珍妮弗垂头丧气的模样几乎立刻一扫而空，整个人都快乐了许多。只不过每每提到母亲，她就会垂下头开始哭泣。但这并没有影响到戈茨警探，他只管继续提问，完全不受珍妮弗情绪的影响。戈茨警探尽量让审讯室的气氛轻松活泼，两人聊到珍妮弗的个性、才能及家教时，好几次都一起大笑起来。

雷德审讯法要求审讯人“强调诚意”，以确保嫌疑人愿意接受他们的建议。因此，戈茨警探也跟珍妮弗分享了自己的成长经历。他回忆小时候弹钢琴的事，把《天鹅湖》说成“湖里的天鹅”，逗得珍妮弗笑了起来。后来，戈茨警探又问珍妮弗从东区马里奥餐厅跳槽去波士顿披萨是不是因为那里“小费多一点”，这话再度引得珍妮弗笑了起来，她似乎很享受别人对自己的高度关注。他们不仅深聊了珍妮弗的成功，也着重谈了她经历过的各种困难。珍妮弗似乎是在和一个能体谅她难处的人一起追忆过去，话题的焦点是珍妮弗声称从童年到青春期都深受其害的“被安排”的人生。

珍妮弗说，除了上学、钢琴课和花样滑冰，自己的空余时间少得可怜。父母永远在拿珍妮弗和同学比，和队友比，和亲戚家的孩子比，这给她带来很多负面影响。戈茨警探问珍妮弗，她是不是从没觉得自己有父母期望的那么“聪明”，珍妮弗表示了赞同。她告诉戈茨警探，上中学的时候，自己压力大到不得不伪造成绩单，把中等的成绩改成最优级别。珍妮弗坦白说，中学是谎言的开始，后来她的骗局越造越大，最后发展到申请大学被拒后伪造大学文凭。

但是被父母识破的危险一直都存在，为了不让父母发现自己在撒谎，珍妮弗只得继续伪造成绩单，甚至伪造助学贷款凭证。“我父母要什么，我就去弄个文件给他们看。”珍妮弗说道，“我过得真的挺不容易的，其实我一直想告诉他们，但是——他们总是做出很失望的样子。”

珍妮弗对父母隐瞒的不仅是上学的事。她告诉戈茨警探，自己和黄志光在潘汉辉和梁碧霞不知情、不同意的情况下，秘密交往了七年。“我一开始瞒着爸妈是因为他们不让我交男朋友，”珍妮弗说道，“他们发现了以后，就让我不要再和黄志光来往，他们不满意黄志光是因为他不是纯种华裔。”珍妮弗也曾下过决心要永远离开黄志光，但不知怎么最终又重回他的怀抱。“他填补了我的空虚，”珍妮弗说，“我们分手的时候，我觉得心里像是缺了一块。”

最终，珍妮弗与黄志光修成正果的希望被完全打破了。潘汉辉和梁碧霞发现珍妮弗又一次对他们撒谎之后便下了最后通牒：要么和黄志光分手，要么和黄志光在一起再也别回家。

在黄志光和家人之间，珍妮弗选择了家人。此后她被关在家里，被父母几乎寸步不离地看管着。而这时，黄志光决定翻篇，和另一个女人——卡特里娜·维拉诺瓦开始交往。和黄志光的分手，外加时刻被父母监控的生活状态，导致珍妮弗经历了极其黑暗的一个时期。“我对自己方方面面都不满意，”珍妮弗承认说，“我后悔没上大学，我的钢琴进展也不如我预想得那么顺利。我的朋友们都开始了新的生活，而我的人生却没有任何目标，我觉得自己被落下了。我不明白为什么我都21岁了……却还要遵守晚上9点前必须回家的规矩。”抑郁最终导致珍妮弗开始自残，甚至有一次自杀未遂。“我试过割腕，又不能被发现，所以刀口从来不在同一个地方。”珍妮弗这样说道。

虽然父母做出伉俪情深的姿态，但实际上，两人之间已经不剩什么夫妻情分，这让珍妮弗在家的日子愈发难挨。珍妮弗说父母每天吵架，自己不得不充当调解人。自从弟弟去上大学之后，她在家里没有了任何

2010年11月22日，警方第三次讯问珍妮弗，珍妮弗向戈茨警探敞开心扉，深聊了自己的过去，她承认多年来一直在欺骗父母。讯问中，她时常双手掩面，或把头靠在膝盖上（约克郡警察局照片）

盟友，因此更加痛苦。“他们从来就没过到一起去过。我爸说话嗓门大，吵吵闹闹，不会关心人，因为这个他们总是吵架。我妈唠叨说我爸不帮忙做家务，不关心家里的事。他对别人家的房子都挺上心的，爱给别人出主意，唯独自家的房子从来不管，比如装修、出新之类。我妈觉得我爸不关心家里的房子，不关心我们这个家。”珍妮弗越说越放松，越说越自然，她第一次向警方透露了很多个人生活的细节，而戈茨警探则精明地搜集着信息，悄悄做好了对付她的准备。珍妮弗和戈茨警探的对话因为两人这样的互动而变得非常有趣。

父母下了最后通牒之后，珍妮弗必须严格遵守家规，她几乎足不出户在家待了18个月，戈茨警探问她当时感受如何，珍妮弗说，很痛苦，但这是她自己的选择。“我必须选择，要么和黄志光在一起，离开家单过，要么和父母在一起，待在家里。”她说，“生活质量还算说得过去，只是感觉不大舒服，好像被囚禁着。和父母在一起是我自己的选择，家人比什么都重要。”

戈茨警探表示完全理解珍妮弗，听珍妮弗描述她的那些无稽谎言，戈茨警探忍不住笑了起来。戈茨警探认为珍妮弗撒谎事出有因，说潘汉辉和梁碧霞对女儿简直是“虐待”，他们对女儿的期望值太高了。珍妮弗说，如果可以自由选择人生的话，她愿意做一个钢琴老师。听了这话，戈茨警探说：“我感觉要满足你父母的期望很困难。你父亲想让你当医生，这是一个很高的标准……能达到这个目标的人没几个，不是每个人都能当医生的。可能你就是做不到，但是你父母一厢情愿就觉得你一定能做到。”

戈茨警探用了两个小时的时间来获取珍妮弗的信任，一旦这个任务完成，他立刻扭转局面，利用刚刚建立起来的熟稔，迫使嫌疑人招供。

因此，戈茨警探的善解人意并没有持续太长时间。现在他已经搜集到了下一步审讯所需要的珍妮弗的个人信息，于是他把话题慢慢转回到案发前以及案发当晚珍妮弗都做了什么。戈茨警探问珍妮弗，她有没有跟亲戚说过“入室歹徒‘喜欢她’所以才没杀她”这样的话。

“我没说过这话。”珍妮弗愣了一下，继而坚决否认，“我问他们为什么不能让我和我爸妈待在一起，他们说：‘你很配合。就继续配合吧。’”

戈茨警探接着让珍妮弗列出自己的男性黑人朋友，他解释说，因为警方掌握了一张珍妮弗和一个黑人男子在咖啡馆的照片。珍妮弗只列出了两个名字，她说案发前在咖啡馆遇到的黑人男子名叫里克。

“他不算是我的朋友，只是我一个朋友的室友。”珍妮弗辩解道，“不过我和他的确见过一面。”珍妮弗承认借给里克1100加元，因为当时他和室友安德鲁·蒙特马约尔没钱付房租了。

戈茨警探问珍妮弗这个安德鲁是不是就是案发当晚和她通过电话的那个安德鲁。

珍妮弗说就是他。

这两个供认事实预示着戈茨警探已再次改变审讯策略，开始向珍妮弗施加更多的压力。戈茨警探突然一改刚才亲切友善的态度，开始在两人之间制造冲突。这正是雷德审讯法的第一步：提出正面指控。

“要杀人，却留下一个能描述自己长相的目击证人，这说得通吗？站在凶手的角度来看，这……说得通吗？”戈茨警探问道，“你觉不觉得他们犯了一个错误？你好好想想。”

“我也是这么想的，我还和心理医生讲过。”珍妮弗回答说。然后她又开始重复什么她很“配合”，说凶犯一直说“拖得太久了”，意思是得赶紧开溜，没时间杀她。让珍妮弗郁闷的是，戈茨警探又开始复述整个案发经过。“我不想再过一遍了。”珍妮弗哭着说。

戈茨警探起身离开审讯室去拿水，珍妮弗重新蜷缩成胎儿姿势，双手紧抱着头。审讯室里一片寂静，可以清晰听到珍妮弗发出尖叫般的声音。戈茨警探回到审讯室，他让珍妮弗说说交给一号凶犯的2500加元都是什么面值的钞票，这些钱在她床头柜里放了多久，2500加元是多厚的一沓。戈茨警探不断追问着这样的细节问题，直到讯问进入倒数第二阶段。戈茨警探说：“以我当警察这么多年的经验，不管什么案子，总会有人犯错，我的意思是说有人会不说实话。”珍妮弗边听边捋着自己的麻花辫，她不停地把辫梢绕在手指上。戈茨警探接着说：“他们说的是实话没错，但不是全部实话。你很清楚只说部分实话是什么意思，对吧？有隐瞒就是不说实话，就是故意欺骗。”

接着，戈茨警探利用珍妮弗精心营造多年的骗局来对付她，开足马力向珍妮弗施压。戈茨警探说：“我们有专门的电脑程序，把所有信息输进去，电脑会自动分析这人说过的话，告诉我哪句是谎话，需要特别留意的是哪句，哪句是纯粹扯淡。然后我就能拿到一份分析报告，上面写着‘不可信’。你看不看《犯罪现场调查》？”戈茨警探突然问道。此时，讯问已经变成了戈茨警探的独角戏，中间只是零星夹杂着珍妮弗的回答。

“看了一点。”珍妮弗轻声答道。

“警察会巨细无遗地在屋子里搜，一根头发、一个皮肤细胞、一滴血都不放过。你知道DNA是什么，对吧？凶犯进出不可能不留下痕迹。你家门把手就很重要。我们正在排查最后碰门锁的人是谁。我们会收集锁门的人的指纹，还有最后开门的人的指纹。”戈茨警探简洁明了地将话题转到当下凶杀案侦破技术已经发展到多么高精尖的程度，“我们现在充分利用高科技，一个我们会用到的技术就是卫星定位。卫星就是一个24小时工作的摄影机，它记录着信息……军队用它来定位轰炸。我们可以回放卫星记录下的视频资料。这就像是X光机，目击证人说那人当时在那儿……我们就能知道，这样啊，还是说他在别的什么地方啊。另外，我们会跟很多人了解情况……我们是不会放过任何线索的。你听说过举报热线，对吧？遇到你家这样的案件，大家都会想来帮忙。报纸上啊，哪哪都是案件报道，最后总会碰到能帮我们抓住凶犯的热心人。屋子里有三个凶犯，总会有人走漏点风声。说不定什么时候，我们就会接到举报电话。你不知道有多少人打电话举报自己的朋友……他们想得悬赏举报的那个钱，人都是贪心的。”

雷德审讯法说得很清楚，审讯人必须竭力阻止嫌疑人否认罪行。戈茨警探按部就班照着规矩来，不让珍妮弗有机会插嘴——接下来的一小时里，珍妮弗没说上几句话。最后，戈茨警探给珍妮弗指了一条出路。“干我们这行的见怪不怪，我很清楚，世界上任何人都可能会犯错，不管是老师还是牧师。”戈茨警探说这话时，珍妮弗一直低着头，“你得记住一件事，你父亲当时也在场，当时发生的一切，你父亲看得真真切切。你父亲是个很聪明的人，他明白这一切都是怎么回事。你跟警方交代的很多事根本就没发生过，前后完全对不上……”

戈茨警探首先指控罪行并且暗示警方手中掌握证据，之后他自然而然地进入了雷德审讯法的第二步：为嫌疑人开脱责任，为犯罪行为找到借口。他说：“过去的七年，你一直在编造谎言，这我能理解。你的日子过得很不容易。在我看来，你经历的一切，简直就是虐待。现在你的心理压力非常大，我知道你跟这案子有关。你一辈子都在努力实现一个你没法实现的目标。你已经是一个24岁的成年人了，但是父母对你却像是对一个15岁的孩子。瞒着父母交男友的不止你一个人，在你们的文化里，他们不接受这个。”然后，戈茨警探给了珍妮弗一个招供的机会：“还有谁跟这案子有关？”

“我不知道。”珍妮弗终于回答道，她不断捋着头发，不过戈茨警探的话她听得非常认真。

鉴于潘汉辉说了入室歹徒中有一个是白人，于是戈茨警探当面指出珍妮弗形容一号凶犯的话是一派胡言。他重新回到了指控阶段，假装好像警方已经查实了珍妮弗的犯罪行为。“我们知道你跟案子有关，但我们也知道，你是个好人，你只是犯了个错误。”戈茨警探说，“你跟坏人搅和在了一起。你不想再继续自欺欺人，这个大家都知道，你自己也是这么想的。你有这想法很正常：你被关在家里，一直在满足别人的期望。不管父母有多爱你，他们的所作所为其实都是在扼杀珍妮弗，那个只想当钢琴老师的珍妮弗。当钢琴老师怎么就不行呢？当实验室技师怎么就不行呢？为什么非要当医生呢？为什么非得比别人高一筹呢？”

珍妮弗表现出前所未有的平静，而此刻她内心暗流涌动，她似乎决定了下一步要怎么走。珍妮弗双手扶膝坐着，眼睛直勾勾瞪着戈茨警探，然后低下头哭起来。

“压力越积越多，直到……把人逼得无路可退，”戈茨警探继续说道，“脾气再好的狗，被逼急了也会反咬一口，这就叫自卫。18个月前，你放弃了黄志光，选择了家庭，这意味着你放弃了那个只想当钢琴老师的真正的珍妮弗。真正的珍妮弗生活在抑郁中，被逼到绝路上。为什么你当时坐在床上一动不动呢？因为计划已经开始实施了，不可能反悔了。我知道你现在希望这一切都没发生，对不对？”

“你父母对你根本就是虐待，”戈茨警探继续说道，“这是加拿大，现在是21世纪，对孩子不能这样。你父亲帮别人家修房子但就是不帮自己家料理房子，他对你也是这样。他想要帮你打造一个美好未来，但这蓝图超过了你的实际能力。你父亲觉得自己是爱你的，但他的爱却把你推得越来越远。他的好心到头来办了坏事，这是他的失误。好在不是你开的枪。你不是这种人，对吗？”

雷德审讯法的操作技巧之一就是审讯人坐的椅子必须有轮子，而嫌疑人则必须坐在固定的椅子上。这样审讯人就可以根据问话需要随时凑近嫌疑人，身体上的贴近既可以传达出理解和同情，也可以给嫌疑人走投无路的心理暗示。戈茨警探指控珍妮弗的罪行时，有意识一点一点地把座椅朝珍妮弗的方向靠近，直到两个人几乎碰到一起，戈茨警探伟岸的身形对珍妮弗构成了一种威胁。“我知道你跟这案子有关。”戈茨警探对珍妮弗说道，而珍妮弗只顾继续摆弄头发，“这一点已经确信无疑了。现在唯一的问题是：你要不要继续错下去？”讯问已经进行快三个小时了，戈茨警探就这个话题已经滔滔不绝说了差不多45分钟，珍妮弗终于绷不住了。这么长时间以来，她几乎都没抬眼看戈茨警探。终于，她含含糊糊地说了句什么，而后她又重复了一遍，这次戈茨警探听清楚了，现场录音设备也记录下来了。

“会怎么处置我？”

8. 他们要杀的是我

◇◆◇

加拿大法律规定，警察可以对嫌疑人隐瞒破案线索和证据，但他们绝对不能站在司法机构的立场上说话。定罪后的最终判决，只有司法部门才有资格作出。法律严格禁止警察以此为条件对嫌疑人做出任何承诺或与嫌疑人做任何交易。因此当珍妮弗直接问如果供认参与谋杀，等待她的会是怎样的结局时，戈茨警探便遇到了这个难题。珍妮弗把“会怎么处置我？”重复了好几遍，而戈茨警探束手无策，只好先拖延一下：“具体情况我都还没掌握，所以我没办法说。”接下来他又几次三番重复了同样的意思：“我们得一步一步来。你先得对我说实话，然后我们再讨论处置的问题。我得先知道真相再说。”

珍妮弗终于松了口，开始重新讲述案发经过，这次完全是一个新版本。“我是想让他们停下来的。”珍妮弗说道。

“我知道你是这么想的……不过他们一旦闯进来，你就没法让他们停下来了，不是吗？”戈茨警探用宽慰的口吻说。

“我不认识他们。”珍妮弗说，这也算给自己最后留了一点辩护余地。

“你后悔吗？”戈茨警探问道，“你希望一切都没发生，对吗？”

珍妮弗的脸紧紧贴着膝盖，半晌，她终于说：“是的。”

戈茨警探向珍妮弗欠过身去，他觉得终于要得到自己想要的答案了：“很好，这么想是对的。你希望一切都没发生。”戈茨警探说着把手搭在珍妮弗背上，揉了揉她的肩膀，一场全盘供认即将到来。戈茨警探说：“我知道你很痛苦……你想要的只是一点空间，想要一个做回自己、掌握自己命运的机会。事情是怎么开始的？你原来是怎么计划的？我们从一开始就知道你参与了这案子。北美每年都有三百多起案子是孩子参与弑杀父母的。这些案子都有一个共同点，就是在这些家庭里，孩子必须实现家长的期望，都是家规出了问题。”

此刻距离讯问开始已经过了3小时14分钟，珍妮弗慢慢走近了悬崖边际。她又一次告诉戈茨警探：“要是我能让他们停下来，我一定会让他们停下来。”没过一会儿，她用手捂着脸，一咬牙，说出了决定性的口供。

珍妮弗接下来的口供在录影资料里无法听清，但是很明显，她的回答完全出乎戈茨警探的意料。戈茨警探重复着珍妮弗的话：“他们是冲你来的……为什么？他们想把你们全家人都干掉？”

“不是，就我一个人，因为我不想活了。我太让家人失望了。”珍妮弗说话的样子像小孩子发脾气。

“你意思是，他们要杀的不应该是你母亲，对吗？那你父亲呢？”

“他们要杀的人是我，这样我爸妈就不用再看到我了。”珍妮弗说道，“我什么事都做不好，连自杀都不成功。”

“那你找了什么人来动手呢?”戈茨警探问道,听起来他一肚子恼火。

“我不认识他,我只有他的电话。”珍妮弗说,警察可能找不到她的手机来验证她的话,那个手机的SIM卡她自己都不知道在哪里,“我的要求是‘进屋来把我干掉’。他们知道要干掉的人是我,因为家里就我一个女生。”接着珍妮弗解释说,里克给了她一个外号“宅男”的人的电话,于是她就和“宅男”一起设计了这个计划(珍妮弗特地避开了黄志光在其中的角色)。珍妮弗说,整个行动费用是2000加元,这是她和“宅男”在案发两个月前定下的价格。“宅男”说,如果珍妮弗想让人把自己杀了,就得在动手的人闯进她家的时候把现金准备好。戈茨警探本以为能听到让案件水落石出的实质性口供,所以此刻他郁闷不已。他继续盘问珍妮弗为什么要设计这么疯狂的计划。珍妮弗则继续编瞎话,说自己其实已经没有再和黄志光联系,而父亲非说她还在偷偷和黄志光见面,于是她就想出了这么一招。她说在11月8日案发当晚凶犯闯入潘家之前,其中一人给她发了条短信:“游戏开始了。”

戈茨警探让珍妮弗坐直,看着自己的眼睛,然后对她说:“你刚才跟我说的不全是实话。我相信你的确找了人,我相信那天晚上你付了他们2000加元,这些都是真的。但是你说他们要杀的是你,这不是实话。他们要干掉的是你父母。”

珍妮弗继续圆她的故事,声称案发当晚她用了两个手机。她用罗杰斯公司的三星手机给朋友打电话,用贝尔公司的iPhone和凶犯打电话。她收到了“宅男”发来的要求“接驾”的短信——这条短信后来她删掉了——然后就去楼下打开了门锁。

戈茨警探这会儿开始发火了。“你父亲本来是活不下来的,但是现在他活下来了,所以他就能告诉我们那天晚上到底发生了什么。你刚才告诉我的和他说的对不上。”戈茨警探说道，“你说一半实话，另一半藏着不说，这就是你应对压力的机制，这就是你一贯的做法。我不是在这儿挑你的毛病……我们警察局里每个人都为你觉得可惜……你就像火山，到了某个时刻，压力太大，你就爆发了。”

“你是想让我这么说吗？”珍妮弗问道，“但是事情不是你想的那样。”

戈茨警探继续施压讯问了45分钟，珍妮弗则继续反驳。“这样说下去没用的，我就是想让他们来杀我的。”珍妮弗恼火地坚持说道。

戈茨警探只得离开审讯室找同事出主意。然后他回到审讯室，平静地对珍妮弗宣布道：“珍妮弗，你给我听清楚，好吗？案件侦破到现在，我马上就能以谋杀、谋杀未遂和策划谋杀的罪名逮捕你，你明白吗？”

珍妮弗再次低下头哭了起来，双手捂着耳朵。

“你必须得听着，请你把手从耳朵上拿下来。”

讯问进行了4小时25分钟，珍妮弗为了自由仍然在垂死挣扎。当被问到对于上述指控她有什么要说的时，她流露出被背叛的感觉。“我以为你是站在我这边的。”珍妮弗对戈茨警探说。

这个时刻标志着珍妮弗自由的终结，十几年来她用谎言欺骗了身边每一个人，此刻，骗局终于走到了尽头。从前的谎言带来了争吵、最后通牒、心痛和家庭不和。但那些都无法和她当下面临的惨痛现实相比——她的惊天骗局终于坍塌。珍妮弗蜷着身子坐在警察局的人造革椅子上，一边哭着，一边双腿仍不受控制地抖动着。

戈茨警探进出审讯室，帮珍妮弗办妥手续，珍妮弗再次请求他留下来：“你非得离开吗？”

戈茨警探回答说：“我们得准备对付律师。现在这是最要紧的事。”

9. 恐慌来袭

◇◆◇

距离海伦街这个绿树环绕的中产小区仅仅19英里，住着三个人，他们的身份很快就会引起警方的高度关注。虽然距离不算太远，但这三个人的生活和珍妮弗的有着天壤之别。珍妮弗住在万锦市的双车库豪宅里，家有两辆高档汽车，父母都有收入，全家的生活重心就是尽力让儿女成为人生赢家。而反观多伦多市西北角被遗忘的城中村莱克斯区，生活在那里的孩子如果能得到哪怕只有珍妮弗一半优越的成长环境，都会觉得无比幸运。尽管身为父母为了孩子都会尽其所能，但是碍于我们都是周遭环境的产物，不难理解莱克斯区的孩子为什么深受各种社会问题的毒害。

诚然，珍妮弗和黄志光两人童年都生活在多伦多东端的士嘉堡区，那也不是个太平的区域。但他们都得益于安全、团结的家庭环境，生活上都算比较富足。

20世纪50年代，莱克斯区从原先的农场慢慢变为城市的一部分，在此进程中，也曾涌现过很多成功故事。然而时至今日，莱克斯区各种社会问题层出不穷。这里的住户约有四分之一来自单亲家庭，走出家门就面临着各种负面影响。著名都市景观评论人克里斯托弗·休姆曾经说过，莱克斯区被几条高速公路分割成几个小块，成长在这样分散的小区里，会产生一种强烈的被孤立的感觉。

时任《多伦多明星日报》记者的休姆写道："在北美，像莱克斯区这样的地方很多，它们滋生于大城市边缘……莱克斯区已成为郊区积弊、社会黑暗面和黑帮暴力的代名词……由公路、高层住宅、购物中心和教堂组成的灰色景观。住在那里的孩子——他们是人们关心和研究的主要对象——一致的抱怨就是无事可做。逛一逛这里的无名街道，你就不难理解他们的抱怨。"休姆说，莱克斯区是为有车的人规划建设的，但是工业萎缩、工人迁走后，留在莱克斯区的居民不得不在没有车的情况下继续在此生活。这里不通地铁，出行只能靠步行或者公交车。

莱克斯区的基普林大街浸信会牧师沃尔特·麦金太尔同时也是一位社会活动家，他说，没有良好的社区中心，我们很难让孩子远离毒品和黑帮。2011年的全国人口普查数据显示，莱克斯区人口族裔构成为：30%是南亚人，26%是白人，20%是黑人。莱克斯区分得的经济援助和公益项目极度匮乏，而配备的警力资源却颇为丰富。警力主要用于清理历史遗留问题，处理方式通常是铁腕多于扶助。2016年5月，孕妇康迪斯·罗谢勒·鲍勃乘坐的汽车在詹姆斯敦弯道被机枪扫射，康迪斯当场中弹身亡。医生施行了紧急剖宫产取出她腹中五个月大的男婴，但婴儿三个月后终告不治。这起惨剧激起了整个莱克斯区和全市公众的极大愤怒。

2000至2010年间，莱克斯区的黑帮冲突不断，詹姆斯敦弯道和橄榄山街就是黑帮交火的街道。2013年，莱克斯区随着时任多伦多市长罗布·福特登上新闻头条，之后频频出现在与其相关的热门新闻里。深受莱克斯区选民喜爱的福特被偷拍到在莱克斯区一处吸毒场所门口现身，之后有人向媒体兜售据称是福特吸毒场景的录像。偷拍照片中与福特同框的一名男子后来在多伦多一个夜总会门外被击毙。福特事件之后，警方在莱克斯区发起了反黑大扫荡，在一次谋杀、持械和贩毒案件调查中，警方在莱克斯区一举逮捕了43人。此次调查主要针对特大黑帮"狄逊城市之血"(又称"狄逊傻鸟"[1])，警方缴获了价值300万加元的毒品、50万加元现金以及40支枪械。被捕的人中就有向媒体兜售福特吸毒录像的穆罕默德·西亚德(人称"索亚")以及利班·西亚德(人称"胡子")，据称福特的亲信曾胁迫他交出录像。

"胡子"这个诨名后面会出现在潘家案件的调查中。

埃里克·卡蒂的青少年时代大部分时间住在基普林大街的一幢公寓楼里，基普林大街因为"瘸帮"横行(此"瘸帮"和臭名昭著的洛杉矶"瘸帮"并无关联)，又被称为瘸帮大街。埃里克在家排行老大，下面还有五个弟妹，他的个头一直比同龄人矮一些。直到十年级，埃里克都还是个好学生。田径教练说埃里克"安静、内向"，是个好相处的年轻人。和珍妮弗一样，埃里克也有哮喘的毛病，但这并没有影响他成为身手敏捷的体育健将。"埃里克是个非常不爱说话的小个子，不过他总能和大家打成一片。""飞翔天使"田径俱乐部(该田径俱乐部很多成员都曾获得美国大学的奖学金)创始人厄尔·莱特福德这样说道，"有的孩子对田径运动很上心，投入也比较多，这些孩子大多都有家人的支持和帮

1 "傻鸟"为20世纪80年代加拿大著名电影《七宝奇谋》里小朋友成立的帮派名称。

助。他们到我这里来训练的时候年龄都还小，我让他们走上了一条健康向上的道路。”

莱特福德并不清楚埃里克当年为什么没有继续参加田径俱乐部的训练，当听到埃里克走上了犯罪道路时，莱特福德表示极度震惊。他说，尽管对埃里克了解不多，但他觉得埃里克就是典型的家里没有父亲可做榜样的年轻人的模样，这样的年轻人莱特福德见过很多。“他是个很有礼貌的孩子，心地善良。”莱特福德说道。他说记忆中的埃里克小时候一直是跟班。他见过太多“硬汉”，他说埃里克不是那样的人。

埃里克的性格变化很大，到了30岁上，别人眼中的埃里克就再不是跟班角色了。一个认识埃里克的人说他是典型的领导者，不管跟什么人打交道都要占上风。也有人（通常是埃里克的女友）说埃里克也有温柔的一面，不仅胸怀大志，对孩子也关爱有加，说他不仅个性鲜明而且为人可靠，会给身边亲近的人支招，想方设法帮助他们。那么闲暇娱乐的时候呢？哦，埃里克可是聚会的灵魂人物。

从埃里克的经历来看，从十几岁开始，他就表现出极强的报复心，也许正是这种不惜坐牢也要睚眦必报的做派为埃里克赢得了同伴的敬畏。埃里克15岁时，父亲因为交通事故不幸丧命，在这样一个敏感的年龄失去了自己的偶像，埃里克的生活轨迹自此以后就彻底改变了。父亲去世后不久，埃里克便开始违法犯罪，父亲死后仅一年，年仅16岁的埃里克和警察第一次过招。两年后的1998年，埃里克被控恐吓罪。

1999年，埃里克第一次进监狱，罪名是携带违禁武器并使用枪械威胁人身安全。让他获罪的案件发生在1998年7月12日，那是个炎热的夏日，埃里克和几个朋友去了布兰普顿市的水上乐园。这边穿着泳衣的孩子有的在玩水上滑梯，有的泡在水里扑腾玩耍，那边埃里克和朋友们却和两个十几岁的少年因为口角干起架来。被工作人员赶出水上乐园后，埃里克跳上了朋友的车，与那两个少年的车正面交锋。当埃里克的车慢慢逼近对方座驾时，埃里克拔出一把点22口径的短管霰弹枪，把身子探出车窗，向两米之外的对方车辆开枪，子弹穿过汽车窗框，击中了副驾驶座上少年的左眼，伤势严重，所幸子弹没有穿透头骨。

三天后，埃里克被捕，他在看守所里待了六个月才松口认罪。案发时，埃里克的18岁生日刚过一个月，从法律角度来说他已经成年，最终他被判入狱五年。

臭名昭著的水上乐园事件在埃里克的朋友圈里传开了，大家给他起了个外号叫“狙击手”，后来埃里克把这个外号文在小腿内侧，旁边还文了一个AK-47。他在脖子上文了“上帝保佑”字样，在右手小臂上文了“大兵”字样。他的其他外号还有“肖恩”(这是他的中间名)和“S”。

刑满释放后，埃里克的品行未见任何改善，反而变本加厉，完全把违法犯罪当作营生。埃里克几乎从没正经干过什么工作，他的收入来源就是犯罪勾当、政府救济以及身边众多的女人。出狱后的埃里克先后被控犯下走私贩卖可卡因、非法拥有大麻、袭击抢劫案证人等各种罪行。但埃里克凭借自己的精明狡猾，每次都得以逃脱罪名。

虽然有传言说埃里克曾和摩托黑帮“地狱天使”成员同乘一辆车并被警方拦下，但认识他的人都否认他和黑帮有任何紧密的联系。一位不愿透露姓名的爆料人称，埃里克是“孤独的狼”，是“中层毒贩”，这样的营生总会伴随一定程度的暴力。尽管埃里克恶名在外，但此人认为埃里克“非常快活”，非常忠诚，肯为朋友——他的朋友很多——两肋插刀。他也承认，和埃里克交朋友得付出点代价。埃里克有时会被警方通缉，想要不被抓获就得靠身边亲近的朋友帮忙，这就让收留埃里克的人惹火烧身。“他很聪明，是个领导者，绝对的。”这位不愿透露姓名的朋友说，“对他来说每个人都是兄弟，是亲人。他总是兴致高昂，要求也很高。做朋友很不错，就是得冒点风险。单单跟他见面，风险就很大。”

另一个朋友说，埃里克把大部分时间都花在追逐他最爱的两样东西上——女人和聚会。据说他曾经同时和至少五个女人交往（警方称这个数字可能接近十），其中包括他几个孩子的妈妈。他的一个密友说他特别有女人缘：“你知道吗，女人就是喜欢他。我每次见到这家伙，他都带着不一样的妞儿。”不过有个名叫丽莎·蓬佩的女子相比其他女人而言，和埃里克关系比较长久，她和埃里克生了两个孩子。

埃里克成年后，终日靠犯罪活动营生，他的文身就是他犯罪行迹的佐证。埃里克在胳膊显眼处文着“罪犯”字样，左前臂下方文着“顺我者昌逆我者亡”。他很少用自己的本名，而是喜欢称自己为“S”或者“狙击手”。

用外号当然可以跟人套近乎，不过很多人也借此隐瞒真实身份，逃避警方追查。

埃里克有个好朋友名叫伦弗德·克劳福德，此人是埃里克的大麻生意伙伴。埃里克和伦弗德一起抽大麻、喝酒、聚会、和女人调情。伦弗德并不是在莱克斯区长大的，他根本不是在加拿大长大的。

伦弗德1982年6月2日出生在牙买加的金斯顿市，父亲是老伦弗德·克劳福德，母亲名叫梅格丽塔，他还有个姐姐。伦弗德出生后没多久，父亲抓住了一个机会，抛下妻儿，接受担保移民来到加拿大。后来，父亲和担保人结了婚并且有了孩子，定居在不列颠哥伦比亚省的温哥华。父亲的离去导致家里收入锐减，伦弗德和母亲、姐姐很快搬离了生活成本高昂的金斯顿，回到母亲位于克拉伦登乡村的老家。那是牙买加宁静的平原地区，随处可见烟草田和棉花农场，以及香蕉树、咖啡树、可可树。在那里，伦弗德度过了少年时代。

这个文静的男生愿意帮母亲洗碗，该做的家务绝不偷懒，在学校成绩也不错。他是个安静、自在的孩子，直到长大成人一直都是这脾气。母亲特别留意到伦弗德非常可靠，梅格丽塔告诉我："他总是愿意跟我去集市帮我卖东西，也会帮我采购。他是个心地善良的孩子，能指望得上。你需要帮忙就尽管打电话给他，他一准儿会来帮忙。如果他口袋里有一块钱，而你正好需要一块钱，他想都不想就会把这一块钱给你，他就是这样的人。他不懒惰，不游手好闲。"

没过多久，梅格丽塔遇到了艾伯特·安德森，后来改嫁安德森。1994年，梅格丽塔决定把伦弗德送到加拿大和他的父亲一起生活，这样伦弗德就能获得更好的教育。"这是我的错。"梅格丽塔说道。她说那时的伦弗德很容易受外界影响，用她的话说就是"孩子温顺听话"。她说在伦弗德成长的牙买加小镇，没什么不良影响，伦弗德接触到街头混混都是搬到温哥华以后的事。虽然她并不清楚12岁的伦弗德初抵温哥华时经历了什么，但是她清楚地记得曾接到过住在伦弗德寄宿家庭楼下的一个租客的电话："他对我说：'想想办法吧，这是个好孩子，我不想看到他前程被毁。别让他再跟那些人搅和在一起了。'"梅格丽塔说那人和她们家非亲非故，只是注意到伦弗德结交了什么样的朋友，出于好心才打了电话。

没过多久，伦弗德就因为涉毒被警方作为少年犯逮捕，是同伙里年纪最小的一个。梅格丽塔知道，自己必须得想办法去加拿大。最终安德森也找到了担保，梅格丽塔就随丈夫一起北上，来到了多伦多。1999年，梅格丽塔终于和儿子伦弗德团聚了。

安德森对伦弗德还比较上心，他让17岁的伦弗德跟着自己在多伦多一家糕点厂上夜班，主要负责清理机器。伦弗德同时还在学习机械修理和钣金，不久后便开始在附近一家修车行做换机油、换刹车片和换轮胎的工作。最后，他在基克家居用品公司位于莱克斯区的工厂里找到一份工作。

没人知道黄志光和伦弗德·克劳福德是怎么认识的，很多人说是因为汽车这个共同爱好。伦弗德和黄志光一样，工作勤奋，升职很快。他进公司的时候是个仓库小弟，三个月后，经理留意到他对工作的忘我投入，便将他提升为生产线技师，他不仅操作机器，还负责修理机器。伦弗德当时的工资是每小时17加元，他加班加点，攒钱买了第一辆车。梅格丽塔说他很少休假，有时一周上七天班。“他不是捣乱分子，他不是黑帮分子。他工作勤奋，从来没领过失业救济。”梅格丽塔说道。正如母亲所说，伦弗德的生活规规矩矩，甚至已经到了极度无聊的地步。他通常下午3点半上班，半夜12点下班，下班后要么回莱克斯区的母亲家，要么去布兰普顿市的女友家，他们的儿子年纪还很小，三口之家其乐融融。伦弗德的母亲说，就伦弗德这个年龄的人来说（案发时伦弗德27岁），他是个尽责的父亲，对儿子和女友都疼爱有加。

伦弗德初来多伦多时，为了适应这个陌生的城市，他开始结交新朋友，卖大麻赚外快。伦弗德结识埃里克的细节尚不清楚，不过警方说两人相识于毒品交易。伦弗德在朋友圈里有很多外号，比如“罗伊”（他的中间名）、“哥伦比亚”、“哥伦布”（因为他是从不列颠哥伦比亚省来的）。他一直生活在臭名昭著的莱克斯区和珍街夹芬治大道一带，也经常住在附近的布兰普顿市。伦弗德说自己和埃里克的交情由来已久，他说起埃里克都称“家人”，两人是至交契友。按照伦弗德的说法，他和埃里克的相识源于两人都认识的几个年轻女子。

伦弗德的辛勤工作换得了回报——工作稳定，有车开，有钱花，而埃里克却在贫困线上挣扎。埃里克也曾经发达过，但从2009年末起，因为种种原因，他只能靠自己认识的那些女人接济度日，晚上就寄住在她们家里。

埃里克的另一个好友是同样来自莱克斯区的戴维·米尔瓦加楠。戴维出生在蒙特利尔市，父亲是斯里兰卡人，母亲是牙买加人。戴维一半时间和父亲住在魁北克市，另一半时间和母亲住在多伦多市。戴维在多伦多市的家离埃里克和女友丽莎·蓬佩的家很近，戴维就在那里长大。丽莎说她印象中的戴维“就是在小区里跑来跑去的小屁孩儿”。

戴维曾涉嫌参与倒卖枪支等多起犯罪行为，不过总体上来说，他没惹过什么让警察找上门来的麻烦。他的外号有“拉姆”（他的中间名）、“兰博”、“印度人”和“酷力”。戴维20岁出头的时候想当饶舌歌手，录制过自己的音乐电视，艺名有时用自己的外号，有时则用“疯狂印度人”。戴维和两个女人各生了一个儿子。

戴维也和埃里克及伦弗德一样，跟孩子非常亲，打心眼儿里关心他们。庭审期间，一看到法庭出示孩子的照片，他就无法控制情绪。但戴维与孩子的母亲丹尼斯·布朗之间的关系却很紧张，因为丹尼斯认为戴维“不成熟”。其实，两人闹僵时，戴维只有22岁。丹尼斯说戴维对朋友比对自己的小家投入更多，而且时有出轨，对家里的开销也不负责任，于是她提出了分手。

伦弗德和黄志光是好友，同时他和埃里克也是好友。是伦弗德把埃里克介绍给了黄志光，此后，三人开始了合作关系。埃里克一如既往占据最高地位，伦弗德居中，最后是新手合伙人黄志光。埃里克和黄志光在不少事情上意见相左，埃里克觉得在毒品生意方面黄志光还太嫩——实际上，很多毒品交易的联系人都是黄志光介绍来的。在三人的合作中，伦弗德是黄志光的上线，而埃里克则是伦弗德的上线，伦弗德和黄志光都花了很多时间和精力向自己的上线证明自己有多“匪气”。

虽然在入伙时，黄志光在小规模毒品交易中已经颇有经验，但在结识伦弗德后，黄志光有了新的业务，交易金额更大，收益更多，客户群也更广，于是黄志光也就心甘情愿地当起了伦弗德的马仔。大宗生意和新合作伙伴意味着更大的风险，只不过黄志光没有意识到或者故意不去想这些。没人说得清这三人组合每周到底能卖多少大麻，据说他们通常每周进半磅货，这半磅货里有进价2700加元的顶级货，也有进价1900加元的落脚货。在潘家凶杀案发生前，伦弗德和黄志光大部分时间不是工作就是和女友在一起。与黄志光相比，伦弗德和埃里克抽大麻要凶得多。

10. 提前收到的圣诞礼物

◇◆◇

2010年11月23日下午3点，电视、报纸和广播电台的记者手持麦克风拥入位于纽马克特市的约克郡警察局总部，追踪潘家案件的最新进展。媒体人哪怕在风平浪静时也会疑神疑鬼，他们从案发一开始就严重怀疑珍妮弗，这次，让他们猜着了。

用媒体记者的话说，这个案子超级“有料”。案件发生在市郊中产小区，涉及一个年轻貌美的女子和一对遭遇飞来横祸的父母。与一般凶杀案不同，潘家这起案件吸引了多伦多各族裔、各文化背景普通民众的广泛关注。侦破人员说，等他们参加完新闻发布会回到办公室的时候，电话几乎被媒体记者打爆了。

本案具备了吸引公众关注的一切要素：有惊悚的情节，有狗血的恋情，同时对公众来说，“凶手是谁”也是一个极具话题性的悬念。当然，抛开其他不谈，本案首先是一个无辜家庭一夜之间彻底崩塌的悲剧。

珍妮弗被正式逮捕后第二天，警方召开了面向公众的新闻发布会。两周前才对记者说潘家遇袭“纯属偶然事件”的约克郡警察局长拉·巴尔热在发布会上说：“我们原先不掌握任何能说明作案动机的线索……现在情况有了变化。”这句话彻底改变了公众对案件的看法。

两周前警方第一次召开新闻发布会时，潘汉辉因为伤势完全不能与警方沟通。探长拉里·威尔逊证实，正是潘汉辉伤势好转，接受了警方讯问之后，侦破工作的重心才转到了被害人的女儿、24岁的珍妮弗身上。目前潘汉辉被警方秘密安置在一个不为外界知晓的所在。虽然警方对作案动机仍然守口如瓶，但媒体已经从发布会上获得了弥足珍贵的信息。

潘汉辉是破案的关键人物，他向警方提供了另一番凶犯特征描述，这等于宣布珍妮弗之前对入室凶犯的特征描述都是撒谎。报社记者从不愿透露姓名的潘家亲戚那里打听到，案发时，珍妮弗和父母住在一起，是无业状态。珍妮弗被控一级谋杀罪，这意味着，警方认为她和开枪凶犯间存在着“计划和合谋”的关系。

珍妮弗被捕后，警方便集中警力搜索符合特征描述的嫌疑人：黑人男性，22到25岁之间，1米88，肌肉发达；黑人男性，20到25岁之间，1米83到1米88之间，身材瘦削；白人男性，20到25岁之间，1米83，身材魁梧，圆脸。

潘家凶杀案对附近居民产生了巨大而深远的影响，有家有口的都开始担心家人的安全。潘家的邻居奥里莉亚·费尔南德斯说：“我很高兴这件事情总算有了个说法，一开始我们还以为歹徒是随便挑了一户人家作案，弄得我们这些住在周围的人都很紧张。”随着侦破工作进一步展开，不断有新动向发布，不过这些新信息并不能消除很多人的不安全感。“如今这世道，让人一点安全感都没有。”费尔南德斯接着说。

珍妮弗被捕的消息通过新闻频道传遍全市、全省乃至全国。对于其他涉案人来说，这可不是他们想看到的结果，他们分别做出了不同回应。其中的三人最终将接受警方讯问，对他们三人来说，有一样东西比自由更要紧，那就是钱，他们三人在珍妮弗被捕后采取的措施充分说明了这一点。

对警方来说，逮捕珍妮弗很简单，接下来才是难啃的骨头——找到11月8日案发当晚10点30分停在海伦街上的新款本田讴歌里的人。找到故意藏匿行踪的人，并且证明他们与案件相关，这并非易事，尤其手中掌握的线索仅仅是几个号码而已。

11月25日，也就是珍妮弗被捕后第三天，库尔蒂斯警探和库克警探收到了珍妮弗贝尔公司iPhone通话记录的截屏。浏览通话记录之后，他们的第一个结论就是：黄志光对警方撒了谎。黄志光告诉米利根警探他最近没和珍妮弗联系，而实际上，仅11月8日一天内，他就和珍妮弗互发了36条短信，打了14通电话。

珍妮弗11月8日的iPhone通话记录还显示，她有无数可疑通话和短信。珍妮弗的联系人用的不是常见的信用卡实名开户的合约机，而是预付话费手机——黑话称为枪机。毒贩一般都用这样的手机，购买方便，话费用完直接扔掉，再买新的。和珍妮弗联系的这些人都很狡猾，有的明摆着是在耍警方——用公然挑衅警方的人的名字注册手机机主。库克警探说，警方没能从犯罪现场获取任何法医证据，雪上加霜的是，本案涉及的大多数手机机主名都是化名。“这案子很快就变成了追查手机机主的案件，”库克警探说道，“那些人每人都有两三个手机，手机机主名都还不一样，很难查。”

侦破人员重点调查了珍妮弗的iPhone在案发前的最后四条来电记录，11月8日下午6点12分的那通来电尤为可疑。来电号码开头是多伦多区号，号码中还有一个8和一个5，珍妮弗口供中提到的“宅男”的电话号码就是这样的。当然，警方目前还不确定珍妮弗的口供可信度有多高。11月8日晚上8点16分的一通来电，通话时长28秒。晚上9点34分，又有一通来电，通话时长1分42秒。案发前的最后一次来电是在当晚10点零5分，通话时长3分23秒。通话结束五分钟后，即晚上10点13分，几名凶犯闯入潘宅。

警方立刻发布搜查令，要求相关部门提供这些电话的在案记录和相应的通信基站信息，但搜查令经法官签字生效后，警方说不定还得等上30天才能最终收到相关信息。等待期间，侦破人员决定碰碰运气，拨打这些可疑号码试试看。四个号码中，有三个立刻拨通了。唯一有人接听的是案发当晚8点16分呼叫珍妮弗的号码。手机注册的机主名詹姆斯·安德森当然是化名。后经查实，真正的手机机主迪米特里厄斯·马布斯是个很爱恶搞的人。迪米特里厄斯后来说，11月26日第一次和警方的通话非常奇怪。“一开始我不知道是警察打来的电话。听起来好像是要从我这里骗什么东西。”迪米特里厄斯说，“我就说：‘我不会告诉你们我是谁，我都不知道你是什么人。’然后对方跟我说他们在调查一起凶杀案，我就说：‘搞什么鬼？’”

马布斯否认他和潘家凶杀案有牵连，这让库尔蒂斯警探很郁闷。“高血压君[1]走过来把我提溜过去，跟我说我让他血压都上去了。”马

1 这里指库尔蒂斯警探。

布斯后来回忆说，"高血压君带我上了他的车，掏出小麦克风就开始问话，问我都干了些什么，说了些什么。我乖乖配合是因为我知道我是无辜的。"

与此同时，警探戴维·麦克唐纳正在查找凶犯闯入潘宅之前五分钟拨打珍妮弗电话的手机机主，情况更不顺利——电话没人接听。麦克唐纳警探只好碰碰运气，给这个电话号码发了条短信：你好，我是警察。请速回电，麦克唐纳警探。

短信石沉大海。

此后，这个手机就再也拨打不通了。第二天，尽管明知不会有结果，但麦克唐纳警探仍然驱车直奔布兰普顿市，查访该手机开户时注册的地址。一个老人家来开了门，完全搞不清为什么凶杀案侦探会来敲自己的家门。麦克唐纳警探心凉了半截。其实他之前就很怀疑这个地址的可靠性，因为手机开户时注册的机主名是彼得·罗宾逊，而彼得·罗宾逊是布兰普顿市前市长的名字。

但是那天晚些时候，麦克唐纳警探找到了一个突破口，他敲开了伦弗德·克劳福德位于莱克斯区的家门，案发当天拨打珍妮弗iPhone（通话时间分别是上午10点和傍晚6点12分）的电话号码中唯一靠谱的机主地址就是这个。伦弗德的父母发现警方在找自己的儿子非常不悦，不知道如果麦克唐纳警探告诉他们自己是凶杀案侦破警探他们又当如何。伦弗德被从睡梦中叫醒，看起来心态十分放松。他同意去警察局接受警方讯问，但是要警方保证讯问结束后按时把他送去上班。伦弗德在讯问期间一直毕恭毕敬，不过他并没有提供多少信息。他懒懒散散、和颜悦色地交代了自己的工作、生活和个人情况，特别着意说自己正在努力和女友重修旧好。最终话题转到了黄志光身上，伦弗德说只知道他外号叫“布鲁斯”。

“我以前经常跟朋友一起玩儿，”伦弗德说，他说的朋友包括黄志光，“现在我有了儿子就没时间跟他们聊天了。”这时，麦克唐纳警探一改原先的和蔼可亲，表情严厉起来，这表明他要说正经事了。

“你是怎么认识珍妮弗·潘的？”麦克唐纳警探单刀直入，与伦弗德四目相对。伦弗德继续装傻，毫不畏惧。在麦克唐纳警探的逼问之下，伦弗德承认，他为了联系黄志光打过珍妮弗的电话，但从来没和珍妮弗单独聊过。“你们俩11月8日上午10点说什么了？”麦克唐纳警探问道。

“肯定是和黄志光有关，要不就是我想找黄志光。”伦弗德回答。

麦克唐纳警探感觉伦弗德在误导自己，于是警告伦弗德别跟警方耍花招。“我们可不是在哄着玩。”麦克唐纳警探说，“你必须对我实话实说。我看出来了，你说真话的时候就看着我的眼睛，你眼睛看别处就是在撒谎。给我说实话……我要的是实话。”

伦弗德并没有立即就范，他不慌不忙，啰啰唆唆说了一个冗长的故事：黄志光有个朋友名叫万斯，是个瘾君子，他欠了自己500加元。过了不久，麦克唐纳警探再次向伦弗德施压，他直接问伦弗德是不是跟杀害梁碧霞的案子有牵连，但伦弗德坚称不是他干的：“这事跟我没关系，绝对一点关系都没有。”

这样的回答显然没法让麦克唐纳警探满意。“假设有个人，手头缺钱，日子快过不下去了，这时候有人出钱让他干活儿，没想到后来事情完全失控，他只好自食其果，其实事情本来跟他没什么关系。”麦克唐纳警探说道，“你觉得这个人结果会怎样？”

伦弗德回答说：“我一般不轻易评判一个人，除非事情的来龙去脉我都知道……反正我说的都是实话，信不信由你。”麦克唐纳警探不理会他这套，只管继续逼问，伦弗德觉得不向麦克唐纳警探供出点什么怕是过不了这关，于是他承认联系黄志光是为了毒品。

现在案件侦破有点眉目了。警方不仅戳穿了珍妮弗和黄志光的骗局，还套出了黄志光的朋友伦弗德。讯问结束的时候，大家都在琢磨：我们抓到的会不会就是“宅男”？不过就算伦弗德是“宅男”，接下来的调查结果着实让警察陷入了更大的谜团。麦克唐纳警探发现11月8日案发当天，伦弗德指纹打卡上班签到，一直在单位待到下班。黄志光也有无可置疑的不在场证明：案发当天，他工作到很晚才收工。

在城市的另一头，库尔蒂斯警探的讯问也一无所获。迪米特里厄斯·马布斯说他和凶杀案没半点关系，他不知道为什么珍妮弗的手机上会有他的电话号码，而且11月8日案发当晚，他正在一个施工现场工作。

不过警方仍没有把迪米特里厄斯和伦弗德排除在嫌疑人之外，库尔蒂斯警探和库克警探继续搜查给珍妮弗的iPhone打过电话的手机的注册信息。他们发现有个电话号码在珍妮弗的罗杰斯公司三星手机上也出现过。11月29日，库克警探讯问了安德鲁·蒙特马约尔。安德鲁是个年轻的菲律宾小伙子，警方联系他的女友时，他被吓得不轻，感到头晕、恶心、想吐。

讯问伊始，安德鲁就宣称：“11月8日我没给珍妮弗打过电话。”不过这样的否认对他没什么帮助。

库克警探把厚厚一摞文件搁在安德鲁面前。“这些都是手机短信记录，这几页是11月8日的。”库克警探一边翻着文件一边对安德鲁说，“你说你那天没跟她联系……那你怎么解释这一百多条短信？这七页都是，都是你的短信。她母亲那天被人用枪打死了，可你还在给她发短信，这很可疑啊，安德鲁。你知道的，珍妮弗迟早会坐在这儿，对我们交代事情的全部经过：她跟谁联系过，这事儿是怎么发生的。”

手机通信记录显示，案发当日下午4点30分到晚上10点26分这六个小时之内，安德鲁和珍妮弗互发了87条短信，打了4通电话，几乎占了两人自8月以来的短信和电话联系数量的一半。安德鲁和警方打交道没什么经验，不过他也看明白了：形势对自己不妙，他不能再继续装傻了。于是安德鲁将实情向警方和盘托出。

安德鲁说，11月8日案发当天，珍妮弗打电话来，倾诉自己有多烦父母，说她被野蛮的家法管得痛苦不堪，活像被软禁，她受够了，想要甩掉父母。安德鲁又补充说，珍妮弗告诉他，自己安排了一起入室行凶，不过她会让整个事情看起来像是入室抢劫：会有两个人闯进家门，进来后先开口要钱，然后开枪打死潘汉辉和梁碧霞；珍妮弗会被绑起来，但不会被伤害。珍妮弗说那些人动手前会再给她发短信。安德鲁声称一开始他觉得珍妮弗是气疯了或是在开玩笑，但是珍妮弗说话的时候并没有笑，反而听起来一本正经的。安德鲁对珍妮弗说，她想做什么是她自己的事情。至于那些来往短信，安德鲁说自己一直暗恋珍妮弗，有时候会跟珍妮弗倾诉工作上的压力。

安德鲁还向警方交代说，珍妮弗早在2010年春天就说过想找人干掉父母。珍妮弗对于跟父母之间的矛盾非常愤怒——说他们不信任自己，自己过着被软禁的日子。珍妮弗想找人干掉父母，让他们彻底消失，她让安德鲁帮她出主意看看怎么才能办到。

与此同时，珍妮弗在看守所以通信的方式与外界保持联系。珍妮弗的信表明，她非常清楚她的朋友何时接受了讯问，以及她担心哪些信息会曝光。珍妮弗12月写信给黄志光说：“我跟爱德华联系了，他说他又要被警方问话了。我很紧张。安德鲁也开始怀疑我了。阿德里安正在被警方问话，估计他马上也不会站在我这边了。他们为什么要把我在这世上仅有的这些都抢走？我不敢说我会没事，我只有自己一个人，所有人都在和我作对。”

安德鲁的证词坐实了警方对珍妮弗的指控，但对捉拿入室真凶没什么帮助。接下来的几个月里，警方展开了数百次讯问，耗费了大量警力。初为人父的麦克唐纳警探从11月8日到12月21日，每天从早上8点工作到凌晨1点，其间一天都没休息过。而库尔蒂斯警探则说，多少个通宵加班的晚上，他是靠着咖啡和香烟才撑下来的。说到在办公室加班和熬夜，库克警探轻声笑了一下说道："有时候比尔和我会互相发脾气，大叫大嚷，什么事都能让我们发火——侦破的速度、进展、工作目标。但有时候我们又会互相启发，找到破案新线索。"

最终，所有的努力终于得到了回报，当然运气也是一个因素。库尔蒂斯警探发现，加拿大的三大通信公司中，只有研科公司将机主收发的短信保存30天（让全国警察万分懊恼的是，研科公司现在也不再保存机主短信了），而以彼得·罗宾逊这个名字注册的手机就是研科公司的，因此警方得以调用案发前后该手机收发的所有短信。12月17日，警方终于拿到了短信记录。"那天的情景我记得很清楚，感觉就像提前收到了圣诞礼物。"库尔蒂斯警探打趣说。

这些短信记录对于案件侦破来说不啻为百宝箱。警方只用了几天时间，就找到了手机通讯录里的两个联络人：乔治娅·麦奎德和弗朗辛·约翰逊。警方召来麦奎德，让她在自己手机里查找警方掌握的这个电话号码，麦奎德手机里存着这个号码，她认得用这个号码的人，不过她只知道这人外号叫"印度人"，其他一概不知。弗朗辛·约翰逊倒是放了不少料。讯问时她找了律师坐在自己身边，好在律师允许麦克唐纳警探和她单独说话——条件是警探承诺讯问内容和她本人无关。弗朗辛承认警方掌握的这个手机号码的机主她认识，此人名叫戴维·米尔瓦加楠。警察在系统里搜索后发现此人没有犯罪记录，只是曾在蒙特利尔市因为欺诈而被拘留。就这样，警方锁定了第一个入室行凶的嫌疑人。

戴维从弗朗辛那里打听到警方掌握的信息后慌了神。现在警察已经掌握了他的真名实姓，因此他就不愿意再直接联系弗朗辛，而是发短信给一个中间人，让他帮忙传话给弗朗辛。多亏了研科公司的短信储存系统，警方截获了这些短信。精通黑话和暗语的多伦多市警探高文·杨斯协助破译了这些短信。

戴维：黑皮找过小辛了。[1]

传话人：她怎么啦？

戴维：短信她，叫她换线电话你，懂不？[2]

传话人：不能跟我明讲？

戴维：黑皮顺着手机查劈党的事。[3]

戴维：照黑皮的话，这事儿且扯呢。[4]

短信对话戛然而止。传话人显然是不放心用短信传送敏感信息，于是要求戴维不要再发短信，而是直接打电话：电话我。警方了解到，戴维、传话人和弗朗辛展开了一次三方对话。

待警方再次联系弗朗辛时，她在电话里对警察咆哮了45分钟。不

1 意为“警察找弗朗辛问话了”。

2 意为“发短信告诉她，让她换个电话号码再联系你，你明白我的意思吗”。

3 意为“警察会用她的手机查杀人的事”。

4 意为“警察跟她说，这个案子有得慢慢调查呢”。

用说，此后她再也不愿意配合案件侦破了。不过警方对戴维的行踪已经掌握了很多，他们立刻从魁北克警察局调出了戴维的照片。

2011年1月6日，潘汉辉走进万锦市警察局，帮助警察指认嫌疑人照片。潘汉辉落座后，首先迅速排除了12张照片中的头四张。接着，他用手指在照片上比画着，假想照片中的人戴着帽子。“我觉得——可能——我觉得可能是这个人。”潘汉辉用结结巴巴的英文说道，“可能。时间隔得久了，而且我当时没戴眼镜，前后只有十分钟。我不是百分之百，不能百分之百确认，但是这个人很像拿枪对着我的人。”

潘汉辉手中正是戴维·米尔瓦加楠的照片。

警方在对戴维的调查中运气颇佳，注册名为彼得·罗宾逊的手机机主为了保住自己的救济金，曾将姓名、年龄、地址及社会保险卡号以短信方式发送给社会福利机构，由此可以判断，这个“枪机”机主是戴维·米尔瓦加楠无疑，戴维的犯罪嫌疑得到了进一步确认。

“我们运气好。”库克警探说道。

此前两天，里卡多·邓肯（又名里克）坦坦荡荡走进了警察局的审讯室。珍妮弗供认，就是他给了自己“宅男”的电话号码。经过漫长的讯问，警察意识到，这人并不是嫌疑人。“他是个保安，不是杀人犯。”库克警探说道，警察凭经验就可以判断过招的是什么样的人。不过里克对警方交代的事情却让人大为吃惊。

里克说自己和珍妮弗通过里克当时的室友，也就是珍妮弗的朋友安德鲁介绍认识，两人在2010年春天，也就是案发五个月前见过面。里克说，和珍妮弗在士嘉堡区的咖啡馆见面时，珍妮弗情绪很激动。她说自己恨死了父母，她对自己的处境非常恼火，觉得遭到了囚禁。珍妮弗和里克在2010年5月至7月间互发了89条短信，但两人前后只见过两次面，有一次碰面时，珍妮弗直接提出让里克去杀自己的父母。里克说，他觉得珍妮弗说这些话是认真的，于是便拒绝和她继续来往。警方很快证实了，里克就是珍妮弗的叔叔在咖啡馆看见的黑人男子。

2011年1月6日，警方拿到了从潘汉辉和梁碧霞身上以及潘家地下室沙发中取出的子弹的鉴定报告。专家鉴定，沙发中取出的子弹周围的纤维即为潘汉辉当时身穿的T恤的纤维，打穿潘汉辉肩膀的那颗子弹和梁碧霞遗体中发现的两颗子弹是从同一支手枪里射出的。也就是说，本案极有可能只有一个开枪凶手。然而，因为在案发现场没有获取任何DNA，所以案件侦破仍然只能靠破解手机信息往前推进。以彼得·罗宾逊这个名字注册的手机继续推进了调查工作。所有警力都集中在一个关键点上——缉拿案发当晚闯入潘宅的三个男子。警察基本上把黄志光和伦弗德从凶犯嫌疑人的名单上排除了，因为他们二人都有不在场的证据。那么，案发现场有谁呢？

通信基站的数据终于调出来了，警方发现了一条让案情豁然开朗的线索：案发当晚9点30分，也就是梁碧霞被杀前一个小时，彼得·罗宾逊手机机主在横贯多伦多市北部的401高速公路上移动，然后转上了自南向北的404高速公路往万锦市方向而去。在路上，机主在9点34分拨打了珍妮弗的贝尔公司iPhone，然后又联络了伦弗德·克劳福德(9点45分)。

调看与潘宅一街之隔的监控录下的视频时，一位眼尖的警探发现，就在本田讴歌驶过潘家门口的当口，潘汉辉的书房里亮起了灯，当时是晚上10点零2分。灯亮了整整1分21秒之后就被关上了。这会不会是来自潘家内部的信号？

粗劣的监控视频显示，讴歌顺着海伦街开，然后拐上潘宅斜对面的一条街，估计在视频监控范围之外停了车。持枪凶犯10点13分闯进潘宅，此前几分钟，珍妮弗的iPhone上又接到了来自彼得·罗宾逊手机机主的一个电话。通信基站数据显示，这通电话进行时，双方手机都在使用离案发地点海伦街238号最近的通信基站，通话时长3分23秒，然后彼得·罗宾逊手机就关机了，关机时间是10点零9分。监控视频显示，三个男子在10点13分向潘家跑去。潘家二楼的灯在10点15分亮了。三人在潘家待了14分钟，10点30分一个凶犯率先跑出潘家，10点32分另外两个凶犯也跑了出来。三人回到车里，于10点33分飞速驶离。监控视频显示10点38分，警笛大作，警车赶到现场。

凶犯离开现场15分钟后，彼得·罗宾逊手机几乎一直处在通话状态，看来机主坐车从万锦市返回的路上一直在讲电话。机主用短信和电话联系了莱克斯区的一个电话号码，以及蒙特利尔市的一个电话号码。当晚9点42分，即案发前半小时，机主——极有可能是戴维——在与蒙特利尔市一个女子互发短信时，犯了一个大错。

戴维：跟金布尔开会呢，完事儿我发短信给你，爱你。

不知名女子：好的，刚我听到在骂人的就是他吧，帮我问个好。

戴维：就他，你先睡。

电信公司储存的短信在侦破中再立头功：现在警方起码知道了车上另一个人的名字——金布尔。查出金布尔的真实身份意义重大。接下来好几周，警方动用了所有能利用的资源进行地毯式排查，想找出金布尔是谁。不管这人是谁，他隐姓埋名的本事真是到家了。库克警探说："这就像要从一堆针里认出一根针来，我们当时都快疯了。"库克警探花了数周、无数小时查找手机信息，找人来警察局讯问，信息是搜集到了一些，但都不足以查出金布尔的真实身份，因为金布尔只是一个外号，没有任何真名实姓或照片跟进。库克警探调查的结果是找到了一些新线索。通过手机移动网络的使用情况，库克警探推测出哪些手机是金布尔在使用。他频繁变换手机号码，但他每次都会给同样的联系人发送这样的短信：嘿，这是我的新号码。当对方问"你是谁啊？"时，他总是报上外号，常用的外号是"狙击手"。库克警探说，有时候这人也会用孩子母亲的名字。

库克用金布尔这个外号在加拿大警方数据库中检索，没有任何结果。但用"狙击手"在数据库中检索时，库克发现跟这个外号有联系的名字在全国有好几个。其中一个人的详细资料显示，多伦多市警察局的希拉·奥格警长搜捕与此外号相关的嫌疑人已经一年之久，希望有线索的人立刻致电。"狙击手"会不会就是金布尔？就在库克警探致电奥格警长两周前，交警拦下了一辆车，司机是伦弗德·克劳福德，副驾座位上坐着他的好友。交警现场盘查后发现，此人名叫埃里克·卡蒂，交警开完罚单就放两人离开了。和奥格警长通过电话后，库克警探对于案发经过有了进一步的推测。库克警探说："这是我们掌握的第一条关于这两人之间联系的线索。"

警方随机盘查非犯罪嫌疑人并将公民的个人信息存入警方数据库的行为称为"记卡"，通过这种手段，警方可以获取日后可能违法犯罪的人的个人信息。有人认为记卡制度是变相的种族歧视，经过数月的呼吁和奔走活动，目前在多伦多市所属的安大略省，该制度即将被废除。[1]但在潘家案件中，记卡制度提供了关键的破案线索。

1　2017年安大略省通过新政，全面废除了记卡制度。

库克警探和奥格警长通话后没过多久，埃里克因为一起凶杀案被加拿大皇家骑警列入头号通缉犯名单，他的照片印在全国有效的通缉令上。通缉令发出后，警方立刻获知了埃里克的下落。他藏身在大多伦多地区的布兰普顿市，当警方赶到时，埃里克夺路而跑，成功逃脱。但是警方便有了明确的搜索范围，另外，埃里克仓促间落下了自己的哮喘喷雾剂，喷雾剂上写有他的全名和处方等详细信息。三天后，1月28日，一名线人致电警方，说埃里克正在布兰普顿市一家商场的美食广场里。于是，皮尔郡警察局黑帮犯罪调查组的警察顺利将埃里克捉拿归案。

警方后来发现，埃里克·卡蒂当时用的12个手机——包括“枪机”和他众多女友的手机里有一个手机的注册机主名是拉里·戴维斯，这个名字说起来还有一段故事。纽约人拉里·戴维斯1986年射杀了六名警察，据说起因是他警告警察自己的孩子在公寓里，但警察仍然朝他住的公寓开了火。警方则说双方交火是因为警方要审问戴维斯杀死四名毒贩嫌疑人的事。此案庭审时，戴维斯的辩护律师说，戴维斯和警方交火的原因是戴维斯掌握了警方内部贪污的证据。戴维斯击毙六名警察后便一直在逃，警方展开了大规模搜捕，可他仍然成功地藏匿了17天。戴维斯后来成了民间英雄人物，在20世纪80年代黑人遭遇到以白人为主的警方不公正待遇的大背景下，戴维斯成了抵抗的象征。

2月24日，珍妮弗在看守所给黄志光写信，提醒他警方正在调查：“我真想见你一面，起码……说几句话。我很替你担心……你怎么样？你都在做什么？你是否非常非常小心？你知道的，他们还在调查。”

查明埃里克的下落后，警方监听了伦弗德和黄志光的手机，并且派人监视伦弗德·克劳福德、戴维·米尔瓦加楠和黄志光。

监听装置安装到位以后，警方又对黄志光进行了一次讯问。库尔蒂斯警探的计划是引蛇出洞，结果得偿所愿。黄志光去警察局之前和伦弗德碰了头，不知道已被监听的黄志光差点在谈话中犯下大错，几乎要和盘托出，但是经验老到的伦弗德打断了他的话，提醒他电话里讲话不安全。

伦弗德： 小黄只要有你替我撑场子，劈党那事我不软腿。

黄志光： 那我们现在就讲讲？你懂我意思？

伦弗德： 什么啊？

黄志光： 我们俩在电话里过一遍。

黄志光： 我的电话黑皮肯定没盯上，你的呢？安全？

伦弗德： 不。

黄志光： 不啊？

黄志光： 好，我——给你20块，够了吧？

伦弗德： 足够。

伦弗德： 手边有燃料[1]？

黄志光： 切，我也想飞草[2]，手边没货啊，老兄。

3月23日早上9点30分，黄志光走进万锦市警察局，迎接他的将是一次让人筋疲力尽、长达六个小时的讯问。讯问涉及方方面面，有好多次他说话前后矛盾，不得不往回找补。

黄志光一开始说自己不认识埃里克和戴维。库克警探拿出埃里克和戴维的照片，黄志光反应很轻松，笑着说戴维看起来像个泰米尔

1　指大麻。

2　指抽大麻。

人，埃里克“长得像拳王金波”（金波是已故著名街斗拳手）。可接着他又告诉库克警探说，照片里的人都是伦弗德的朋友。“我见过这些人，”他说，“我不记得是不是在修车行见过。”黄志光告诉库克警探，要想知道这些人的情况，他得去问问伦弗德。提到伦弗德的时候，黄志光叫他“罗伊”。黄志光最后还是改口承认珍妮弗确实想拜托自己杀掉潘汉辉和梁碧霞，但自己当时就说明不想沾手这事儿。他猜珍妮弗一定是从自己这里拿到了伦弗德的电话号码，自己甚至可能让她给伦弗德打过电话。

下午4点，警方讯问结束。两个小时后，也就是下午6点零2分，黄志光和伦弗德就用手机接上了头。黄志光向伦弗德通报形势已糟糕到什么地步，尤其是对伦弗德而言。

2011年3月23日，珍妮弗被捕四个月后，黄志光再次接受警方讯问。黄志光承认珍妮弗曾让自己干掉她的父母，但他坚称自己跟珍妮弗说明了自己不想沾手（约克郡警察局照片）

黄志光：差不多5点才出来。

伦弗德：我——靠——搞了你一天？

黄志光：你们几个的照片他们手上都有。

伦弗德：擦！

黄志光：兄弟，我觉得下一个就要找你了。

伦弗德：你们瞎紧张什么，别自己吓自己。

黄志光：他们把短信什么的都打出来给我看了。

伦弗德：什么短信？

黄志光：像“我们——我来联系那个买家”什么的。

伦弗德：……他们要是问我，嗯——倒了多少叶子……那就完全是两码事。如果是问什么，哎……就是说，我是不是——我意思你懂？

黄志光：他们全是扯。

伦弗德：上次他们去我家，搞得我爸妈对我火大……

伦弗德：他们找到我女友……把我扯进来了。

黄志光：兄弟，你现在成重点关注对象了。

黄志光：我猜他们手上可能有我的把柄。反正我就从你那里买买汽车配件，对吧？所以应该不会有问题……他们还说你用别人手机给我发短信，说我还会过你几个兄弟，给你递米[1]他妈的那些破事儿。

伦弗德：他们……他们这次搞大了。

黄志光：他们会说“那小子全招了”，你懂我意思？

---

1 指汇钱。

黄志光：他们搞了一沓材料，把我以前犯的事儿全翻出来了，好家伙。

黄志光：像什么谁给我打电话，我给谁发短信，短信内容一字不差，擦。

黄志光：你……找律师了没？

伦弗德：没。

黄志光：后面他们找你，要是谈得太紧你就甩脸走人……因为，嗯，我跟你说……这次这事儿……这事儿邪乎。

黄志光：他们跟我说："我们什么都知道。"我就说："什么啊，那是卖我汽车配件的家伙。"你明白我意思？……配件外加粮食[1]，就这些。

伦弗德：我钢口好得很[2]，放心，包替你把话圆上。

黄志光：你就是帮我整车的，我就跟他们这么讲的。

这番短信往来泄露了很多伦弗德和黄志光在讯问前一晚聊天的内容。黄志光反复提醒伦弗德照着事先商量好的说，对警方只提两人的大麻交易和汽车配件生意。黄志光还提到警方会暗示"那小子"供出了一些事，似乎是在提醒伦弗德，警方可能会下套，说黄志光已经把伦弗德供出去了。黄志光说伦弗德他们"几个的照片"警方手上都有，指的应该是警方摊在桌上的起码七个嫌疑人的照片，其中包括埃里克·卡蒂、戴维·米尔瓦加楠，以及后来被加进来的蒂姆·康特。

1　指大麻。

2　指嘴紧。

在黄志光的第二次警方讯问结束之前，库克警探给他做了最后一次动员，诚恳奉劝他撇清干系。“回家好好想想，和你父母好好说说，”库克警探说，“如果你刚才有什么事瞒着没说，回头又想告诉我，只管给我打电话。你就说：‘嘿，我可不想因为这些人和珍妮弗把自己后半辈子搭进去。对不起，我先前没把这些事告诉你……’我觉得你得好好想想。”

马拉松讯问结束时，库克警探才告诉黄志光，他本可以随时要求终止讯问。但是黄志光说他希望向警方彻底澄清自己是无辜的：“我不想显得好像瞒着什么事情一样。”

11. 套索渐紧

◇◆◇

三天后，伦弗德接受了戈茨警探的讯问，他的表现比黄志光也没好多少，说话明显前后矛盾。伦弗德一上来就承认认识埃里克，但他说不认识戴维·米尔瓦加楠。但后来警方在伦弗德的手机通讯录里找到了两个戴维用过的号码——一个存在“莱克斯之家”名下，另一个存在“兰博”名下，而“兰博”是戴维众人皆知的外号。“兰博”这个联系人是伦弗德在一个月前，也就是2011年2月11日创建的，号码是戴维的新手机号，手机机主名是加拿大政界人士安德鲁·汤普森。在麦克唐纳警探给机主名为彼得·罗宾逊的手机发送短信，让机主致电警方的第二天，戴维买了这个新手机。

戈茨警探问伦弗德是否认识“兰博”，伦弗德说只“听说过”。戈茨警探告诉伦弗德，他已经被黄志光出卖了，黄志光供认说因为自己不想插手这事，所以给了珍妮弗伦弗德的电话号码。伦弗德并没有上钩。“这些都是扯淡，”他回答说，“我跟这事儿没一毛钱关系……我一辈子没开过枪……那种事情我绝对不会做。”

警方还发现，伦弗德的手机通讯录里有埃里克·卡蒂的电话号码，联系人名称是“S家人”和“兄弟”。案发前，埃里克开始启用一个手机名称为“胡子分队”的手机，而伦弗德的手机名称为“胡子G”。案发后，埃里克·卡蒂开始使用的手机名称为“胡子GS”，注册机主名用了笑星迈克·艾普斯的名字。埃里克一个手机名称为“胡子·斯莱德”的手机注册在一个名叫西尔维娅·鲍威尔的女人名下——目前还不知道这是否说明她是埃里克的情妇。

讯问中很多细节问题伦弗德都表示不确定，但他死死咬住一点：他认识的人里没人叫里克，这就证实了里卡多·邓肯对警方的供词，同时推翻了珍妮弗对警方的供词。

3月24日，也就是伦弗德接受讯问的两天前，警方给迪米特里厄斯·马布斯打了电话，“威胁”（马布斯的原话）他当天必须接受讯问，否则就逮捕他。警方此前走访了马布斯工作的施工现场，发现马布斯案发当晚的不在场证明有诈。马布斯再度来到警察局接受讯问，这次讯问他的是戈茨警探。关于在11月8日的所作所为，马布斯的说辞离奇得让人难以置信，摆明了是和警方叫板。

“你原先说你那天晚上在给人磨地板，”戈茨警探质问马布斯道，“我们调查过了，你没去。晚上磨地板是另一天的事，是案发前一周。所以，你现在没有任何不在场证明。”

“对对对，这事儿我还得再想想。”马布斯回答说。

“你这就更让人怀疑了。”戈茨警探说。

“是的是的，我明白。我当时肯定是到哪儿散步去了……我没开车，那天我没跟任何人见面。那天是怎么回事来着？那天，我记得我跟老婆吵了一架，然后我就走了。我是沿着韦斯顿路走的，我就想消消气——这太扯了，都他妈扯淡，女人，吵架。我记得有人借我手机用了下。要说是谁借的？我当时真没在意是谁借的。”他最后说借手机的人是个高个子白人，很像潘汉辉描述的入室凶犯中的白人。但是马布斯没有听到那人打电话都说了什么，因为他自己戴着耳机。“我就是想做好事，帮人个忙，我哪知道做好事会让我搅上这摊浑水。”马布斯说得激动起来，“那样的事儿[1]我是绝对不可能做的。有的事儿我会做，有的事儿我不会做。是人都有父母。我的天哪，不行，肯定不行。不行，不行，作孽。疯了吧。这样的事儿我做不出来。这种事儿我下不去手。”

最终，马布斯未在本案中被指控任何罪名也未被起诉。

3月28日，库尔蒂斯警探和库克警探想到了一个绝妙的主意。库克警探去了位于多伦多市东部约一个半小时车程之外的中东惩教所(又名林赛监狱)，看望在押候审的珍妮弗。案发后到庭审前，她在这里熬了四年。库克警探带去了一些嫌疑人的照片，包括埃里克·卡蒂的照片。充满敌意的珍妮弗不想接受警方的讯问，但是库克警探连哄带劝把她带进了屋，说她可以随时叫停随时走人。这貌似是很鲁莽的尝试，可还是发挥了作用。库克警探给珍妮弗看了几张嫌疑人的照片，然后拿出埃里克的照片。珍妮弗一看到埃里克的照片就扭过头去，让库克警探把照片从她面前拿开。她说这人长得像一号凶犯，不过自己也没有百分之百的把握。

1 指谋杀。

警方花了不少时间，最终找到了一个名叫蒂姆·康特的人，此人是彼得·罗宾逊手机案发当晚10点46分在逃离潘宅的路上重新开机后联络的第一个手机号码的机主。通信基站记录显示，当时康特的手机所在位置接近基克家居用品公司莱克斯分部，也就是伦弗德的工作单位。警方认为，这是凶犯继先前用迪米特里厄斯·马布斯的手机打电话给珍妮弗之后拨打的第二通中转电话——用意是案件谋划者不会被人发现他们在互相通气。凶犯回程中致电不相干的第三方，让这人当面传话给伦弗德，说事已办妥。

3月31日，康特接受警方讯问时否认了这个推断。他告诉警方当时他正在自己的卡车里，用新买的电视看电影。他说自己和当时的女友在一起，之前他去了健身房，健身房就在伦弗德的工作单位附近，这就是为什么通信基站记录显示他的手机位置在那附近。他后来出示了一张百思买电器店的收据，证明他在当晚8点零2分买了新电视。康特未在本案中被指控任何罪名也未被起诉。

两周后，4月12日，警方终于联系到了丹尼斯·布朗，就是案发当晚和戴维·米尔瓦加楠通过短信联系的女人。对丹尼斯·布朗的讯问给案件侦破带来了一个重大突破。看来丹尼斯也认识金布尔，她同时指认了金布尔和戴维的照片。丹尼斯说她接到过戴维的电话，她感觉戴维话里的意思是让她对警方什么话都别说："他跟我说，就算我知道也什么都别说。"她说戴维一直否认自己是凶手。"什么事儿都没有。"戴维这么对丹尼斯说，"我不知道这都是哪儿跟哪儿。你到底是不是站在我这边的？那不是我的手机。"戴维后来承认，那确实是他的手机。警方有成摞的短信记录证明丹尼斯一直都知道，对此丹尼斯也心知肚明。埃里克·卡蒂在案发前后一直小心翼翼地藏匿行踪，但正是这个微小的细节——戴维·米尔瓦加楠发给丹尼斯·布朗的短信中提到了金布尔——让他露了马脚。这是埃里克·卡蒂在本案中仅有的确凿证据之一。

手机数据监控还记录下了丹尼斯手机上如下的短信。时间是圣诞节前几周，案发后一个半月，戴维去蒙特利尔市给孩子过生日。当时他手头吃紧，于是频频给一个不知名的人发短信要钱。

戴维： 没米了。

戴维： 家里要断粮了。

不知名男子： 你要米干吗？

戴维： 过日子，给儿子买东西，养车。

丹尼斯·布朗说，戴维短信里那些冠冕堂皇的要钱理由没一句是真话。丹尼斯后来推翻了很多最初的证词。警察发现戴维发短信联络的这个不知名男子，正是前段时间和戴维聊到弗朗辛的那个人——埃里克·卡蒂，于是他们就开始寻思：为什么戴维要向埃里克要钱呢？是不是枪杀梁碧霞的钱还欠着没结？看起来戴维好像根本没有拿到任何报酬。

讯问丹尼斯·布朗后过了两天，库尔蒂斯警探便下令捉拿戴维归案。戴维早就在警方的监视之下，警察等到戴维进了臭名昭著的珍街夹芬治商场才动手。狭小的空间不易逃脱，戴维被顺利逮捕，被控一级谋杀、合谋和谋杀未遂。逮捕戴维的第二天，警察来到多伦多市以西的枫丛惩教所，埃里克·卡蒂被关押在这里候审，警方正式以一级谋杀罪、合谋罪和谋杀未遂罪起诉埃里克·卡蒂。

“我们的侦破人员认为……这两人进入了案发现场，实施了可怕的犯罪行为，”拉里·威尔逊探长在接受加拿大广播公司采访时这样说道,“侦破工作仍在进行中,我们还在调查另外几个嫌疑人,所以在这里我不想透露更多细节,不过我想说的是我们目前掌握了所有嫌疑人之间的联系。”新闻报道的配图是埃里克·卡蒂在保释听证会上的速写,画中他留着修剪过的络腮胡,满头玉米辫。

威尔逊探长最后那句话让黄志光和伦弗德·克劳福德胆战心惊。不出所料,近来这一连串的逮捕激起了两人更频繁的联系。4月17日下午1点44分,有人代黄志光打电话给伦弗德,黄志光本人已经不再直接联系伦弗德。

不知名男子: 哎,最近怎么样?

伦弗德: 老样子,怎么说?

不知名男子: 你都好吧?

伦弗德: 我还好。

不知名男子: 是吧,我听说有几个兄弟折进去了……那小子告诉我的。

伦弗德: 我也听说了……

不知名男子: 不过你没事吧?

伦弗德: 我没事。

不知名男子: 不妙,不妙。

“几个兄弟”指埃里克和戴维,“折进去了”说的是他们以一级谋杀罪被起诉。

黄志光和伦弗德的害怕不是没有来由的,现在警方的注意力完全集中在他们身上,让两人如坐针毡。警方的调查不再局限于日常活动和手机通话记录。4月26日，警方拿到了通信基站提供的黄志光和伦弗德的手机定位记录，两人在警方宣布珍妮弗被捕的新闻发布会后数小时的动向激起了库尔蒂斯警探的好奇心。监控小组已经监视伦弗德数周，伦弗德的日常活动十分规律——基本上就是往返于父母家、女友家、蒂姆·霍顿咖啡馆和工作单位之间。然而手机定位数据显示，珍妮弗被捕后，伦弗德开车去了多伦多市以东某处。

11月23日午夜刚过，宣布珍妮弗被捕的新闻发布会结束六小时后，埃里克打电话给伦弗德，这通电话让伦弗德立刻行动起来。通信基站记录显示，伦弗德下了夜班后便开车去了多伦多市以西的密西沙加市[1]，紧接着直奔黄志光位于阿贾克斯市的家，阿贾克斯市在多伦多市以东，车程约45分钟。伦弗德在凌晨两点左右抵达黄志光家，他和黄志光的手机停留在同一地点约40分钟。12小时后，手机定位信息显示伦弗德在下午2点23分又一次去了阿贾克斯市，黄志光和伦弗德用着阿贾克斯市同一个通信基站。之后，将近晚上11点，伦弗德出现在安大略省伦敦市[2]。庭审时，律师直接质问伦弗德，新闻发布会结束后他是不是去阿贾克斯市紧急会见了黄志光，讨论计划中的“变故”，也就是珍妮弗被捕一事：珍妮弗会不会把他们供出去？下一个逮捕的会是谁？现在珍妮弗也拿不到保险赔偿金了，那么谁来埋单？

2011年4月26日，黄志光在波士顿披萨餐厅当着同事的面被警方逮捕。他被起诉一级谋杀罪、合谋罪和谋杀未遂罪。黄志光被捕后，之前联系过伦弗德的不知名男子立刻再次致电伦弗德。

1 多伦多市的卫星城。
2 安大略省也有伦敦市，与英国首都同名。

不知名男子：嘿。

伦弗德：嘿，什么事？

不知名男子：风头紧啊，你这头有情况没？

伦弗德：我这头还好，你那边呢？

不知名男子：妈的，你知道那小子，黑皮刚把他从单位拷走。

伦弗德：真折进去了？

不知名男子：真进去了，名头跟她一样，合谋。

伦弗德：扯淡啊。

不知名男子：我也刚听说，抓他的时候黑皮没说要把他关哪儿。

伦弗德：擦，真的假的。

不知名男子：你这头没事吧？

伦弗德：我还好，不过这事儿够呛。

不知名男子：靠！不知道往下会怎样，来真的了。

这个不知名男子迅速成为警方调查的重点，因为库尔蒂斯警探发现梁碧霞被杀两小时后，伦弗德也给这人打过电话。警方很快查明，这人是黄志光和伦弗德之间的传话中间人。警方直接给这个号码打电话，接电话的人名叫杰弗里·付。

2011年5月1日，杰弗里来到警察局接受讯问，麦克唐纳警探对他进行了五个小时的讯问，其中不少时间是在来回扯皮，不过最终杰弗里证明了自己的清白。杰弗里是黄志光玩彩弹射击游戏时认识的朋友，也是伦弗德和黄志光毒品生意的下线。他确实在11月8日前后接到过伦弗德的电话，电话里说“告诉那小子搞定了”，但他不记得到底是哪天接的电话。接完电话他就传话给黄志光——“那小子”。

讯问进行到这个阶段，接下来杰弗里的任何证词都可能让他因涉嫌一级谋杀罪而被调查。照理警方此刻必须告知杰弗里他即将被确立为嫌疑人。库尔蒂斯警探立刻致电刑事公诉署，确认是否需要告知杰弗里，公诉署的答复是：“不需要，我们可以把他作为证人。”于是，和安德鲁及里克的情况一样，检察官认为杰弗里的证词正好可以为他们立案起诉黄志光和伦弗德提供更多的证据。

据一个侦破人员说，当杰弗里最后被告知，他在黄志光和伦弗德之间来回传的话直接关系到新闻里铺天盖地报道的好友黄志光前女友的母亲被杀的案子时，他顿时目瞪口呆，脸色苍白。杰弗里的证词和伦弗德的手机通话记录完全相符。杰弗里对警方承认，案发后某天，有人跑去阿贾克斯市找黄志光讨债，说是珍妮弗欠的债。黄志光告诉杰弗里，当时那几个人身上有枪，威胁要毙了他。黄志光遭到恐吓后没多久，伦弗德去找杰弗里，刚好黄志光也在，黄志光让杰弗里当场给伦弗德一点大麻，好摆平伦弗德的手下。

侦破人员后来发现，案发后半个月，即11月23日，埃里克的一个手机定位在阿贾克斯市，同时他们还发现埃里克在安大略省的伦敦市也有一个女友。比对黄志光和埃里克的手机信息之后，警方找到了两人进行毒品交易的证据，并且发现两人之间有矛盾。2010年7月，也就是案发前几个月，埃里克因为黄志光交货不够及时给他发了一连串短信：我他妈不是告诉你了吗，他货没拿到手我是不会走的。另外一条短信写道：你在拖我后腿，我这头都好了，你一直没动静。短信往来的最后，埃里克表示了对大麻价格和品质的极度不满：我下次再不花1600进这个了，你最好保证货够好。

检察官后来推测，持枪威胁黄志光的人——伦弗德的一个手下——很可能就是埃里克指使来为杀人行动要钱的人，因为珍妮弗已经被捕，显然没法付账。检察官后来指控道，伦弗德驱车前往安大略省伦敦市很可能就是为了把从黄志光那里拿到的大麻送给埃里克，因为当时埃里克就住在位于伦敦市的女友家里。

5月4日，伦弗德在布兰普顿市被警方逮捕，当时他正在女友家的车道上吸大麻。伦弗德被控一级谋杀罪和谋杀未遂罪。虽然警方在最后一次新闻发布会结束时说“还会逮捕更多嫌疑人”，但他们后来并未指控其他嫌疑人。

逮捕和罪名指控工作已经完成，接下来，刑事公诉署和警方需要合作对嫌疑人进行立案起诉。这个任务工作量巨大，因此庭审一直拖到

比尔·库尔蒂斯警探（中）、贝尔纳黛特·茨维纳警员以及另一位工作人员正在讨论案情（约克郡警察局照片）

2013年才开始。虽然有很多传言说还会以刑事罪名起诉一些人（所谓“一些人”其实就是某一个人），甚至会当庭呈上指控的证据，但是最后检察官决定撤销对此人的起诉。这也就意味着案发当晚在犯罪现场的凶犯中，至少还有一个人——说不定就是最后扣动扳机的那个人——未能捉拿归案。即便如此，一位参与案件的资深刑事律师说，此案的警探筛查了100余万条手机数据，他们提供的电话信息分析证据是他从业以来见过的最完备的。这位律师怀疑，如果换了别人，说不定在对珍妮弗和黄志光提起公诉后就会将侦破工作收尾，而不是如此尽职地去寻找其他嫌疑人。

第二部分

庭 审

12. 聚焦法庭

◇◆◇

庭审开始时，珍妮弗·哈拉真和米歇尔·朗布尔这两位检察官已经陆陆续续为珍妮弗·潘的案件忙了三年了。她们埋头阅读了多达64万条零零散散的原始通话和短信记录，整理出一条跨度超过一年的案情发展线——从2010年6月左右的谋划到2011年5月4日五位嫌疑人中的最后一人伦弗德·克劳福德被捕。

翻看成堆的电话记录，那些数不清的表格、密密麻麻的数字已经让人头皮发麻，更不用说还要研究这些原始数据，整理出罪名和证据。检察官利用嫌疑人实名注册的手机、预付话费的一次性手机和他们各自女友的手机，整理出一条精确到分钟的案情发展线。除了手机信息，她们还要分析累计长达数百小时的警方讯问视频。

控方和警方需要分析处理大量未注册机主手机的短信和来电，任务艰巨，好在他们也得到了幸运之神的垂青。约克郡警察局的手机破案专家布鲁斯·唐尼警探成功截获了案发前几天珍妮弗用iPhone接收和发送的数百条与案件相关的短信，立下汗马功劳。这些短信是审判珍妮弗、黄志光和伦弗德时最举足轻重的证据。被控为本案总策划的珍妮弗也许以为只要销毁iPhone的SIM卡，别人就永远找不到这些短信了。如果当初珍妮弗从手机上删掉这些短信，那么信息就真的无影无踪了。

控方将珍妮弗的iPhone称为“密谋手机”，这个手机里存着庭审会用到的最不可告人的电话号码，珍妮弗跟很多人都只用这个iPhone来联系——比如戴维·米尔瓦加楠、伦弗德·克劳福德、迪米特里厄斯·马布斯、安德鲁·蒙特马约尔（珍妮弗也用罗杰斯公司的三星手机联系过安德鲁，但从来没用三星手机发过与谋杀案相关的短信）。通信基站也收集了一些至关重要的数据，尤其在确定戴维的动向时起到了关键作用。这些信息也使埃里克·卡蒂被成功定罪。埃里克也明白手机定位对破案的重要作用，所以案发前好几个小时就不再用自己的手机，而是用女友的手机和戴维的手机。

所有这些手机相关数据在控方对五位嫌疑人的起诉中都起到了举足轻重的作用。

多伦多市以北45分钟车程之外的纽马克特市法院负责开庭审理本案。纽马克特市是约克郡政府所在地，法院虽是一幢大楼，却处处透出小镇法庭的感觉，在硬件设备上多有不尽如人意之处——录音和录像设备陈旧、音响效果极差。这些造成了审理过程中的多次重大延误，而且常常致使法官卡里·博斯韦尔谴责当事人蔑视法庭。庭审预计将持续五个月。

开庭前，六个律师主持面试了约2100名候选陪审员。有的候选人称自己没有时间为持续半年的审判担当陪审员，有的候选人则因为对案件的来龙去脉了解太多而无法担当陪审员。经过律师团的面试，很多候选人要么被否决了当陪审员的资格，要么被豁免了当陪审员的义务。整个面试过程耗时数周。珍妮弗的律师保罗·库珀要求法庭提高陪审员津贴，确保陪审团的族裔组成更加多元，因为本案四名被告中没有一个白人。加拿大法律规定，如果审判时间少于10天，担任陪审员没有任何经济补偿。从第11天到第49天，每天津贴40加元，从第50天开始，每天津贴100加元。审判时安大略省的最低时薪为每小时11加元，哪怕候选人干着刚入行的起步工作，收入也比担任陪审员要多。库珀律师要求提高陪审员津贴的动议被驳回，最后12人陪审团里只有两位少数族裔陪审员。

案件开庭的第一天被媒体大肆报道。距潘家凶杀案发生已有三年半，媒体对本案开庭审理期盼已久，公众注意力也立刻重新被离奇的案情吸引。大案的开庭总是这样备受瞩目。

开庭第一天，每个走进法庭的人都要在门口接受警察的开包检查和金属探测器检测。大家带着共同的好奇心拥向法庭，有的人还会和记者会心地聊两句。此后的300天，法院门口天天上演这样的场景。

不仅主流媒体关注本案庭审，加拿大本地的华裔、菲律宾裔和越南裔报纸和电视台也都派驻记者每天出席，报道庭审实况。此外，还有对本案特别感兴趣的群众也会准时出席每天的庭审，有一位年轻女子似乎还暗恋上了一名被告人。法庭旁听席上还坐着全国几大日报社的记者、当地新闻记者，偶尔还有一位法庭速写画家。更有来自美国的几大新闻媒体记者，专程从纽约赶到多伦多以北的纽马克特市列席审判过程，这架势实属罕见。和美国不同，加拿大的法律规定，摄影和录像设备不得带入法庭，庭审的图像信息只有法庭速写画家绘制的珍妮弗和潘汉辉的几幅速写。律师在庭审结束后，在法院大楼门外的新闻发布会上才可以接受媒体的采访。

如果你看到下面这两位记者的身影，你就知道这是一起特大刑事案，她们分别是《多伦多明星日报》的罗西·迪玛诺和《环球邮报》的克里斯蒂·布拉奇福德。这两位女记者的报道风格和常见的法庭新闻风格迥异。她们会在报道中加入丰富的辞藻以及她们个人对审理和证词的鲜明观点，通常来说，这是法庭新闻报道的大忌。迪玛诺报道潘家凶杀案时这样写道："母亲头部中枪，留下的最后一句话是求凶犯放过女儿；父亲眼睛中枪，却奇迹般生还——这一切只因她深陷儿女私情无法自拔，而他却另结新欢。珍妮弗·潘构想着怎样的未来呢？杀掉父母他们就能重修旧好、天长地久了吗？等待他们的只有毁灭……他从昏迷中苏醒，在病榻上对警方吐露实情，讲述了那个可怕的夜晚家中发生的一切，正是他的话，扭转了案件侦破的矛头，将他的女儿从备受同情的幸存者转变为残忍邪恶的刽子手——难为她还被媒体拍到在母亲的葬礼上哭得梨花带雨。"

旁听席座无虚席，法庭内参审人员也为数众多，出席庭审的律师多达八人，其中控方律师三人，外加助理检察官罗布·斯科特和几名实习生。他们都花了海量时间和精力准备当事人的卷宗。被告方律师有保罗·库珀（代表珍妮弗·潘）、爱德华·萨皮亚诺（代表埃里克·卡蒂）、彼得·鲍登（代表戴维·米尔瓦加楠）、达伦·塞德洛夫（代表伦弗德·克劳福德）和劳伦斯·科恩（代表黄志光）。

律师落座后，被告人拖着脚步走上法庭。他们双手铐在身前，脚上戴着脚镣，被领到审判区就座。审判区就在隔开旁听席的隔离栏前面，审判区每个被告人的座位之间都由嵌着玻璃的木挡板隔开。审判开始时，被告人的律师要求在陪审团进入法庭之前将被告人的手铐和脚镣去除，避免给陪审团留下不好的第一印象。

博斯韦尔法官负责这起年度大案的审理。博斯韦尔法官说话温和、耐心、从容不迫，有种平易近人的魅力。他在法庭正前方落座，四男八女组成的陪审团会坐在他前方侧手边。审判开始后，博斯韦尔法官首先会下令让陪审团入场。

瘦高的伦弗德·克劳福德坐在审判区靠走道的一头，他拱着肩，一如既往地面色平静。伦弗德隔壁坐着黄志光，黄志光戴着眼镜，头发理成板寸，明显已有肚腩。黄志光的另一边是埃里克·卡蒂，和18岁初次入狱时的标准照相比，他发福不少。他剪掉了满头的玉米辫，剃掉了络腮胡，现在光头，脸上略带胡茬。埃里克旁边坐着戴维·米尔瓦加楠，在第一张正式对媒体发布的照片里，他满头乱发。审判时他的头发已经规规整整梳成马尾辫束在脑后。最后是珍妮弗·潘。此时珍妮弗已27岁，相比警方讯问视频里那个娃娃脸的姑娘苍老了不少，当时圆润的脸庞如今变得瘦削，棱角分明。珍妮弗依旧高挑苗条，留着长发。审判期间，她要么梳两个麻花辫，要么梳一个光洁的马尾辫。庭上其他几名被告人看起来镇定自若，互相之间还说笑两句。珍妮弗则不同，命运叵测让她心事重重。

没有家人来旁听的被告人在座无虚席的法庭上表现得不以为意。他们似乎浑然不觉事态的严重，不明白控诉的力度，他们大概还乐观地期待自己被无罪释放。不过随着庭审一天天继续，他们的态度也开始有了转变。

开庭第一天，黄志光的父母和弟弟都到庭旁听。伦弗德的父母有

从左上图按顺时针方向依次为：戴维·米尔瓦加楠、埃里克·卡蒂、黄志光、伦弗德·克劳福德（开庭时所示证物）

时来旁听，但两人都有全职工作所以无法经常到场。珍妮弗的亲友中来旁听的只有她在东区马里奥餐厅的几个同事，他们在庭审后期才到场，显然他们还在震惊之中：文静的同事珍妮弗怎么会涉嫌策划如此可怕的谋杀？

审判终于开始了。控方以案发后珍妮弗拨打911报警的录音开场，渲染出强烈的戏剧化效果。这段录音的重要性不言而喻。法庭内一片寂静，每个人都在认真倾听。扬声器里传出潘汉辉凄厉的哀号声。“我不知道怎么了，我被绑在楼上，我爸爸可能刚走出去了，是他在大叫。”一个歇斯底里的女子声音说道，“我的手给反绑着，我的手机在口袋里，求求你了，快点叫人来！我爸爸在大喊，我也不知道是怎么回事。他喊着‘啊’，然后就跑出去了。你能别挂电话吗？”年轻女子说着就哭了起来。

“深呼吸，好吗？”电话那头传来接线员安慰的话语，“我们已经派出了很多人，他们马上就到。”

“我已经把绑我的绳子弄松了，我很怕，哪儿都不敢去……他们没有伤到我。他们用枪抵着我的背，但他们把我爸妈带到地下室去了，然后我就听到‘砰、砰’。我听到他们说‘你们一点都不配合’。”

“听起来是枪响的声音吗？”接线员问道。

“我不知道，”珍妮弗回答道，“我只听到‘砰、砰’几声。”

“你叫什么名字？”接线员问道。

“我叫珍妮弗。”

13. 比小说还离奇

◇◆◇

911报警录音让法庭现场情绪激动。一位现场听众后来说，录音听得她泪水涟涟："放录音的时候我们都还没回过神来，没想到审判就这么开始了。录音内容很情绪化，大家都没有思想准备，对控方来说这是个很好的开场。不过也有人受不了这样的心理冲击，潘汉辉的哭号让人震惊，让人控制不住眼泪。这段录音真的很震撼。"

录音播放完毕后控方立即跟进。检察官珍妮弗·哈拉真开始陈述，沙哑的嗓音响彻法庭，声音中饱含自信："2010年11月8日，周一，晚上10点刚过，三个人闯进紧邻万锦市渔人村的潘宅，他们在潘宅待了不到20分钟，枪击了潘汉辉和梁碧霞。梁碧霞当场死亡，而潘汉辉奇迹般活了下来。那天晚上到底发生了什么？为什么会发生？今天我就要来说说我们的推断。是的，这是一起精心策划的谋杀案，计划在安静的周一晚上，在宁静的住宅区里，将一对无辜中年夫妇杀死在自己家里。这起买凶杀人案的策划者就是珍妮弗·潘。这个女人，就是你们刚刚听到打电话报警的女人。

“这起谋杀案因情而生——女孩对男孩爱得义无反顾、无法自拔，无论怎样都要把他留在身边。父亲护女心切，不惜一切要保护她。母亲舐犊情深，无论如何也要让孩子安然无恙。因为一个‘情’字，才发生了这个中产家庭地下室里上演的悲惨一幕。”

简单几句开场白，启动了加拿大近年来最耸人听闻的刑事大案的法庭审判。

“要知道2010年11月8日晚上究竟发生了什么，我们必须了解在此之前潘家都发生了什么。”哈拉真检察官继续说道，“我们可以把事情的来龙去脉想成一张地图。珍妮弗·潘的父亲潘汉辉会在越南语翻译的帮助下出庭做证，他会告诉你们他是如何发现珍妮弗和黄志光的恋情的。你们会听到潘汉辉为了保护女儿，不让她和黄志光继续来往而采取的严厉措施，比如严格规定女儿晚上回家的时间，女儿外出一定要问清她去哪里。潘汉辉会告诉你们，他为什么要竭力阻挠这对恋人继续交往；他会告诉你们，珍妮弗的弥天大谎在2010年春天开始败露。潘汉辉认为珍妮弗撒谎都是因为被黄志光带坏了。潘汉辉告诉珍妮弗，只要他和梁碧霞还活着，就绝不允许珍妮弗和黄志光交往。珍妮弗在口供中说，父亲的决定让她觉得如同生活在牢笼里，她痛恨这样的生活，觉得自己形同槁木。”

控方对案情发展的描述很清晰。这是一个爱恨交织的故事，受害人的宝贝女儿亲手设下了买凶弑杀父母的夺命骗局。直到第一天审判结束，摄影记者都未能获取任何可供第二天头版新闻配图的照片。被告人都在严格监控之下，乘坐安保严密的厢式面包车进出法院，到场旁听的黄志光的家人不幸沦为记者唯一能追拍的对象，逼得黄志光的父亲只好用外套兜住脑袋，黄志光的母亲则用连帽衫的帽子遮住脸，黄志光的弟弟理查德则对记者的镜头扮着鬼脸。也许是因为记者的围攻，黄志光的母亲和弟弟此后再没有来旁听。黄志光的父亲却坚持每天到场，静静听着指控黄志光的每一句话和为黄志光辩护的每一句话，直到最后宣判。

珍妮弗每天出庭时都把自己收拾得齐齐整整，只是衣着打扮略显单调——估计是没法弄到新衣服，也不会有家人愿意帮她置办。珍妮弗走上法庭时总是无比优雅，身体挺得笔直，落座不慌不忙，仿佛身着礼服、有人伺候的贵族，手铐脚镣和她的风度极不相称。手铐被除去后，她会揉揉自己纤细的手腕。

审判进行到尾声，珍妮弗已经和几名法警处得相当融洽，见面经常聊两句，珍妮弗笑起来可爱又得体。有人对法警这样的举止很反感，但也有人赞同法警尊重被告人的人格尊严的做法。

每天早上，只要听到庭外传来铁栅栏门的声音，就知道被告人即将上庭。法警打开法庭边门，带领被告人上庭就座，在边门开合的短短一刹那，可以瞥见门内黄色砖块砌成的内墙和监狱一个风格。法庭宣告博斯韦尔法官上庭时，全体起立。珍妮弗的反应更为突出。法官上庭时，她就像整装待发的士兵一样一跃而起，然后毕恭毕敬地来个90度的鞠躬。

一般被媒体高调曝光的案件，审判前多少都会泄露一些嫌疑人的信息——比如嫌疑人的照片和生活细节，有的信息来自受害人或嫌疑人的家人，有的则来自警察局的内部爆料。而这起案件则不同，截至审判开始时，公众只见过两张模糊的珍妮弗的生活照：一张照片里，珍妮弗低着头；另一张照片画质模糊，而且珍妮弗的脸被外套遮了一半。除了知道珍妮弗上过的小学和中学，以及案发时她住在父母家里，不具备什么“求职技能”之外，媒体手里没有任何可以报道的消息。

直至今日，案件相关照片仍然屈指可数。几名嫌疑人都一再拒绝媒体采访，嫌疑人的亲友也都不愿对媒体开腔。潘汉辉、费利克斯和珍妮弗的其他亲友也都拒绝向媒体讲述自己看到的事情经过，也许是往事不堪回首吧。

控方一点一点地披露珍妮弗的谎言和匪夷所思的妄想的点滴细节。原来，这起由珍妮弗精心策划、由其男友及同伴帮助实施的谋杀案只不过是故事的一部分。层层的谎言背后是具有深刻讽刺意味的咋舌真相，是比好莱坞电影还离奇的惊天内幕。

审判一开场，控方就阐明了目标：起诉五名被告人犯有一级谋杀罪和谋杀未遂罪。可有一个关键信息至今缺失——犯罪现场的法医证据，通常警方都视此为侦破的关键要素。犯罪现场没有找到任何嫌疑人的DNA数据，也没有搜出任何作案凶器和血衣。现场目击证人只有一个，而此人头部中枪。控方律师和警方都不确定到底是谁扣动了扳机。尽管如此，控方仍坚持起诉五名被告人一级谋杀罪和谋杀未遂罪。控方希望能依靠他们的推理能力、手机数据证据和精心追溯的案情发展线索给被告人定罪。因此，控方提出的理论是：最后由谁扣动扳机并不重要——串通一气策划谋杀这一项已足够他们获刑终身监禁。

“案发当晚，三名男子闯入潘宅。三人中有一人至今未能捉拿归案，但这没关系……”哈拉真说道，“接下来的审判，我们会集中审理庭上就座的这五名被告人，我们会证明他们每一个人——珍妮弗、黄志光、伦弗德、埃里克和戴维——都蓄意参与了这起谋杀。这并不是说他们都扣动了扳机，这不是事实；我们要说的是，五名被告人各司其职，共同策划了谋杀，并且每一个人都参与了谋杀行动。五名被告人中至少有两人——珍妮弗和戴维——在潘汉辉和梁碧霞被枪击时待在屋内。戴维持有手枪。埃里克·卡蒂在现场，但是我们不确定当时他是在屋内还是屋外。我们知道黄志光和伦弗德案发当晚不在现场，但这不重要，重要的是两人都在实施谋杀计划的过程中发挥了作用。他们对自己的所作所为有清醒的认识，然而他们仍然协助珍妮弗实施了谋杀双亲的计划。”

14. 女儿的背叛

◇◆◇

传唤控方关键证人潘汉辉时，整个法庭一片寂静：这是大家期待已久的证人。潘汉辉在法庭指派的受害人服务组织成员的带领下走上法庭。所有人的目光都齐刷刷地望向他：这就是那个遭受致命枪击却奇迹生还的父亲，那个到头来发现被亲生女儿背叛了的父亲，那个经历了妻子被杀、家庭被毁的父亲。背叛是审判的核心，控方律师将这起谋杀案称为“终极背叛”，称它“罪大恶极”，认为它颠覆了现代西方文明的道德基石——“当孝敬父母[1]”。

对于生性不爱抛头露面的潘汉辉来说，挤满媒体记者的法庭和戏剧化的庭审过程让他怯场，而且他也从未经历过有人对他及他的家庭生活百般揣测，万般好奇，他的拘谨一目了然。潘汉辉走向证人席，迎接命运的挑战，他知道这挑战是女儿一手炮制的。潘汉辉身着黑衬衫，

1 引自《圣经·出埃及记》(20:12)。

敞着领口，不合身的黑色西裤勉强挂在他窄窄的胯骨上。这个身材矮小、戴着眼镜的男子——他比女儿还要矮两厘米，甚至是四厘米——垂下眼帘，从挤满人的旁听席前走过。不知道他此时此刻心里是怎样一番滋味。也许是为了回应那些或怜悯或批判的窥探目光，潘汉辉抬起头，将目光投向旁听席。大家满以为会看到一个备受伤痛折磨的证人，可潘汉辉脸上没有任何咬牙忍痛的迹象，大家看到他没有疤痕的脸庞和健康的状态时都吃了一惊。身中两枪昏迷数日的潘汉辉看起来安然无恙。审判时他刚满60岁，刘海齐额，没有一根白发。虽然脸上没有疤痕，但潘汉辉后来在证词中说，自己的心灵、意识、身体和灵魂无一不在经历枪击带来的痛楚和煎熬，家庭的分崩离析让他在情感上饱尝痛苦。

潘汉辉泰然自若的模样让人完全看不出他内心的痛苦。他昂首走上证人席，严厉的目光快速掠过女儿。珍妮弗在听父亲描述案发经过时，偶尔会泪流满面。

按说这是潘汉辉一生中情感最受煎熬的时刻，可他看起来仍然面似平湖。唯一透露出情绪波动的可能就是频繁的眨眼，在说最难启齿的证词时，眨眼次数更为频繁。潘汉辉出庭做证时身边有一名越南语翻译——接受警方讯问的大多数时候他都没有要求配翻译。潘汉辉有时能大致听懂要他回答的问题，他也常常直接用磕磕巴巴的英语回答；而有时，他则会等待越南语翻译的帮助，这样的情况有时会引起混乱。最后，博斯韦尔法官只好让潘汉辉只用越南语回答问题。

对旁听席上的记者来说，证人通过翻译提供证词是最糟糕的情况。翻译的特性让译者无法保全原话中的言外之意，翻译过来的话也听不出说话人的个性、语气和措辞。本该是充满鄙视、羞愧、气愤和骄傲的证词，翻译之后，感情色彩丧失殆尽，再精彩的证词也变得平淡无奇。

法庭的问话潘汉辉都答得简短而直接，这些案发经过的细节自妻子死后在他脑子里已经反复琢磨了好几年。旁听席上的听众情绪热烈，而潘汉辉却一副听天由命的模样。

潘汉辉说，案发前几个月，他算是完成了人生的奋斗目标：终于还清了房贷，银行里也有了一笔颇为可观的存款。这些是他和梁碧霞两人移民加拿大几十年慢慢经营出来的，他们在士嘉堡区首次置业，奋斗多年后，又以60万加元买下了现在的家。一个重要的细节是，潘汉辉说他和妻子购买了保额为17万加元的人寿保险，等他们过世，这些钱加上房产，还有车和其他财物，都会由珍妮弗和费利克斯姐弟二人平分，每人总共可以继承约50万加元。潘汉辉说，投保人寿保险的时候，夫妻二人和两个孩子坐下来，详细讲明了他们过世后遗产怎么分。另外他们还为珍妮弗买了一份保险，受益人是费利克斯。

检察官米歇尔·朗布尔立即把话题引到珍妮弗的学业上。潘汉辉说关于学业发展，珍妮弗对他讲过很多，但他从未参加过女儿的高中和大学毕业典礼："她跟我们说她被瑞尔森大学录取了，几个月后，她开始每天早出晚归，我老婆说每天往市中心跑太辛苦了，怕她受不了。然后珍妮弗说她和一个朋友在多伦多市区合租了一间房。我女儿说要当药剂师，得要考上多伦多大学，然后她告诉我说她被多伦多大学录取了。我有好多次想问问女儿的学习情况，但是我老婆说：'别管太多。'"潘汉辉回忆说，有一次他开车送女儿去她最好的朋友托帕斯在市中心的公寓，珍妮弗说，几年来她一直和托帕斯合租。"当时天很黑，附近又没有停车场，所以她就指给我看她们住的房子是在哪一栋的三楼。"潘汉辉说道，同时他也特别说明，他没有看清女儿下车后有没有走进那栋楼,“那边没有停车场,所以我只好马上开走了。”

话里的意思很明了,珍妮弗并没有走进那栋楼,而是去了阿贾克斯市的黄志光家。

潘汉辉说,在谎话被戳穿之前,珍妮弗通常周四、周五住在家里,周六下午去学校,说是因为要做义工帮助病童。只要珍妮弗开口,梁碧霞就会往女儿账上打钱。女儿走出家门后到底在做什么,潘汉辉觉得被蒙在鼓里好多年。尽管自己也怀疑,但潘汉辉一直三缄其口,直到有一天,他再也憋不住了。“我很郁闷,很担心,总觉得有什么地方不对劲。”潘汉辉在法庭上说道,接着他倾诉了发现被女儿欺骗后的感受,“我们尽心尽力就为供她读书,结果她不读书,跑去跟人同居。我老婆哭了……我让珍妮弗跟那人断了,回去上学。她同意了,说她会继续读书。”

从那时起,潘汉辉就开始限制珍妮弗的一些活动。没料到过了没多久,珍妮弗被抓到再次撒谎。潘汉辉大发雷霆,给珍妮弗立下了死规矩:“从现在开始你不许用车,必须给我待在家里!”潘汉辉说道:“我不再相信珍妮弗的话,我想让她重新回去读书,我想让她受高等教育,今后有个好出路。”当时潘汉辉对珍妮弗说:“摆在你面前就是两条路:要么待在家里,回去上学;要么你跟黄志光走,再也别回这个家。”

珍妮弗选择了待在家里。后来她被百年理工学院录取,2011年1月入学。潘汉辉说,此后又过了八个月,他觉得家庭危机已经过去,他以为珍妮弗和黄志光已经一刀两断。潘汉辉在法庭上说:“那时候,我觉得自己的家庭很幸福。”唉!他真是太没眼力了。

从一开始,庭审的形势就对珍妮弗很不利。随着审判一天天推进,珍妮弗的处境也越来越糟。米歇尔·朗布尔和珍妮弗·哈拉真这两位

开心的珍妮弗（开庭时所示证物）

检察官准备充分、铁面无私。她们的立案陈述丝丝入扣，仿佛用砖块垒起的一堵墙。为了确保这堵墙坚不可摧，两位检察官花了大量时间和精力准备陈述文案，并且在庭上严格遵守脚本。哈拉真言辞更直接，对讨好陪审团则不大在行。她看问题一针见血，这一专长在整理堆积如山的手机数据时大显神通，盘问技术专家证人时也非常得力。哈拉真做事一板一眼、志在必得，庭内庭外都是如此。朗布尔性格相对温和，不过办案的科学态度和坚定意念丝毫不输给哈拉真。鉴于二人截然不同的风格，哈拉真负责戏剧化的开场陈词，而朗布尔则尽力游说陪审团并负责为期三天的结案陈词。朗布尔的结案陈词无懈可击，在男性主导的法庭上独树一帜。

庭审的交叉询问环节，控方由罗布·斯科特律师出面主持。虽然罗布·斯科特律师此前并没有多少大案经验，但朗布尔和哈拉真很信任他，将交叉询问交给他负责。主持交叉询问需要直面唇枪舌剑时的各种诘难，并且临场组织辩护词。斯科特律师思维敏捷，很擅长在心机重重的法庭上与珍妮弗对质并公然指控她的罪行。轮到珍妮弗发声之前，所有证人都举证了一堆不利于她的证词。陪审团迅速形成了清晰的案情推论（或者说是案情分析）——珍妮弗为人不可信。身为被告人，如果不想被判有罪，最想避免的恐怕就是这样的印象。

对于其他几名被告人来说，这也是坏消息。珍妮弗、黄志光、戴维、埃里克和伦弗德都拴在一根绳上，事态很清楚——珍妮弗一旦被定罪，其他人也在劫难逃。戴维·米尔瓦加楠的代理律师彼得·鲍登后来在法庭上尽力驳斥证人对珍妮弗的负面评价，但收效甚微。

控方证人潘汉辉的证词中唯一可能对珍妮弗有利的一点是：在案发前珍妮弗几乎是无所事事的状态。这个年轻姑娘在案发前的七个月是关在房间里度过的——这让人回想起斯莱德警探在警方第二次讯问珍妮弗时的问话："你每天都干什么呢？"

女儿陷于被孤立的状态，而父亲则显得漠不关心，在被问及这个问题时，潘汉辉回答说："我要上班，所以了解不多，不过我经常提醒她复习功课。"潘汉辉以为女儿在房间里应该是在复习学校里的笔记，同时认真练琴准备钢琴考试。实际上珍妮弗根本没有任何课堂笔记。

老实说，这些细节能帮珍妮弗赚到的同情分也就仅止于此：被孤立毕竟无法成为策划谋杀的借口。珍妮弗的律师保罗·库珀还花了一点时间强调了珍妮弗童年严格的家教和"赶场"似的生活方式。当天庭审结束后，旁听席上有人被问及对珍妮弗严格家教的感想，他回答说："我小时候父母管我也是这么严的。"有这样想法的听众不在少数。很多东亚或南亚裔女记者在离开法庭时纷纷议论，说自己小时候父母管教得要比这严格得多。“这算什么呀！我爸那时候……”这样的话屡见不鲜。

潘汉辉出庭做证时，提到珍妮弗总是说“我女儿”，几乎从不用“珍妮弗”来称呼她。潘汉辉说在案发前，自己特别要求妻子想办法让女儿和家人之间更“亲近”些，好帮她忘记过去。潘汉辉说：“她重新开始计划自己的未来，这时候我就对老婆讲……有时间带女儿出去散散心，母女多点时间在一起……她就不会那么伤心，这样她就能重新回归家庭，我们也能重新拥有这个女儿。当时我是这么希望的。她确实做错了事，我也确实发了脾气，但她毕竟是我女儿嘛……对自己女儿总归是不计前嫌的。”天下的父亲总是竭力要保护女儿不受坏的影响，潘汉辉也是如此。他大概是觉得，一旦珍妮弗重新沉浸在学习中，身边都是积极向上的年轻人，重拾部分自信，拥有美好的职业新前景，她就能忘记黄志光，开始新生活。

作为潘汉辉计划的一部分，2010年10月潘家自驾去波士顿参加了一场婚礼。接下来的那个周末，珍妮弗和妈妈陪姨妈一起去蒙特利尔市和渥太华市游玩。

尽管潘汉辉言之凿凿，但后来珍妮弗的辩护词却流露了这段时间里她对父亲极大的憎恨。同时，珍妮弗的辩护词也让人无法揣测她对母亲的真实情感，她暗示自己想杀的只是潘汉辉，辩护词中凡提到梁碧霞的地方都是正面的言辞。

当被问到案发当晚珍妮弗的表现时，潘汉辉说，他看到女儿和一个闯入的歹徒“像朋友一样低声说着话”。

审判进行到此时，终于轮到珍妮弗的辩护律师保罗·库珀起身盘问潘汉辉。这算得上是库珀律师职业生涯中最艰难的交叉询问之一。

在交叉询问中，律师有两个主要目标：一是引出对己方有利的证词，二是降低证人的可信度。面对潘汉辉这样的证人，如果律师还拼命争取达到第二个目标，那无疑是在做傻事。律师要当心“责怪受害人”现象，在本案中，这很可能会让你失去几乎所有陪审团成员的支持。库珀律师只有一个选择：获取对己方有利的证词，也就是说要缓和地迫使潘汉辉承认，一系列不可抗的因素使得他案发当晚的记忆、判断和视力都打了很大的折扣。要达到这个目标，库珀律师必须非常小心，既要让人怀疑潘汉辉的推断，又不能显得对证人咄咄逼人、纠缠不休或居高临下。毕竟，在整个法庭看来，潘汉辉是最值得同情的——中年丧妻不说，还是一起最冷血的谋杀案的受害人，另外，他的年纪和用英语交流的障碍更让他在律师的问题面前显得可怜兮兮。

库珀律师提问的语气毕恭毕敬，他花了不少时间获取证人的信任，并且表达了自己的同情，但与此同时，库珀律师也在试图证明一个观点，即潘汉辉的证词不可靠。这个目标难度非常大。库珀律师想证明本案中的谋杀源于谋财未果。他轻声细语、慢条斯理地对证人说道：“你以难民身份来到加拿大，然后成为永久居民，现在是加拿大公民。移民从世界各地来到加拿大，都是胸怀理想要开创新生活，你也不例外。而且你还有一个对于家庭的理想：你的孩子要过得比你好，他们不用经历你和妻子刚到加拿大时经历过的那一切。”

潘汉辉对库珀律师每一个推断的回答都是“是的”。最后潘汉辉补充说：“我希望我的孩子前途比我好。”

“这就是大家说的‘移民梦’，你同意吗？”库珀律师问道，“你和妻子努力打拼，尝试各种工作，挣来了今天的家业。你们含辛茹苦，要实现对一双儿女的梦想和期望。你希望女儿能够追寻你希望她追寻的梦想。”

“是这样的，我也希望我女儿成为一个正直的人。”从潘汉辉的回答里听得出他的不屑。

库珀律师说到潘汉辉戳穿了珍妮弗的谎言并对她下了最后通牒时，说了“要么从此不见黄志光，要么断绝父女关系”那样的话。潘汉辉说：“在那种情况下，做父亲的都会非常生气。我是在气头上说了那样的话，不等于说我不关心自己的孩子。我只不过希望我的女儿……有一个成功的未来。我女儿总是说她想做一个药剂师。”

接着，潘汉辉描述了当时的情景，他如何说出“我死了以后你想怎么样都行”这句话的情形，结果一语成谶。控方认为潘汉辉的这句谶语是分水岭，标志着撒谎精珍妮弗自此变成了杀人犯珍妮弗。

“人发起火来都这样，要压住火气很难的。”潘汉辉继续说道，“我气头上是说了那样的话，我当时很恼火。我们辛辛苦苦一心供她读书，她不读书，倒去跟人家同居。我让她跟那人断了，重新回去上学，我叫她必须马上跟黄志光断掉。”

接着询问话题转向案发当晚。库珀律师花了很多时间证明潘汉辉说珍妮弗和凶犯像“朋友”一样交谈的说法不可信。他反复重申，潘汉辉在没戴眼镜的情况下不足以做出这个判断，而且当时也没有足够的时间来判断。潘汉辉的视力太差，他的匆匆一瞥太仓促。当时的光线很暗，眼睛近视的潘汉辉应该看不清珍妮弗，库珀律师认为当时珍妮弗站在离潘汉辉较远的地方。况且，当时情况那么混乱，三年后的今天再来回忆难免有偏差。库珀律师这样质疑潘汉辉的证词，最后效果如何不得而知。

库珀律师的话，潘汉辉有的承认，有的反驳。这一轮交叉询问，库珀律师有几个重要突破。他抓住了潘汉辉对珍妮弗案发当晚衣着的描述，潘汉辉对警方说珍妮弗穿的是白底蓝花的睡裤，实际上珍妮弗当时穿的是黑色瑜伽裤。库珀律师认为凶犯可能先溜进了车库，然后从车库潜入正屋，潘汉辉也承认车库通向正屋的门从来不锁。库珀律师说，凶犯也有可能是从后院爬到二楼，从窗户爬进正屋，对于这个推断，潘汉辉承认技术上完全可能。另外，潘汉辉还说，在他被救护车送走之前，他听到的最后一句话是珍妮弗哭着问他怎么样了。

库珀律师播放了一段录音，内容是潘汉辉告诉警察，他和女儿、妻子一起"被当作人质劫持了"。在录音里，潘汉辉还说珍妮弗在案发当晚显得很"伤心"，一名凶犯试图让她平静下来。潘汉辉承认录音里这些证词属实。但在说到他对警方描述的珍妮弗案发当晚的举动时，他对库珀律师说："我爱我的女儿，我怎么能说对她不利的话呢？"

但是，库珀律师没法说圆的一个问题是：如果谋杀源于谋财未果，为什么被抢钱财数量如此之少？更不用提潘家的两辆高档车之类的财物也安然无恙。潘汉辉做证说，自己本来无论如何都不想走进原来的家，但案发六个月后，警方强迫他回去了一趟。他发现家里只少了三样东西：他的工作单位为了纪念他服务满15年和20年颁给他的两枚戒指，再有就是一台价值100加元的相机。

库珀律师想尽办法既要替自己的当事人辩护，又不能激怒陪审团。但是对于六名律师轮番盘问潘汉辉的情形，事后不止一名陪审员表达了自己的不悦："我为证人的处境感到难过，他们好像在故意曲解潘汉辉头部中枪仅仅数天后对警方的证词。不过这就是律师的工作：让陪审团顺着自己的思路看待整个案件。"

15. 弟弟的痛楚

◇◆◇

如果说潘汉辉的遭遇是最让人痛心的，那么珍妮弗的弟弟费利克斯的心路历程恐怕就是最虐心的。现年24岁的费利克斯的人生历程基本上被分成了两段——第一段是案发前，那时费利克斯拥有一个基本正常的温暖家庭，家里有他深爱的父亲、母亲和姐姐；第二段是案发后，那天他失去了母亲——自己的情感依靠，同时也失去了唯一的姐姐，他和父亲的关系自此之后也不复从前。

案发后，费利克斯从学校赶回家探望重伤的父亲并参加母亲和外公的葬礼，此后他本该尽弟弟的情分，好好安抚身为受害人的姐姐，和她一起哀悼。姐弟俩同遭丧母之痛，两人应该会说很多互诉哀伤的话。但随着时间流逝，费利克斯眼睁睁看着姐姐从受害人变成了嫌疑人，最后被控一级谋杀。从那时起，珍妮弗就从弟弟费利克斯的生活中完全消失了。费利克斯再次见到姐姐是几年后在法庭上，姐姐珍妮弗坐在被告人席位上。

这个书生气的高个儿青年走上法庭时显得很局促，相比前几年读大学时，他消瘦了很多。接受控方提问的整个过程中，他都保持着温和恭顺的态度。和姐姐珍妮弗一样，费利克斯外表看起来孩子气，心智却比实际年龄成熟。他不动声色又彬彬有礼。潘汉辉在法庭上竭尽全力不让自己显得软弱，而费利克斯则毫不掩饰自己的脆弱，坦然显露整个事件对他的精神打击。他的紧张是显而易见的，做证时他常用的口头禅是“嗯”“就是”这样的字眼。在情绪波动或极度难受的时候——比如当控方问到关于父亲、母亲和姐姐一类的敏感话题时——他的身体就会不自觉地做出反应：轻声咳嗽、打喷嚏或不断清嗓子。费利克斯说彩弹射击枪留下的印迹看起来像鸟粪，说完他立刻道歉，因为在法庭上使用了“鸟粪”这样的字眼，这显示了他良好的家教和礼貌。

在回答关于父母购买人寿保险的问题时，费利克斯的回答和姐姐珍妮弗的完全不一样。当被问到是否知晓在父母遇到伤害的情况下，自己会继承一笔钱时，费利克斯回答说不知道——在姐姐告诉他之前不知道。“11月8日之后，我问了姐姐关于保险的事，因为我们当时在安排葬礼。”费利克斯说着，嗓音已经变了调，“姐姐告诉我说父母买了保险。”当被问到珍妮弗有没有告诉他受益人是谁以及保额是多少时，费利克斯非常简短地说：“我没兴趣知道那么多。”

听费利克斯说到珍妮弗大学毕业的事特别让人心绪起伏。费利克斯告诉法庭，父母没能参加姐姐的毕业典礼，因为票都卖完了。他们也没有看到毕业典礼的照片，因为帮珍妮弗拍照的朋友带着相机飞回中国香港地区了。此刻费利克斯是否已经明白这一切都是姐姐的弥天大谎我们不得而知。在回答提问时，他能回忆起无数生活细节，而这些他信以为真的琐事无一不是珍妮弗为伪造学历而布下的滔天骗局，说明这么多年来，珍妮弗是如何精心谋划自己的骗局，以确保身边至亲问起哪怕最微小的细节，自己也不会露出马脚。当法庭用大屏幕展示出一张珍妮弗伪造的多伦多大学的毕业证时，费利克斯指认说："那是我姐姐的毕业证复印件，我在家里见过，我还见过原件，姐姐毕业的时候拿给我看过。她在学校拿到毕业证，想用相框裱起来。找工作的时候她不想揣着原件到处跑，所以就随身带着复印件。"

费利克斯在法庭上讲了自己和黄志光打过的几次交道，珍妮弗告诉他说黄志光有一个工程学位。她也曾努力让黄志光和家人更亲近些，黄志光带着费利克斯玩过好几次彩弹射击游戏。当然这也再次向法庭表明，说出口的谎言对珍妮弗的生活会产生深远的影响。费利克斯说到2010年夏天和姐姐之间的争执，他的声音听起来十分不自在，当时珍妮弗和黄志光的交往已经引起了家里的矛盾："我很生姐姐的气，因为她从来不告诉爸妈她去哪儿，进出总是偷偷摸摸的。爸妈希望我姐不要什么事都对他们撒谎，他们要她做个了断，到底是要和黄志光在一起，还是回家，因为她当时的做法就有点要把家拆散的样子。当时家里一直在吵，我爸妈认定是黄志光把她带坏了……这些事情的源头就是她开始对家里人说谎，而且好长时间不回家。"

费利克斯描述自己和父母的关系时可能会激起很多人的共鸣。他说母亲给自己情感上的支持，而父亲则提供实际的帮助："上中学和上大学的时候，我和我爸的关系很正常，他总是要我好好学习。我在学校里有麻烦什么的，会跟我爸讲，他总是对我说'要努力'，然后帮我找家教什么的。跟我妈在一起的时候，我可能更情绪化一点吧……比如，对我爸我会说'我这门课成绩不是很理想'，对我妈我就会说'这门课我都不知道在讲什么。我真是学得很痛苦'。我妈总是支持我、安慰我。"费利克斯同时也补充说，母亲对待姐姐珍妮弗也是一视同仁。

费利克斯在接受控方问话时很配合，有礼貌，但轮到被告人律师发问时，他却很容易发火。珍妮弗的律师事先已经从珍妮弗那里了解到姐弟二人的成长故事，他的问话几乎发展成为姐弟间的争吵，谁也不愿意承认自己的错误。费利克斯明白珍妮弗的动机——把一切归咎于潘汉辉，以此博取获得自由的机会。为了给自己开脱，珍妮弗打算承认密谋杀害父亲，但只想杀父亲一个人，原因就是父亲对待自己的方式——很明显库珀律师的辩护策略是彻底区分潘汉辉和梁碧霞两人的教育方式。但是费利克斯不想袖手坐视库珀律师实施这一策略。库珀律师暗示，潘汉辉对珍妮弗比对费利克斯更严格，费利克斯表示了反对——尽管从费利克斯的证词上看，潘汉辉确实对珍妮弗更严格些。

库珀律师描绘了这样一幅画面：梁碧霞是完美妈妈——有爱心、体贴、不随便批评孩子、时时刻刻保护孩子，而潘汉辉则常常"有控制欲，不能原谅孩子的错误"。但费利克斯提出了反对意见，他说梁碧霞要求也很严格，珍妮弗不乖的时候母亲也会吼她。"每次家里有矛盾的时候，我爸和我姐都会针锋相对，"费利克斯说道，"我妈会因为我爸吼了我姐生他的气，但是其实我妈心里也气我姐。"

库珀律师问费利克斯，他愿意找母亲谈心是不是因为母亲不会像父亲那样秋后算账，费利克斯说并不是这样，其实是因为他更愿意对女性敞开心扉。"也可以说我和我爸之间没有这样的交流。总体来说，我一直都喜欢跟女性讨论感情问题，不跟男性说这些。"费利克斯说道。辩方说母亲相比父亲对他更包容、更能接纳他的不足，而他反对这样的推断："我妈妈也一样要我表现出色，只不过方式不一样而已。"库珀律师暗示梁碧霞在潘汉辉管教女儿时保护了珍妮弗，费利克斯立刻提出反对意见，说情况有时候正相反。“他们都会朝她吼，只不过吼她的事由不一样罢了。”费利克斯说。

库珀律师指出，潘汉辉非常在意周围人的看法，着意要让孩子成长在家庭传统文化环境中。费利克斯纠正他说，实际上是梁碧霞坚持要孩子浸淫在亚洲文化背景中。

虽然和潘汉辉相比，费利克斯看起来似乎更加身心疲惫，但库珀律师盘问费利克斯显然比盘问潘汉辉费劲。毕竟，费利克斯是个生于加拿大长于加拿大的年轻人，他没有在案件中受伤，甚至没有出现在案发现场。他对一切应付起来游刃有余。

说到家里对珍妮弗下的最后通牒，库珀律师说是潘汉辉而不是梁碧霞坚持要让珍妮弗回归家庭，费利克斯驳斥了这个说法。费利克斯也否认了在争吵中，潘汉辉对女儿更为凶狠的说法。费利克斯说，实际上最后通牒是母亲下的。“他们俩其实都想让珍妮弗回家。”费利克斯对库珀律师说道，“他们让她选，要么待在家里，要么再也别回家。当时我妈妈真的很恼火，朝珍妮弗大吼大叫。这是我家最黑暗的时候。从那以后，大家就都有点把话藏在心里不说的意思。一开口说话就要吵架。这些事我们都没对外人说。”

库珀律师的说辞里费利克斯完全同意的只有两条：一是潘汉辉把孤立当作一种手段，以此让孩子慢慢妥协；二是案发前，珍妮弗被孤立的情形不仅限于家人之中。法庭播放了费利克斯在警方讯问中的原话，他当时说父母不喜欢珍妮弗的男友，因此“把珍妮弗关在家里”。但在法庭上，费利克斯仍然坚称，把这种孤立称为“软禁”就太过分了。

费利克斯在被连续问到关于母亲的问题时，情绪有些失控，好在他总能快速恢复平静，没有听任情绪发泄，不过能看出他在用意志激烈对抗着本能的情绪冲动。想到姐姐的所作所为，费利克斯心里涌起阵阵仇恨，但他似乎对姐姐还有一些同情。在庭审休息或需要证人回避的时候，费利克斯通常会离开证人席。穿过珍妮弗的视线时，费利克斯总是低头看着地面。在最后一次离开法庭时，他抬头看了珍妮弗一眼，这显然违背了他再也不见姐姐、不和她有任何互动的本意。他发现珍妮弗的眼睛正望向别处，便迅速调转了目光，显然他为自己居然偷偷将目光投向姐姐的方向而感到尴尬。

庭审旷日持久，检方的指控并不足以回答很多人心中的疑问：一个好端端的姑娘怎么会做出这种事？如果和父母闹僵了，她为什么不索性搬出去单过？她是不得已才出此下策的吗？她真的是为了和男友在一起才谋杀父母的吗？这一切真的是为了钱吗？她怎么能这么心狠手辣？她很邪恶吗？她是不是有精神疾病？

16.“惊天证词”

◇◆◇

2010年11月22日，珍妮弗在接受戈茨警探的讯问时对谋杀罪行供认不讳，此后要为她辩护会非常困难。在那次警方讯问中，她承认密谋雇用一个外号“宅男”的人执行她所谓“刺杀自己”的行动。庭审时，珍妮弗供认的案发经过和她向戈茨警探交代的相差无几，只有几处重要不同。第一，珍妮弗对警方交代说是里克给了她“宅男”的电话号码，但在法庭上，她说是自己找到了宅男的联系方式。第二，珍妮弗在法庭上说截至凶犯闯进她家，她一直都在竭力取消行动计划。第三，珍妮弗当庭承认曾经策划要谋杀父亲，但里卡多·邓肯和安德鲁·蒙特马约尔把自己骗了，整个计划也因此泡汤。

2014年8月19日，珍妮弗当庭接受被告人律师提问，她的回答被《多伦多明星日报》称为“惊天证词”。接受提问的这一周让珍妮弗备受煎熬。律师保罗·库珀一心一意要证明她的清白，但他的辩护是否足以让国人或法庭改变看法？珍妮弗回答提问的时候哀叹说，所有人似乎都已经在心里认定了对她的看法,哪怕她本人连一句话都还没说。

通过律师和珍妮弗之间的问答,他们向法庭呈上了被告方对案件的陈述。头两天里,珍妮弗用精心组织的供词向世人坦白了她所有的谎言和骗局。她承认,2010年夏天,父亲忽视自己、孤立自己,她对父亲"恨得发狂"。谎言在家人面前曝光之后,珍妮弗觉得父亲和弟弟的冷漠给自己造成了巨大的压力。但是,珍妮弗说自己恨的主要还是父亲潘汉辉。她四处向朋友们讨主意,偶然联系上了小学同学安德鲁·蒙特马约尔。安德鲁一直暗恋珍妮弗,珍妮弗开始跟安德鲁煲电话粥,商量解决自己生活"危机"的办法。珍妮弗说她想出了一个办法,让安德鲁的室友里卡多·邓肯(人称里克)在潘汉辉工作单位的门外将潘汉辉击毙,但后来珍妮弗发现,里克只是以此为借口骗了自己1500加元。珍妮弗给里克打了无数个电话,但里克就是不接听。"我给他打了几次电话,想看看他有没有搞到枪,然后他就不接我电话了。"珍妮弗说,"我打电话给安德鲁……他说他已经从里克家搬出来了,他一直帮里克推托,我就知道我上当了。"安德鲁和里克两人都在法庭宣誓做证说,这个谋杀潘汉辉的计划从未实施过。

珍妮弗声称,因为有这个计划在先,所以在案发后的警方讯问中她没能实话实说。她害怕如果侦破人员掌握了这个暗杀计划的证据,他们就会怀疑自己涉嫌谋杀了梁碧霞。珍妮弗说,最终自己开始考虑自杀,并且也曾多次试图轻生。自杀未遂后,她开始考虑找个不算太丢脸的方法了结性命。珍妮弗说:"我连自杀都不成功,我觉得生活一败涂地。"珍妮弗接着说,自杀不仅会带来羞耻感,而且会让父母以费利克斯为受益人为自己买的保险失效。

后来黄志光把自己的iPhone给珍妮弗用,但要求珍妮弗把发给他的消息都转给他。她留意到有个名为“宅男”的人不断给黄志光的iPhone发短信。珍妮弗说，一开始她只是传话。她见“宅男”不少短信里都提到“宝莱坞”这个词，还以为短信内容说的是刻录DVD光盘的事。但后来她注意到“橙色”这个词，知道这是大麻交易黑话，意思是一盎司大麻。珍妮弗说，当她意识到自己是在帮黄志光传递毒品相关短信的时候，便灵机一动，想出了一个新计划。珍妮弗在法庭上说：“我掌握了资源……这些人可能是道上的人，他们可以帮助我实现自杀的计划。我就问了问，杀一个人是什么价。‘宅男’说……如果是帮朋友干，大概是1万到1.5万加元。我说……我想找人把自己杀了，对方非常震惊，问我：‘真的假的？你想把自己杀了？’我说：‘对，我就是想把自己杀了。’然后对方就反复问：‘你确实要杀自己吗？’我说：‘是的，我确实想这么做。’我花了不少时间才让对方相信我是认真的。”

这样的供词无异于在法庭上扔下一颗重磅炸弹。珍妮弗接着说，她后来和“宅男”谈妥了1万加元的价格，行动时间在几个月之后。她对“宅男”提了很多条件。“我不想在家庭聚会上或其他会被家人第一时间发现的地方被杀。”珍妮弗说。她和“宅男”说好，自己会在枪击前“把钱准备好，当场交割”。但珍妮弗——整个庭审期间，库珀律师都把珍妮弗描绘成一个不成熟、孩子气的人——很快改了主意。

珍妮弗说全家人在2010年9至10月间一起去美国参加了一场婚礼，自己和母亲、姨妈去蒙特利尔市短途旅游了一个周末，自那以后，自己在家里的情况有所改善。她因被社区大学早早录取而得到很多家人的正面关注，自己也振作起来。说到和父亲一起收到百年理工学院实验室技术员专业录取通知的情形时，珍妮弗说：“我觉得我爸喜出望外，他终于看到了期待已久的证明。那时候我觉得我和爸爸的和解出现了一丝希望。我和他说起要怎么去学校，是不是要在学校租一个储物柜。我们居然聊了起来……这对我来说是非常暖心的时刻。我能感觉到爸爸一改之前一年半、两年里的态度……他跟我说我终于做了自己该做的事情。我感谢了他，因为如果不是因为他，我就不会申请去读大学。爸爸开始跟我有更多的交流，家里气氛也没那么紧张了。他甚至已经开始跟人炫耀说'我女儿又要上学读书了'。"

珍妮弗说，正是这个时候，她不再想执行自己先前设计的"谋杀式自杀"计划了。但要停止计划也没那么简单。珍妮弗告诉"宅男"自己改主意了，但"宅男"说如果要终止计划就得收她一笔8500加元的"取消费"。"宅男"终日纠缠着要她付现金，珍妮弗拼命想办法到处筹钱。2010年万圣节那天，"宅男"威胁说要在珍妮弗和梁碧霞给上门要糖的孩子分发糖果的时候找上门来。通信基站的资料显示，"宅男"当时确实就在珍妮弗家附近。珍妮弗在法庭上对库珀律师说："他说准备今晚就下手。我吓坏了。我就对他说：'周围都是孩子。我正在发糖，脱不开身。你想在哪儿碰面？我现在没钱。'我很害怕，我以为他们当天就要来……用枪杀了我。"

然后珍妮弗和库珀律师花了好几个小时，系统地梳理了警方从珍妮弗的贝尔公司iPhone手机里截获的数百条短信。控方指证这些短信关乎珍妮弗买凶弑亲，但珍妮弗在法庭上却说，很多短信都是为了筹钱支付"宅男"索要的行动取消费。为了解释和黄志光的一些短信往来，珍妮弗颇费了一番口舌。黄志光给珍妮弗的一条短信这样写道：我把一切都给你安排妥了。珍妮弗说这条短信是个天大的误会。"我理解这条短信是说他已经帮我和'宅男'打好招呼了……就是我想要取消计划的事。"珍妮弗这样解释道，显然珍妮弗的自辩已经很难说通了。尽管证词如此自相矛盾、莫名其妙，珍妮弗仍然振振有词。

珍妮弗说，11月8日早上，她收到了“宅男”的短信：两人下班有空，行动开始。珍妮弗说，这不是她在和“宅男”通过短信合谋枪杀她父母。正相反，珍妮弗坚称她后来给“宅男”去了电话，请求“宅男”再给她点时间，让她筹齐全额行动取消费。“如果你想收到全额取消费的话，就请你再等一等，让我跟你碰个面。”珍妮弗告诉法庭她是这样请求“宅男”的。那天接下来的时间里，珍妮弗四处从朋友那里借债，她说后来接到几个陌生人打来的电话，其中一个就是后来警方查证为戴维·米尔瓦加楠的手机（注册在彼得·罗宾逊名下）打来的。珍妮弗说，这些电话里都是陌生的声音对她说：“钱在哪儿？我们要钱。”

珍妮弗推翻了自己对警方的供词，否认自己在收到要求“VIP”通行权的短信后打开了自家门锁。当被问到iPhone手机SIM卡的下落时，珍妮弗解释说，是一号凶犯把SIM卡从她的iPhone里拿走了。“他一只手脱了手套，不停摆弄我的手机，我也不知道他在干吗。”珍妮弗说道，“iPhone公司给手机配了一根能打开SIM卡卡槽的取卡针，我的取卡针当时就在手边……我知道他打开了卡槽。我不知道他是怎么打开的……他戴上手套走过来的时候，我看到他还是拿枪对着我……然后很快把SIM卡揣进了口袋。”当被问及为何在长达十个小时的警方讯问中对此细节只字未提时，珍妮弗一口咬定说是因为害怕没人会相信她。

“我承认我会说谎。我从来没否认过，我在警察局就承认了我对警方撒了谎，那是因为我太害怕了，我怕被人发现我之前的计划。”珍妮弗说道，“但是11月8日，原先计划的那些事一件都没发生。我是撒谎了，因为我不想因为策划和安排这些事惹上麻烦，其实订下计划几周后我就反悔了，我知道我当时脑子想事情都不大对劲。我现在说的这些都是真的。”珍妮弗说，当父母被带到地下室去的时候，母亲哭着哀求：“我要和女儿在一起，请把我的女儿一起带下来。”当时她觉得无比绝望。

珍妮弗哭着复述了当时自己的回答：“‘我在楼上，妈妈，我在楼上。’我求绑我的人给我松绑，这样我好和爸妈在一起。我听到妈妈去地下室的时候一路还喊着我的名字，我也不断地喊着妈妈，我一直跟闯进来的人说：‘求你让我跟我妈妈在一起吧。’我也不知道他们为什么要把我们分开。然后，我听到两声枪响和妈妈的尖叫声。”珍妮弗抽噎着说：“后来我又听到一声枪响，我妈妈的声音听起来有点像喘气声，那好像是她最后的一丝气息。我觉得那就是我听到的妈妈最后的气息。”

当被问到如何要别人来相信她这样一个谎话连篇的人时，她只是反复强调说，这一次，她说的是真话。“我知道很多人对我已经有了定论，整个世界都已经对我下了结论。”珍妮弗对陪审团说，“我面临的是25年甚至终身监禁的判决，这我明白。我想说的是，今天我没有什么可隐瞒的。就算我被判刑，就算陪审团认定我有罪，起码我自己知道我从来没想过要杀害妈妈，从来没有。11月8日发生的一切对我来说都是突发事件，说出这些我也就安心了。”

虽然库珀律师深挖了珍妮弗的成长经历，包括日程满得透不过气来的少年时代以及她认为父母偏心弟弟的想法，但辩护词中完全没有出现大家以为会听到的备受折磨的惨痛回忆。事后，一名律师说：“我原以为会听到她被锁在衣橱里、被用尺子揍、被父亲痛骂之类的事情，结果完全不是这样。”

轮到控方律师罗布·斯科特上场进行交叉询问的时候，没有人知道这一轮询问会对珍妮弗造成多大的负面影响，毕竟，珍妮弗已经是大家公认的骗人精，案件证据和她自己的证词让她处处被动。斯科特律师挖苦讽刺的问话风格有时会让法官不悦，但是斯科特律师足够机智，他只在陪审团完全站在他这边时才会用上挖苦讽刺的策略。庭审进行到此刻，斯科特律师胸有成竹，他知道法庭在座的大部分人都希望他不留情面地质问珍妮弗的过去、质问她所有的谎言和她自相矛盾的供词。

斯科特律师的盘问聚焦于一个简单而切中要害的事实：珍妮弗经历了多次警方讯问，有近十个小时的时间可以告诉警方案发当晚的来龙去脉，可她却等足了三年半，直到庭审才将所谓案发经过的真相和盘托出，导致警方错失了捉拿真凶的大好时机。法庭会相信珍妮弗的解释吗？斯科特律师指出，就算珍妮弗现在所说的一切属实，这显然也不是一个孝女的作为。

面对这样合情合理的质问，珍妮弗很难反驳什么。于是，珍妮弗将责任一概推给警方，声称自己在讯问时疲惫不堪，惊慌失措，所以没能说出事实真相："我跟他们说了事情的经过，说了当时家里发生的一切，只有SIM卡的事情没提，当时我没想起来这个细节。讯问的时间太长了，我刚给母亲办完葬礼，整个人完全不在状态……筋疲力尽。"

即便没有这条盘问线索，斯科特律师也很容易在珍妮弗庭审时的供词中找到漏洞。珍妮弗说自己在"宅男"向黄志光给她的iPhone发短信时发现了"宅男"的名字。斯科特律师指出，珍妮弗的新版供词都建立在这个前提下，而这个前提根本不成立。2010年8月中旬珍妮弗给伦弗德发了第一条短信，在此之前，伦弗德根本没有给珍妮弗的iPhone发过任何短信。"8月18日之前，'宅男'没有给珍妮弗的iPhone发过任何短信，也没有打过任何电话。"斯科特律师这样说道，"你告诉陪审团说你看到提到宝莱坞和橙色的短信时才留意到'宅男'这个人，这是一派胡言。‘宅男’根本没发过这样的短信。”

珍妮弗说这些都是四年前的事情了，她已经不记得在哪通电话里具体讲了什么。

斯科特律师毫不心慈手软，继续说道：“你撒谎说是从‘宅男’发的短信里看到他的名字的，这是因为……你想要保护你的男友黄志光。其实‘宅男’的电话就是他给你的。”接着，斯科特律师直接切中要害：“你在案发后的所作所为其实就是为了保护黄志光，不想把他牵连进来。所以你说：‘我是从里卡多·邓肯那个杀人惯犯那里拿到“宅男”的名字和电话号码的。’为了保护黄志光，你不惜陷害一个无辜的人。”

面对这样的指控，珍妮弗并没有像四年前警方讯问时那样畏缩，她毫不示弱，尽力为每个问题给出一个合理的回答。当天在法庭旁听的人说，他们感觉到珍妮弗为庭审做了很充分的准备。

斯科特律师继续说道：“你的母亲在离你20米之遥的地下室被残忍杀害，而你在接下来的一周里两次去警察局接受讯问，却都没有对警方说实话，母亲头部中枪身亡后的第二天你就开始对警方撒谎，原因只有一个——不让珍妮弗·潘惹上麻烦。”

“没错，我是害怕惹上麻烦。”珍妮弗毫不迟疑地回答。

“是的，对你来说，别惹上麻烦比让警察抓住杀害母亲的凶手更重要。”斯科特律师抢白道，“这就是你的思考模式。珍妮弗·潘心里只想着珍妮弗·潘一个人。”

“不是这样的。”珍妮弗反驳道。

“那你为什么不牺牲自己，做个孝女，让警方早点抓到杀害你母亲的真凶？”

“我现在就是这么做的呀。”

“为什么你在2010年11月没有这样做呢？”斯科特律师追问道。

“因为我当时很害怕。”

“你不是害怕。你那是自私、贪婪。”

“不是你说的这样。”

斯科特律师按着这个思路，用犀利的语言抨击珍妮弗是一个只知道“索求关注”的女儿。“你喜欢成为众人的关注焦点，”斯科特律师说道，“你喜欢得奖，比如花样滑冰、钢琴演奏……因为这样你就能得到大家的关注和认可，你就不再默默无闻。你喜欢在黄志光面前假扮受害者，这样你就可以得到黄志光的关注。你喜欢告诉陪审团你曾经自残，曾经割伤自己，因为这样大家看到你就会说‘哎呀，我们真为你担心’。这样你就得到了更多关注，不是吗？我来告诉你吧，你策划谋杀的时候，很享受成为众人关注焦点的感觉。你喜欢安德鲁一直跟你保持联系，晚上打电话跟你讨论谋杀计划。你喜欢看到有人对你感兴趣，对你设计的这整出戏感兴趣，对吗？案发后，你会再次成为受害者，登上多伦多各大报纸的头条，大家都会说：‘可怜的珍妮弗·潘。’想到这一切你就很兴奋，不是吗？11月8日案发当晚你心情很好，对吗？心情好的时候，你和男友黄志光讲话就会撒娇。‘嘿，小猴，小猴，呜呜呜呜，小猴都说什么啦？’[1]你当时心情很好，和黄志光聊得很开心。我们知道你只有心情好的时候才那样，因为我们见过你心情不好的样子。11月8日案发当晚，你心情很好，因为一切都在按照你的计划走。那个晚上将会成为你和黄志光新生活的开始。”说完这些，斯科特律师又补了一刀。“巧的是，11月8日案发当天，你和庭上的每一位被告人都有联系，不是

1　这里是斯科特律师在模仿黄志光和珍妮弗这对小情侣案发当晚卿卿我我的聊天。

吗？这只是巧合吗？”斯科特律师意味深长地问道。

接着轮到黄志光的律师劳伦斯·科恩交叉询问珍妮弗，他和黄志光之间的关系似乎为他赢得了珍妮弗的一点好感。一开始，珍妮弗大部分同意科恩律师说的话，或许是因为这些话正好都是她内心所想吧。事实上，此举大错特错。科恩律师的策略很像当初警方讯问的策略，都是先表现出理解珍妮弗的心情，以此博得珍妮弗的信任，套出他们要的信息，之后旋即翻脸，反败为胜。对珍妮弗来说，同意科恩律师的观点就等于向法庭展示她的个性——总是扮成受害者，这对珍妮弗非常不利。科恩律师通过交叉询问阶段的你问我答，描绘了珍妮弗乐于接受的情形，然后，再利用珍妮弗自己的证词，证明她是一个控制欲极强的前女友，是她让黄志光身陷囹圄。

“你得承担大部分家务，而你弟弟在家里却养尊处优。”科恩律师说道。

珍妮弗承认自己觉得在家里不受重视。

“珍妮弗·潘，你是个好人，但你的努力没有得到应有的重视。‘我表现那么好到头来却遭人嫌弃，这些人爱我却又嫌弃我。我不断奉献却没有得到任何回报。’大家对你的要求都很严苛。”科恩律师的询问手法堪称精湛，他说的这番话，珍妮弗一概表示赞同。

科恩：你明白本案性质凶残，对吧？

珍妮弗：我都数不清度过了多少不眠之夜。

科恩：杀害无私供养自己的双亲是最终极的背叛，对吧？

珍妮弗：你说得没错。

科恩：你已经在这个可怕的罪名阴影之下生活了好几年了。

珍妮弗：对的。

科恩：他们怀疑你是杀人凶手，于是你的一切都被放到显微镜下仔细研究。

珍妮弗：对，正被很冷血地研究着。

慢慢地，科恩律师开始将矛头指向珍妮弗，说她其实不是受害者，而是“病态的撒谎精”——她撒谎成性，并且相信自己的谎言。她要尽各种心机欺骗黄志光和身边亲友，以此达到控制他们的目的。这些无疑是为黄志光辩护的极好理由，不过陪审团最后的决定仍然取决于他们对珍妮弗的看法，靠这点理由远远不够帮黄志光翻盘。

这几天来，珍妮弗在法庭上遭到多名律师的轮番轰炸。珍妮弗的辩护词成了其他几名被告人律师的聚宝盆，他们在交叉询问中利用珍妮弗对案发经过的供词，一步步把她逼下悬崖。不过，对珍妮弗落井下石对其他被告人能有什么好处呢？所有被告人分明都和珍妮弗是一根绳上的蚂蚱。

珍妮弗一方面告诉陪审团，自己确实策划了一个枪杀父亲的计划，但同时，她又说11月8日发生的一切都是意外。珍妮弗主动承认自己在18岁后的大部分时间里都在用谎言构筑一个虚妄的世界，但同时她又希望别人相信，在欺骗家人这么多年后，这一次她在法庭上说的是真话。要相信珍妮弗的供词，必须得抛开理性，展开天马行空的想象，当然没人会这么做。说到底，要质疑珍妮弗的人格、指出她供词中的漏洞实在是易如反掌。

17. 乌合之众

◇◆◇

庭审进行到中期有一次长达一个月的休庭，在此期间，埃里克·卡蒂的辩护律师爱德华·萨皮亚诺被确诊罹患绝症。埃里克·卡蒂和珍妮弗·潘同为控方指认的关键嫌疑人，而且案件审理已经进行了七个月，鉴于案情的复杂程度，此时已不可能为埃里克重新指派律师，因此法庭决定将埃里克·卡蒂和其他被告人分开，埃里克稍后会被单独审理。这一突发事件对此后的庭审影响深远。埃里克是五名被告人中唯一有前科的，陪审团和公众直到11月才了解到警方持有的埃里克持枪犯罪的刑事记录。

戴维·米尔瓦加楠的律师彼得·鲍登从庭审一开始就获准当庭披露埃里克的前科，但他并没有这样做，或许是因为担心埃里克·卡蒂的律师会对自己的当事人戴维实施报复性提问。最后还是珍妮弗的律师保罗·库珀在举证时提到，埃里克因潘家案件被捕时，已经因被控谋杀柯克·马修斯而在逃，埃里克谋杀马修斯的一级谋杀罪名后被证实成立。

警方声称埃里克至少还涉嫌另一起枪击案，不过让埃里克惹上大麻烦的还是柯克·马修斯谋杀案。

一个冬日凌晨的3点25分，埃里克在莱克斯区圣彼埃特罗街上的廉租公寓楼附近探头探脑。据称他在接近目标车辆时，已经看准了24岁的柯克和女友坐在柯克母亲家门口的越野车里。柯克的女友说，埃里克走上前来要了根烟，要不就是借了个火，柯克下车把东西递给他时，埃里克径直朝柯克的胸口开了枪。柯克的女友尖叫着跑进屋，埃里克朝相反方向逃匿，跳上在附近停车场接应的车后逃之夭夭。柯克的母亲一边奔向儿子，一边拨打了911。她问儿子是怎么回事，奄奄一息的柯克回答说："'狙击手'朝我开了枪。"——这番对话有911报警录音为证。柯克躺在地上垂死挣扎时，还让母亲不要担心，他说："我会没事的，我会好好收拾这家伙。"这是他死前最后一句话。

警方在几天之内就锁定埃里克为犯罪嫌疑人，但真正将他捉拿归案却花了很长时间，埃里克在逃超过一年才最终被捕。凶杀案嫌疑人居然能逍遥法外那么久，这让多伦多警方的处境很难堪。虽然埃里克在隐瞒行踪，但在逃这一年多里他毕竟还在正常生活，甚至还出现在一个很火的嘻哈视频里；他住在公开身份的女友家，还参加孩子的生日聚会。总而言之，埃里克在潘家行凶时已经是被通缉的逃犯。如果马修斯谋杀案不是发生在黑帮盛行的莱克斯区，不知埃里克会不会早一些被捉拿归案。

埃里克退出庭审之后，控方和辩方的策略都做了很大调整。在此之前，五名被告人抱成一团。埃里克退出此轮庭审后，埃里克及其律师对其他各方在法庭上的举证便无法做出任何反驳。珍妮弗的律师保罗·库珀试图进一步巩固珍妮弗的辩护词，声称潘家谋杀案是埃里克带头的一伙亡命之徒劫财未果遂起杀心引起的。现在埃里克已经退出庭审，库珀律师索性直呼埃里克为“劫财未果的杀人狂”。库珀律师称贪财的埃里克不愿意等珍妮弗凑足“行动取消费”，他满以为抢劫万锦市的一处中产住宅就可以截获赃款无数，谁知现场战果并不理想，于是他勃然大怒，和同伙一起对梁碧霞和潘汉辉起了杀心。

戴维·米尔瓦加楠的律师彼得·鲍登也利用埃里克缺席的机会，将埃里克说成是此案的罪魁祸首，说他是“街头混混”，为了躲避警方监控，不愿用自己的手机而是用了自己的小跟班戴维的手机，戴维对埃里克来说只是个小卒子而已。除此以外，珍妮弗和另外几名被告人在庭审期间都没有互相检举揭发。珍妮弗甚至还对陪审团保证说，法庭上的几名被告人没有一个参与了潘家入室劫案。“我向警方提供了外貌描述，我到现在还记得他们的长相，现在跟我一起坐在这里的这几位……不管是声音还是相貌特征都和凶犯不一样。”珍妮弗这样说道。她的话不禁让人生疑：案发当晚究竟是什么人用了这几个被告人的手机给珍妮弗拨打了电话？

最终，只有戴维的律师完全改变了辩护策略。除了珍妮弗之外，戴维的辩护词是最站不住脚的。毕竟，通信基站追踪到案发当晚从莱克斯区出发去往万锦市，并在案发前给珍妮弗拨打电话的正是这个注册名为彼得·罗宾逊的手机，而戴维就是彼得·罗宾逊手机的主要使用者。枪击发生之后，又是这个手机给几个中间人打电话，联络到其他几名被告人。更不用说案发两个月后，潘汉辉这个奇迹生还的证人在嫌疑人指认中认出了戴维。控方在法庭上出示了大量直接或间接提到枪支买卖的手机短信——我要你手头最便宜的书[1]。旧点不要紧，有个快手活儿，做

1 指枪。

完就扔——证明戴维非法交易枪械。同时，戴维用的一个研科电信公司的手机刚好收到过这样两条短信：每个五摞和够胆两个一起做了，全是你的。戴维的回复是：小菜一碟。后来警方将这番交流破译为：杀一个人可得5000加元，如果戴维把两个人都干掉，就能得1万加元。

与其坐等陪审团做出对戴维不利的裁决——这种可能性越来越大——鲍登律师决定剑走偏锋，指认"案犯另有其人"，试图采用这样的辩护策略拼死一搏，躲过被定罪的命运。鲍登律师的手法很简单：既然埃里克的审判已经被搁置，鲍登律师索性将埃里克说成是一个十恶不赦、不惜一切要控制身边所有人的凶犯，而戴维就是一个被埃里克掌控的小跟班。

"如果戴维已经知道埃里克·卡蒂在策划谋杀，他怎么会让埃里克用自己的手机呢？"鲍登律师问陪审团，"卡蒂……绝不会用自己的手机，他策划过太多这样的行动。卡蒂生性凶残。根据我们目前对埃里克·卡蒂的了解……案发当晚和他一起坐车去万锦市的人知不知道埃里克到了潘家到底会做出什么事？我要说，答案是不知道。"

尽管鲍登律师做出了这样的推断，但没有任何确凿的证据显示埃里克案发当晚踏进过潘家大门——除了珍妮弗一开始在警方讯问时指认过埃里克是闯入的一号歹徒。鲍登律师采用这样的辩护策略，原因很简单：潘汉辉讲述案发经过的时候提到闯入的歹徒是两名黑人男子和一名肤色略浅的男子。鲍登律师是想说，两名黑人男子中一个是埃里克·卡蒂，另一个是莫里斯·格林（此人并未被指控）。

鲍登律师坚称，戴维没有进屋杀人，而是全程待在车里，充当接应司机。他当时并不知道这起抢劫会升级为谋杀，更没料到他会被控一级谋杀。"我就开门见山地说吧，戴维·米尔瓦加楠坐在一辆开往万锦市的车里，车上还坐着几个身穿黑衣的人，他们头戴棒球帽，手里拿着枪，”鲍登律师说道，“显然，他们有个行动计划，戴维也参与其中，这些都是不争的事实。被告人知道参加入室抢劫的同伴可能会枪杀梁碧霞和潘汉辉吗？答案是：他不知道，我会带你们找到这个答案。”

戴维面临的审判形势越来越糟，所以他才让鲍登律师将自己的朋友兼大哥埃里克描绘成一个无恶不作、凶残暴戾的人。鲍登律师的辩护策略还包括指认莫里斯·格林是杀人凶手，说他应为本案付出自由的代价。截至此刻，莫里斯·格林还未遭遇任何检举揭发、调查或起诉。戴维的背叛无论在莫里斯还是在自己的朋友圈里都会遭人鄙视。对莫里斯来说，虽然他曾是警方破案的调查对象之一，但他最终并未被起诉。莫里斯的处境与庭上几名被告人截然不同，纵然鲍登律师说他是凶手，但没有真凭实据，莫里斯自称清白就足矣，没有人会轮番询问来质疑他的证词。

对于控方来说，他们正全力以赴，要将埃里克·卡蒂以外的四名被告人定罪，鲍登律师半途改变策略，节外生枝扯出莫里斯的嫌疑，这是控方不想看到的情况，因为这可能会让他们辛苦的取证和立案努力付诸东流。如果鲍登律师对莫里斯的询问奏效，莫里斯的证词可能会推翻整个审判的基础，原本只关注庭上在座四名被告人的陪审团就可能产生疑虑和质询。有鉴于此，接下来控方罗布·斯科特律师的主要任务就是充当莫里斯·格林的辩护律师，在鲍登律师诘问证人莫里斯、质疑证人的可信度，进而证明莫里斯是凶手的时候，用提出反对的方式及时叫停，转移陪审团的注意力——“大家继续，这个问题没有什么好讨论的。”

被告方为了证明凶手另有其人，让法庭传唤了八名证人出庭做证，埃里克的好友西尔维娅·鲍威尔便在其中。伦弗德·克劳福德的手机里存有西尔维娅的电话号码，联系人名称显示为“胡子的人”。西尔维娅与本案的关联还不只这些：她不仅和埃里克私交甚好，常收留他在家过夜，而且和埃里克的两个女友凯瑟琳·宗和丽莎·蓬佩的关系也很亲近。除此以外，案发前夕，西尔维娅的手机号码频频出现在埃里克生意伙伴的手机通话记录中，因此警方怀疑，埃里克经常用西尔维娅的手机进行毒品交易联络，防备有人发现自己的形迹。

很多人怀疑西尔维娅是埃里克·卡蒂的女友，当西尔维娅走上证人席时，她给人的印象是一个孤立无援的弱女子，为了两个男人已耗尽精力。其中一个自然是埃里克。西尔维娅说道："他会给我出主意，教我怎么对付孩子的爹。孩子的爹根本不管我们，埃里克还想法找他谈过，跟他沟通。埃里克很风趣，心地好，性格开朗。他很喜欢孩子，一直罩着我们母子。"西尔维娅生命中的另一个男人就是前男友莫里斯·格林。她说一开始两人情比金坚，莫里斯对自己的三个孩子也视如己出，她当时觉得生活幸福得像童话故事。她以为自己和莫里斯能天长地久，但是童话故事很快走了样。西尔维娅在法庭上说她发现莫里斯欺骗了自己。莫里斯骗西尔维娅说自己26岁，有房，还说自己的真名是达吕斯。实际上，莫里斯35岁，没有稳定工作，跟母亲住在一起。西尔维娅发现真相后，两人仍然继续维持了几个月的关系（2010年8月至2011年春）。

西尔维娅当庭回忆了2010年11月8日前后某天晚上的事情。具体是哪天她已经不记得，只知道是11月8日前后。莫里斯怀疑西尔维娅和埃里克有染，西尔维娅死活不承认，两人为此吵得不可开交。当时天还没黑，莫里斯跟她说自己马上要出门和S（即埃里克）一起"干一票"。她目送莫里斯上了一辆深色汽车，车窗都是镀膜玻璃的。送走莫里斯后，她和室友凯瑟琳·宗聊了一会儿，凯瑟琳怀疑男友埃里克劈腿，她觉得埃里克好像当她是傻瓜，背着她脚踏两条船。"她经常觉得埃里克在外面有女人,”西尔维娅说,“但是从来没抓到过证据。”

西尔维娅说两人后来决定给凯瑟琳怀疑是埃里克情妇的女人发短信。那女人居然回了短信。她们俩描述了埃里克的长相和体型后,那女人说她确实正在和埃里克交往。两人立即用西尔维娅的手机给埃里克打电话,可没人接听。手机通话记录显示,西尔维娅接着立即给莫里斯打电话,短短三分钟内呼叫了六次,不过西尔维娅在法庭上说自己不记得后来给莫里斯打过电话。到这里,事情已经清楚了:西尔维娅和凯瑟琳联系不上埃里克就立刻给莫里斯打电话,因为她们知道他们俩当时在一起。

西尔维娅说,那天晚上莫里斯和埃里克回来时,她注意到莫里斯换了身衣服。她和莫里斯回到自己的房间,莫里斯递给她一袋衣服,就是他离开家时身上的那套,现在衣服上全是血。她问莫里斯怎么回事,莫里斯跟她说:“没什么大不了的。就是把他们干掉了。”2011年情人节那天,她又问起莫里斯那天晚上的事,莫里斯无比郁闷地告诉她,他准备和埃里克一起干一票,结果到了地方,埃里克都没露面。但在警方讯问时西尔维娅的说法是,当时莫里斯跟她讲“别问了,我不想说这个”。

西尔维娅的证词听起来非常有说服力,不过等轮到控方询问时,形势便急转直下。罗布·斯科特律师开宗明义,指出了西尔维娅的种种自相矛盾之处,暗指她为了保护埃里克,捏造了关于莫里斯的证词。确实,越琢磨西尔维娅和埃里克的关系,就越让人怀疑她关于莫里斯的证词到底是不是真的。斯科特律师翻出她三年前接受警方讯问时的记录,她当初承认自己对埃里克有点想入非非。她的原话是:“我喜欢他,我确实想跟他进一步发展,但是仅此而已,我们也没有走得更近,我已经有孩子了。”斯科特律师随后列出了西尔维娅和埃里克在2010年11

月6日前一个月里的手机联络记录——350通电话和短信。这算是朋友还是恋人关系？西尔维娅的证词还有一个站不住脚的地方：她明摆着不愿意指证埃里克，哪怕是对埃里克有丝毫不利的话都不肯说。

斯科特律师开始盘问西尔维娅认不认识伦弗德·克劳福德，西尔维娅承认“听说”过伦弗德的名字，但她一口咬定不知道为什么伦弗德的手机里存着自己的电话号码，而且显示名称是“胡子的人”。西尔维娅不承认在案发当天把手机借给埃里克，让他给伦弗德打电话用。斯科特律师摆出证据说，案发当天早上10点整，伦弗德的手机给西尔维娅的手机拨打了一通电话，46分钟后，她的手机又给伦弗德的手机回拨了电话。西尔维娅再次不肯承认当时用她手机的人是埃里克——她只推说不知道是谁用了自己的手机。斯科特律师接着问伦弗德是谁的朋友，西尔维娅一开始的回答是：“我不知道。”这话明显站不住脚，斯科特律师丝毫没有手软。“哼，你知道他是谁的朋友，”斯科特律师提高了嗓门说道，“他是埃里克·卡蒂的朋友。所以别在这儿跟我们说你不知道他是谁的朋友，你知道的，他是埃里克·卡蒂的朋友。”

“是的。”西尔维娅回答道。

“如果你知道实情就不要对陪审团说假话，好吗？”斯科特律师语重心长地对西尔维娅说道，“你答应吗？”

“好。”西尔维娅回答说。

“你的好友埃里克·卡蒂用你的手机和他的朋友通话，这事不可能发生吗？”

“不可能。”

“打电话的显然不是你本人，对吗？”

“不是。”

斯科特律师最后直击要害，质问西尔维娅为什么第一次接受警方讯问时只字不提莫里斯，而第二次却突然提到莫里斯的血衣："你是不是把发生在埃里克身上的事推给了莫里斯？"

"没有。"

"要推给莫里斯也不太困难，对吧？因为案发当晚埃里克就在你家，对吗？"

"我没有。"

"因为你不会出卖朋友。你不是个不讲义气的小人，对不对？这是你做人的原则，对不对？是这样吗？"

"我现在人就在这里，你这么说我把我当成什么了？"

"你坐在这里并不是因为你想来做证，对吗？你不是来出卖朋友的，因为你不会说任何对埃里克不利的话，对吗？你自己明白吗？"

西尔维娅一开始说自己不记得在两次警方讯问之间有没有联系过埃里克的女友，于是斯科特律师拿出记录，提醒坐在证人席上的西尔维娅她对警方说过的话。西尔维娅对库克警探的原话是这样说的："她的确问过我，我到底了解多少底细，我跟她说我什么都不知道，因为我真的从来没对任何人讲过莫里斯的事。"

"你跟埃里克女友的交流有没有影响到你后来第二次接受警方讯问时的证词？"斯科特律师问道。

"没有。"西尔维娅这样回答道。

在斯科特律师的盘问快要结束时，西尔维娅主动承认自己去看守所探望了埃里克，这更让人怀疑她到底站在谁那边。

"你会为了替埃里克解围而指证前男友莫里斯吗？"斯科特律师问道，"你在为本案做证时有没有这样做过？"

“没有。”西尔维娅回答。斯科特律师对西尔维娅的这番询问大大降低了西尔维娅的可信度。为了尽量挽回一些局面，经验老到的鲍登律师这时播放了西尔维娅接受警方讯问时的监控录像，这是庭审期间最煽情的视频资料，就连珍妮弗接受警方讯问时的神经质表现都远不及它那么情绪化。视频里，警方要求西尔维娅交代，是谁给了她血衣，当时西尔维娅已经哭得泣不成声。警探离开房间之后，西尔维娅一直哭哭啼啼地喃喃自语，最后她对着莫里斯的照片说：“哦，天哪。哦，我爱你。”

鲍登律师单刀直入地问西尔维娅，指证莫里斯参与谋杀她心中有何感受。“我不知道该怎么说。”西尔维娅回答道，她说莫里斯是自己生命中“非常重要的人”。

西尔维娅并不是唯一一个有争议的证人。莫里斯的另一个女友阿什利·威廉姆斯也是法庭上备受争议、不按牌理出牌的一个证人。她声称因为在英国居住，无法出庭宣誓做证，法庭播出了她交给警方的视频声明。阿什利在2013年9月接受警方讯问时，指证莫里斯参与了潘家凶杀案。她告诉警察，莫里斯对她说过：“我对着那男的脑袋开了枪，结果搞砸了。他没死。”

轮到莫里斯出庭做证时，风度翩翩、打扮时尚的他成了整个法庭的焦点。证人出庭时，面对法官、旁听群众、法庭工作人员、陪审团、被告人等一众人物的审视时，一般都会表现出精神紧张或是剑拔弩张，而莫里斯却出奇的镇定。他衣着得体，从容不迫，显然很习惯成为焦点人物。

表面上看，呈上法庭的证据让莫里斯显得非常不堪，但莫里斯很快就向法庭说明，这一切都事出有因。面对律师的盘问，莫里斯依然沉着，用浑厚的男中音不急不忙、心平气和地回答所有的问题。对于他人的指控，莫里斯的回应很简单——阿什利的话完全是无耻谎言，是为了报复莫里斯对她劈腿还把她给甩了。

莫里斯说阿什利每年从伦敦飞来看他一两次，两人虽然到了谈婚论嫁的地步，但因为阿什利最终还是没搬来加拿大，所以组建家庭的事也就是说说而已。莫里斯说阿什利经常擅自进入他的电子邮箱偷看他的邮件，所以他就跟阿什利分了手。本案庭审过程中，涉案人的花心滥交常被提及——尤其是莫里斯、埃里克、黄志光和戴维，但是只有莫里斯以这个理由来为自己辩护。莫里斯承认在和阿什利交往期间，同时还和至少两个女友来往，其中一个还和他生了孩子，这人就是西尔维娅。

花心滥交的事实有损出庭证人的声誉，尤其破坏他们在女陪审员心中的形象，但就莫里斯当下的情形来说，却非常有助于陪审团怀疑西尔维娅和阿什利证词的真实性。毕竟，正如莫里斯本人所说，他伤透了她们俩的心。莫里斯说，阿什利和西尔维娅给警方的证词只是怨妇发牢骚，作不得数。2013年，莫里斯和阿什利交往六年后以分手告终。两人分手后，阿什利黑了莫里斯的社交网络账号——删除信息、篡改设置——才发现莫里斯早前的出轨。莫里斯说，自那以后，阿什利就开始威胁他的人身安全——她放话说“你妈恐怕要老来丧子了”，不仅如此，莫里斯的日常生计、人际交往和人身自由都受到了阿什利的威胁。“还不如坐牢呢，总比死了强。”莫里斯说道。除此以外，阿什利还发动莫里斯的情人一起败坏莫里斯的名声。莫里斯说阿什利出于报复心，在网上研究了本案的来龙去脉，然后主动联系警方，编造了关于自己行踪的谎言。阿什利给警方提供的证词大部分都在法庭上播放了，而莫里斯说那些纯属一派胡言，从阿什利的指证中就能看出她是多么擅长颠倒黑白。

莫里斯承认他可能有一次告诉过阿什利警方传唤他出庭做证。阿什利指证说有一段脸书视频录到了莫里斯在夸口入室抢劫，对此莫里斯完全否认。莫里斯也否认自己拥有枪支，还给枪起名叫“报应”。法庭当庭播放了一段阿什利揭发莫里斯拥有枪支、躲避警方搜查的冗长视频。紧接着，没等鲍登律师发话，莫里斯就问：“我能说说我的看法吗？”

鲍登律师同意了，于是莫里斯就说：“她唯一的真话就是，2012年5月我告诉她凶杀案警探到我妈家去了一趟，通知我要出庭。她很有本事。我告诉她为什么要出庭，她就会去网上搜……把所有媒体消息读个遍，然后想着怎么嫁祸给我。她装成无辜的样子，其实背地里她根本不是你们想的那样。她很危险。她是个黑客……我的Ins账号被她黑了，她删了所有我关注的人。她盗了我的推特账号，乱发推文，篡改账户信息。她还改了我的脸书设置。她根本就是魔障了。这就是她陷害我的方式。”

紧接着法庭出示了莫里斯手机的通话记录。案发前，他和埃里克及迪米特里厄斯·马布斯两人的联络都很频繁。通信基站数据显示，案发前两天，也就是2010年11月6日，埃里克给莫里斯打了四通电话，两人在晚上7点25分有一次长达12分钟的通话。莫里斯在2010年10月29日给一个名叫阿扬·穆罕默德的女子打了两通电话，阿扬是埃里克的女友之一。案发当天，莫里斯给迪米特里厄斯的手机打了三通电话。11月16日案发后，莫里斯给埃里克发了11条短信。

那么，问题来了：莫里斯有没有告诉过阿什利自己和谋杀案嫌疑人在案发前后都有密切联系呢？每次被问到有没有告诉过阿什利这些通话和短信的事，莫里斯的回答都是“没有”。鲍登律师说：“我理解，你列这些证据是想说明阿什利的证词都是捏造的，目的是报复你。据你所知，阿什利会有办法弄到你的手机通话记录，了解到你和本案多个被告人之间的联系吗？”对莫里斯来说，这是个棘手的问题。回答这个问题时，莫里斯再次重复了他反复强调的观点：“黑客就是到处黑资料。”

接下来鲍登律师又说，如果说阿什利是报复狂，那么莫里斯可从没说西尔维娅也是报复狂。“嗯，说实话，我觉得西尔维娅不是。不过她们俩对我都很火大。我和西尔维娅分手的时候她都疯了。我们认识一个月西尔维娅就在胸口文了我的名字。我觉得这么做为时过早，那可是一个很大很大、在胸口正中间的文身。她文了我名字的首字母M，还用我的名字拼出了一颗心。可能我挑女人总是走眼。我提出分手时西尔维娅很恼火……可能就是太恼火了，然后就开始乱来了。”莫里斯说道。

法庭上的戏剧化场面层出不穷。莫里斯想方设法要结束这场愈演愈烈、让他百口莫辩的证据展示，他一口咬定阿什利根本不是在法庭播出的视频中的样子。走投无路之下，莫里斯拿出了撒手锏，他从口袋里掏出一个U盘。“这就是你们相信的那个天使，”他说道，“这就是给你们提供信息的那个天使。她是在陷害我，我这里有证据。”

U盘上有交谈录音、照片和截屏。博斯韦尔法官说，这些资料让阿什利看起来“好像精神不是很正常”。图片显示阿什利不仅给莫里斯打骚扰电话，而且还不断联系莫里斯的一个女友，每天给她发30到40条短信，扬言要把她家炸平，吓得她搬了三次家。这些还不算，阿什利还在社交网站上贴出种族歧视的恶毒图片，比如把莫里斯一个女友的孩子和狒狒的照片并排贴出做比对，称莫里斯另外一个女友的孩子是“魔鬼的孩子”。阿什利声称父亲是黑手党人，说要让人追杀莫里斯。

控方在总结陈词中表明，不愿意相信阿什利或西尔维娅中任何一人的证词。“我不想在此回顾阿什利·威廉姆斯和西尔维娅·鲍威尔证词中诸多的自相矛盾之处和疑点，”检察官米歇尔·朗布尔说道，“我们的观点就是她们的证据不可靠，相信她们俩的话会置我们于危险之地。”

本案审理中莫里斯·格林未遭任何指控也未被判任何罪名。

18. 宣判日

◇◆◇

长达十个月的庭审结束后，陪审团被隔离在一个酒店房间里，重温案件相关的所有信息和证词。陪审团会商讨整整四天，然后对每一位被告人的命运做出裁决。2014年12月13日，宣判日终于来临了。

法庭里挤得水泄不通，情绪激动的旁听群众叽叽喳喳地议论不断。12名陪审团成员——四男八女——鱼贯而入，在法庭就座。伦弗德、黄志光和戴维面无表情，看起来有点不知所措，也许他们内心深处明白，他们最怵的事情即将发生。珍妮弗一身黑色，搭配白色丝质百褶衬衣，长长的黑发在脑后梳成马尾。为了隐藏自己的恐惧，28岁的她故意扮顽皮，表现出心情不错的样子。珍妮弗的律师保罗·库珀坐在她身边以示支持，珍妮弗紧张地笑了笑，帮他把律师袍上的线头摘掉，还伸手掸了掸，确保线头被弄干净了。不过没过多久，珍妮弗的表情就变了。她站在那儿，两眼直勾勾地看着前方，听着法庭宣布审判结果。

陪审团团长在宣读对每个被告人的审判结果时都着意望向被告

人，而被告人却不敢与他四目相对。他们都望着不知什么地方，好像凝视着未来的深渊。“有罪”被重复了四次，听到这两个字时，四名被告人都面无表情。四名被告人的罪名都是一级谋杀和谋杀未遂。

宣布戴维的审判结果时，旁听席中戴维的家人特别无法接受，她高声尖叫着冲出法庭，跑到走廊上号啕大哭，这让法庭气氛更为紧张。她重新回到法庭后，张开双臂对着戴维做出“为什么”的口型，而戴维隔着厚厚的玻璃，做出“没关系”的口型。

珍妮弗听到自己的审判结果时，只是垂下了头。一名律师后来说，珍妮弗一直等到媒体离场后才恸哭不已：“她浑身颤抖，哭得无法自持。”有一名律师听到她对陪审团裁决的反应是：“他们连给我一个机会都不肯。”

审判结束后，珍妮弗的律师及其助手站在法庭门口，被大群记者簇拥着。记者一张接一张地拍照，同时大声喊出自己的问题。面对麦克

审判结束后，法庭正门前的记者发布会（照片由作者提供）

风，保罗·库珀律师说："珍妮弗和父亲之间已经完全没有了父女之情。她曾经主动联系过父亲。对珍妮弗来说，审判耗尽了她的精力，现在，珍妮弗完全被审判结果击垮了。"

庭审结束后，库尔蒂斯警探找了个没有媒体记者的地方抽了根烟。他承认脑子有点乱。"回想案发当晚的情形，梁碧霞被杀，潘汉辉重伤，"库尔蒂斯警探说，"我的感受很复杂。从被害人的角度看算是讨回了公道，但整个事件还是悲剧。"

又过了一个月，2015年1月23日，珍妮弗的量刑结果出来了。珍妮弗被处以加拿大法律最重的刑罚：终身监禁，25年不得申请假释。珍妮弗至少要在监狱里待到2036年。

博斯韦尔法官解释量刑依据的时候言简意赅，他说梁碧霞和潘汉辉不应"被珍妮弗·潘判处死刑。这是买凶杀人的交易……购买的商品是死亡"。珍妮弗把头埋在膝盖中间，听着法庭宣布量刑结果。

TORONTO SUN
SUNDAY, DECEMBER 14, 2014
CLASSIC YULETIDE TORY
PAGE 2
5 GUARANTEED $1 MILLION
LEAFS CLIP WINGS
SPORTS
DAUGHTER FROM HELL
Life in prison for woman who hired hit men to kill her parents
>> PAGE 3
2014 XV CROSSTREK
SYMMETRICAL AWD
SUBARU

珍妮弗·潘获刑终身监禁后，第二天的报纸头条新闻量刑结果宣布后的第二天早上，加拿大最大的城市新闻媒体《多伦多太阳报》头版刊出了珍妮弗·潘的巨幅照片，头条新闻标题是：乖乖女竟成索命阎罗。

埃里克·卡蒂原先的律师爱德华·萨皮亚诺后来评论米歇尔·朗布尔和珍妮弗·哈拉真两位检察官的出色表现时说："庭审期间有一次我跟控方说，她们两人的表现把公诉人的整体水准都拉高了。这是我接过的最复杂的案件，两位检察官做了大量分析工作，没有放过哪怕最微小的细节。她们是我见过的最棒的公诉人。她们日复一日埋头在办公室里工作，在迷宫一样的证据堆里逐行筛查信息。我相信她们都能成为法官，凭借在本案中的表现，她们具备了这个资格。"

19. 穷凶极恶

◇◆◇

2015年12月7日，埃里克·卡蒂一个人站在五座的被告人席上听候发落。他穿着西裤，上身是枣红色衬衫和灰色背心。他一个人的审判还是在纽马克特市约克郡法院的那个法庭举行。一年多前，因为律师的原因埃里克被迫退出第一轮审判。这次到场旁听的只有寥寥数人，媒体记者也只有两位。埃里克落座前，法庭除去了他的镣铐。庭审原来安排在2016年2月，预计进行六个月。在第一轮庭审中，几名被告人的辩护团队都趁埃里克退出的机会，将犯罪的首要责任推在他头上。埃里克身负两起一级谋杀罪罪名，面临至少50年的牢狱生活。最终埃里克摈弃了与法庭的敌对，控方也想要避免让潘家人再经历一次痛苦的折磨，双方达成了认罪协议。不知这一结果和其他几名被告人的辩护策略有多大关系。因为埃里克选择供认罪行，在他的案件审理期间，他获得了保护性监禁。

埃里克通过自己的新律师克雷格·博顿利与控方检察官米歇

尔·朗布尔及珍妮弗·哈拉真经过协商达成了认罪协议：埃里克认罪，认罪条件是埃里克除了因谋杀柯克·马修斯获刑终身监禁，25年不得假释外，为潘家凶杀案只需再多服刑18年。作为对减刑的回报，埃里克供认了谋杀梁碧霞的一些细节。虽然他只承认参与了谋杀的策划，但是本案侦破人员说，埃里克供认的情节至关重要，几乎和供认犯了一级谋杀罪也没什么区别。

在前一轮针对四名被告人的审判中，控方在法庭上反复强调，一级谋杀罪的定罪标准不是想象的那么高。朗布尔在结案陈词中特别对陪审团说道："如果一个人在知情的前提下，仍然帮助策划了一起谋杀，那么这个人就犯下了一级谋杀罪。你们不用去推断到底是埃里克还是戴维扣动了扳机，他们和珍妮弗、伦弗德及黄志光一起合力实施了这个谋杀计划。"

根据认罪协议，埃里克承认2010年10月27日伦弗德主动联系他，跟他讲了珍妮弗的计划。于是他决定出马帮忙。埃里克的任务是负责找人、找车，并在案发当晚现场坐镇。和伦弗德第一次联络后，埃里克就开始着手租车。原本埃里克安排的动手时间是2010年10月29日，谁知那天晚上埃里克计划中要一起行动的小弟有事，而且租的车也没拿到手。到了10月31日万圣节那天，埃里克和伦弗德还在继续计划中。埃里克说伦弗德和黄志光一起开车去了万锦市（通信基站信息显示这一点属实），而埃里克这头则在继续寻找合适的帮手。那天晚上，伦弗德和黄志光在潘家门外聊天的时候，埃里克那头找来了戴维帮忙杀人。埃里克承认和戴维往来短信里的"十摞"和"每个五摞"说的都是杀人的报酬。杀一个人得5000加元，戴维当场答应下来。

调整后的行动时间定在11月3日，埃里克要求一进潘家就先得拿到2000加元现金。到了11月3日那天，埃里克连开车去潘家的油钱都凑不出来，不过珍妮弗也因为另有安排取消了当天的行动。又过了两天，杀人要用的枪都还没落实，戴维跟埃里克说他还在找埃里克要的"又新又便宜的货"。11月8日，埃里克和伦弗德又在一起合计这事，他们俩决定就在当晚下手。埃里克供认当晚他们用上了两人共同的朋友迪米特里厄斯·马布斯，迪米特里厄斯负责帮他们俩给珍妮弗打电话。当晚，埃里克带着戴维和"至少另外一个人"，驱车前往万锦市。当晚9点34分，在去往万锦市的路上，埃里克给珍妮弗打了通电话，让她确保家门没上锁。半个小时后，埃里克在潘宅附近停了车。没过十分钟，三个荷枪实弹的人闯入了潘宅。十五分钟后，三人离开。以上就是埃里克供认的全部作案事实。埃里克没有承认自己在11月8日案发当晚进入潘宅。

宣判珍妮弗和其他三名被告人时，法庭里挤得满满当当；而宣判埃里克时，法庭里则空空荡荡。埃里克站在律师身边，显得相当平静。到场旁听的有埃里克的母亲、几个兄弟姐妹，还有一众年轻女子。米歇尔·富尔斯特法官要求埃里克起立，然后宣读了他在潘家凶杀案中的量刑结果：埃里克被判18年监禁，刑满9年之前不得申请假释。

富尔斯特法官准许了埃里克想抛开34年来攒下的无数孽债的请求，批准他去新斯科舍省或不列颠哥伦比亚省服刑。一位经验丰富的侦破人员说，加拿大法庭经常遇到类似请求，在那些省份，里头的日子会"好过一点"。埃里克的母亲悲痛欲绝，家人和朋友都在不断安慰她。

富尔斯特法官在最后的量刑结果里称这起凶杀案是"穷凶极恶的"。

第三部分

为什么会这样？

20. 白手起家

◇◆◇

潘汉辉生在越南长在越南。20世纪70年代末，历时十几年的战争让越南满目疮痍，让数百万越南人的理想付之一炬。那时潘汉辉还很年轻，他上了大学学习模具制造和柴油机械。战争结束后，潘汉辉辗转来到了加拿大。

抵达加拿大那年，潘汉辉26岁，一句英文也不会说，囊空如洗。当时的加拿大正值大规模经济衰退，油价走高，失业率稳步升高，整个国家经济增长非常缓慢。突然涌入的越南移民潮对加拿大这个只有4400万人口的国家来说是一股不小的冲击，当时加拿大的亚裔人口还不到40万。因为越南也有被法国殖民的历史，很多越南移民选择定居在说法语的蒙特利尔市，觉得这是更明智的选择。潘汉辉从来不怕挑战，他偏偏选择了去多伦多市发展。和很多越南新移民一样，潘汉辉刚到多伦多市时选择在士嘉堡区落脚。士嘉堡区曾经是一个独立的城市，后来被并入多伦多市，亚裔人群主要聚居在这里。1971年，士嘉堡区居民人数约为35.4万，其中39 820人为移民。到了2011年，70%的士嘉堡区居民为移民，而80%的移民来自亚洲。

梁碧霞和潘汉辉在越南见过几次面，梁碧霞随家人来到加拿大后，他们重新建立起联系，然后恋爱、结婚，组建了小家庭。当时两人薪水都不高，只能在马尔文区找房子住，这是多伦多市最混乱的问题社区之一。梁碧霞和潘汉辉辛苦打拼，争取在多伦多市立稳脚跟，一开头日子过得很辛苦。好在他们并不孤单，当时多伦多市有数以千计白手起家的越南新移民，他们离开历经战乱的越南，来到这个充满机遇的新世界。他们踩着老移民的脚印，慢慢开拓出父辈人想都不曾想过的新生活。在这里，姓氏和背景都不能决定社会阶层，每个人都拥有改变社会地位的机会。

在这个新世界里，金钱不仅能换来物质享受，还能带来新移民梦寐以求的社会地位。在他们的祖国，这样的地位改变几乎无法企及。潘汉辉和梁碧霞认清了这一点，也因此看到了未来的希望，他们把替儿女打拼出一个美好未来作为自己的奋斗目标。对于新移民来说，人生目标很简单：跻身中产阶级。尽管生活在异族文化和陌生的语言环境中，周遭免不了有歧视和偏见，但潘汉辉和梁碧霞心无旁骛，一心一意为了一家人的未来奋斗。

很多国家的社会等级划分基于金钱、权力、权威、宗族，甚至肤色，而越南则略有不同。这个北临中国、西靠柬埔寨和老挝的国家数百年来社会等级的划分主要取决于教育。如果出身布衣却想跻身权贵，读书是平步青云的通天大道。在越南历史上严格的社会等级系统里，除了皇亲贵族，其他人的等级划分主要看学识和资质，才学可以等同于权力。在平民百姓中，知识分子和商人拥有最高地位，农民和手工业者居中,工匠和体力劳动者居于底层。

要明白教育在越南社会的重要性,首先必须要理解挤进令人羡慕的统治阶层有多困难。越南深受中国传统文化的影响,儒家礼教扎根在越南社会的方方面面。一个人首先必须参加科举考试,考中举人后才有机会被朝廷授官。科举考试是寻常人获取地位、权力和财富的阳关大道,读书中举为的是让全家人尽享荣华富贵。

"村镇倾其所有,供奉本地最聪慧机警的才子赶考,指望他们有朝一日功成名就,在朝廷任职,"越南裔美国媒体人安德鲁·林在《赫芬顿邮报》上这样写道,"严苛的科举考试每四年举行一次,考试成绩决定了官员的选拔和任命。越南历史上曾是中国的藩属国,也施行科举制度。科举考试是一种唯才是用的制度,哪怕最贫贱的人,只要有决心、有能力,就能通过科举飞黄腾达。"

中国有句老话:"书中自有黄金屋,书中自有颜如玉。"意思说得很明白:读书可以带来你想要的一切。一味强调学习带来了两极化的社会效应,一方面它激励大家用功苦读,成就功名,客观上繁荣了教育;但同时它也有负面作用。鉴于高等教育机会有限,学童小小年纪便开始了残酷竞争,惨烈的竞争贯穿整个学习生涯,让他们无暇休闲、无暇社交,长期压力下的生活甚至让有些年轻人情绪失常。

潘汉辉刚到加拿大的日子里,勤俭节约是生活的主基调。他努力攒钱买房,让家人未来的生活有保障。潘汉辉和梁碧霞在加拿大买的第一处房子是市郊一幢三间卧室的独立屋,和众多破败小屋挤在一起。每家情况都差不多,前院堆着家里放不下的东西(比如旧自行车),草坪无人修剪,门口车道上停满了车,有些车早就废弃不用。房子地处雪柏大道和万锦大街的夹角,于20世纪80年代建造,附近的人有时戏称这些房子为“马尔文感化所”，因为浅褐色的外立面看起来很像监狱之类的地方。这里的住户自然很反感这个称呼，近几年来社区状况已经大有改善。不过，在独立屋售价轻松冲破百万加元的今天，这个地段的一套两居室公寓两年前的价格只有8万加元。

潘汉辉是个正直、体面的人，他深知肩上担负着全家生计。来加拿大没几年，他很幸运地在麦格纳汽配厂找到了工作。为全家生计奔忙的当然不止潘汉辉一人，梁碧霞也在麦格纳汽配厂的流水线上工作了很多年，和潘汉辉一起分担生活的重负。他们希望自己的努力不会白费，希望他们的孩子不必在汽配车间辛勤劳动讨生活。潘汉辉望子成龙——他希望孩子要么做医生，要么继承自己在机械行业的衣钵，并且更上一层楼，做个训练有素的机械工程师。在亚洲国家的文化传统里，职业是有高下的。法律、机械、医学处于最顶层。当然，希望孩子从事以上职业的理想并非只存在于亚洲，全世界的父母都一样，只不过在亚洲国家，职业选择的压力特别大，因为职业和人生不仅是孩子个人的选择，同时也是家长的选择。

1986年6月17日，潘汉辉和梁碧霞迎来了他们的第一个孩子，两人商定给她取名为珍妮弗。他们觉得这名字很好听，而且这样孩子今后上学时就不会被一个越南名字拖累。潘汉辉在工作中慢慢学会了英语，但他一直没能完全掌握英语，潘家人在家里说越南语和广东话。珍妮弗的成长环境就是文化多元的士嘉堡区的一个越南华裔家庭。

梁碧霞是家庭凝聚力的核心。潘汉辉高强度的工作让他下班后只想好好休息，梁碧霞负责烧饭、洗碗、给孩子们准备第二天带的午饭，她让家成为孩子们尽情享受的地方。不过梁碧霞也不是标准的温柔母亲，她有时和潘汉辉一样严格，说一不二。大部分时候家里都是潘汉辉说了算，遵循着众多传统家庭信奉的“老爸什么都懂”的信条。每次潘汉辉和孩子闹翻之后，总是梁碧霞轻轻敲开孩子的房门，打圆场，把事情摆平。潘汉辉乐得让梁碧霞当调解人，他也知道如果自己出面，自己的脾气会把局面弄得更僵。梁碧霞喜欢在家相夫教子，不过她也有自己的社交生活，她尤其热衷跳舞。

潘汉辉喜欢和人打交道，喜欢修修补补，经常热心帮助别人。他和梁碧霞都来自大家庭，除了几个好友之外，潘汉辉的社交圈子主要是自己和梁碧霞的亲戚及家人，他们平时和梁碧霞的家人来往最多。潘家周末一般都去梁碧霞的弟弟家，珍妮弗有个比自己小两岁的表妹，名叫米歇尔，两人从小做伴，跟亲姐妹差不多。

珍妮弗还很小的时候潘汉辉就开始了启蒙教育，大眼睛的珍妮弗总是开心地回应，享受父亲对自己全部的关注。从母亲梁碧霞那里，珍妮弗学到了人际交往和温柔。随着珍妮弗渐渐长大，潘汉辉从慈爱的父亲变成了严格的家长，因为他望女成凤，想培养一个听话、守礼、勤奋的女儿。

潘汉辉很严格，永远端着家长的架子。在很多亚裔家庭里，家长是不可以流露出丝毫软弱的。孩子表现不好，家长就得表现出极度失望；孩子有了成绩，家长也不能太多夸奖。

很多来自亚洲的第一代移民都视夸奖为孩子成长的拦路虎，他们觉得孩子一旦得到夸奖，可能就会觉得任务已经完成，再也不需要努力争取更好的成绩了，大家害怕这样的心态最终会导致孩子成绩平平。这是沿袭千百年的华人育儿理念的集中体现。近年来，这样的教育方式被耶鲁大学教授蔡美儿称为“虎妈育儿法”。2011年，随着蔡美儿备受争议的个人回忆录《虎妈战歌》在全球热销，“虎妈育儿法”也风靡一时。

蔡美儿在《虎妈战歌》中描述了在亚洲家庭和西方很多亚裔移民家庭中盛行的严厉育儿模式。蔡美儿对两个女儿管教极为严格，她给女儿设定了很高的目标，并且采取心理控制战术，让孩子为自己不听话的行为产生负疚感，以此为惩罚。有人认为这样的教育手段会让孩子觉得，如果没能达到父母的期望就无法得到父母的爱，而蔡美儿提出，只要施行得当，这样的教育手段会给孩子带来巨大的成功。她强调说，家长应该将学习放在首位，同时鼓励孩子积极参加各种活动争取获奖——比如体育竞赛或其他文娱活动，这样培养出来的孩子日后容易出人头地。

蔡美儿认为父母对孩子的爱和付出应当成为实现目标的一种手段，成为通向成功的一个途径。为了让孩子服从管教，对没有达到父母要求的孩子可以辱骂，以不让玩玩具、不给买礼物为威胁向孩子施压，在极端情况下，甚至可以剥夺孩子过生日和圣诞节的快乐。因为孩子缺乏经验和见识，家长必须负责对孩子的日常生活及绝大部分的重大事件做出决定，不允许孩子自己拿主意。

蔡美儿在《虎妈战歌》中阐明的教育原则包括：学校的功课第一重要；孩子必须在数学上领先同班同学至少两年；绝对不能当众表扬孩子；如果孩子和老师、教练有分歧，家长必须站在老师或教练这一边；得了A-就表示学习很差；孩子只能参加日后能得奖牌的课外活动(而且最后必须得金牌)。蔡美儿称“虎妈育儿法”在世界各地可以有不同的操作方式，她列举了一些女儿小时候被禁止做的事情，比如到朋友家玩、参加留宿派对、参与学校的娱乐活动、看电视、打电子游戏、自己选择课外活动、功课成绩低于A。

蔡美儿有这样的教子逻辑也情有可原，毕竟儒家孝道是中华文化的精华，它规定孩子终生都负有尊敬、服从并侍奉父母及长辈的责任，而父母为孩子无私的牺牲和奉献让孩子的责任显得合情合理。身为人子必须谨守本分，终其一生顺从父母的意愿，光宗耀祖，以此回报养育之恩。简而言之，儒家伦理的孝道是：我会倾尽所有时间和财力，让你长大成人，学有所成；等我老到不能自理的时候，你也要全心来照顾我。这样的儒家理念和蔡美儿的先生杰布的想法是相抵触的。在书中，蔡美儿的先生对她说："孩子无法选择父母，他们甚至都不是自己选择要来到这个世界的，是父母一厢情愿赋予了孩子生命。所以抚养孩子是父母当仁不让的责任，孩子并不欠父母什么。孩子的责任是抚养他们自己的孩子。"

蔡美儿在《虎妈战歌》里要传达的一个理念是：西方现代社会的家庭教育日渐式微，家长专注于树立孩子的自信心，但因为不得要领，结果事与愿违。蔡美儿认为，只有成功才会给孩子带来真正的自信。只有通过在逆境中磨砺、发奋努力，然后获得成绩，真正的自信心才能应运而生。

事实证明，美国亚裔家庭的孩子，长大后往往具备其他族裔无法匹敌的学术及专业技能和个人特长。进化人类学专家格温·迪尤尔是儿童心理学网站"科学育儿"(https://www.parentingscience.com) 的创始人，她经过几十年的研究发现，华人儿童和西方儿童相比有两项主要优势。第一，华人家长往往将成功归咎于后天努力而不是天分，因此传统亚洲家教中长大的孩子往往能学到获得成功的关键品质，比如自律、努力和挫折应对。第二，华人学童用功学习会得到同学的支持，而在美国学校里，用功读书的孩子往往会被同学排挤和嘲笑。一篇研究亚裔美国家长育儿方式的研究文章这样写道："美国主流文化（即西方文化）的育儿目标是培养孩子的独立、个性、自信及社交能力，而传统亚裔家教则更强调服从集体、互相帮助、遵守规则、谦虚谨慎、乐而不荒。这样的教育理念深深扎根于中华文化传统，以顺从和家庭观念为核心，要求对父母和长辈毕恭毕敬、言听计从。"

美国2000年的人口普查数据显示了亚裔美国人取得的成绩——50%的亚裔人口拥有大学或研究生学历（这一比例是白人的两倍）。与其他族裔人群相比，亚裔美国人拥有高等教育学历的人口比例最高，从事医学、法律、工程等高技能专业的人口比例最高，平均家庭收入也是各族裔中最高的，而且亚裔人口中结婚并和伴侣白头偕老的比例也较高。尽管亚裔在美国总人口中占比不到5%，但哈佛大学一年级新生中，17%是亚裔学生，哈佛大学医学院的亚裔学生更是占到30%。

全美亚裔心理学协会主席徐华博士认为，"虎妈育儿法"虽然可以让孩子功课优异，但也常常导致孩子情商极低。蔡美儿行文的风格是诙谐讽刺的，全书处处可见她的自嘲，我们在看《虎妈战歌》时不能断章取义，也不应该武断地仅凭一本书就推断蔡美儿的所有家教策略。但是不可否认，蔡美儿在《虎妈战歌》中传授的育儿经和珍妮弗·潘描述的家教模式惊人地相似，连细枝末节都十分雷同。我们有必要来探讨一下，在珍妮弗·潘的成长中，虎妈模式的家教扮演了怎样的角色。

21. 望女成凤

◇◆◇

珍妮弗天生听话又孝顺，严格的家教让她不断超越，成为完美的“别人家的孩子”。从表面来看，珍妮弗是最理想的女儿，事事都遂父母的愿，自觉自愿地努力达到最高标准，不怨恨、不争辩。然而事实也不全然如此。珍妮弗慢慢长大，离开父母营造的单纯世界，开始结识他人，少女心开始萌动，渐渐开始有了改变。得益于永无止境的练习和父母严格的管束，珍妮弗自小就在很多课外活动中获得优异成绩，童年的珍妮弗一直是父母的骄傲。就算偶尔有失，她也总能通过加倍努力来获得令父母满意的成绩，证明自己的能力。

让孩子学钢琴是加拿大华人家庭乃至全世界华人家庭最常见的课外活动，潘家也随了大流，让珍妮弗从四岁开始学琴。对部分华人来说，不仅职业有高低贵贱，连体育、教育、文娱活动也都被分成三六九等，学习乐器也是如此。钢琴和小提琴被置于金字塔尖膜拜，而打击乐器则排在最末，因为某些家长认为学打鼓就离吸毒不远了。从事文化艺术活动被视作中产阶级的标志。大学教授兼研究员朱莉·朴在《虎妈解析》一文中援引了政治理论家汉娜·阿伦特的一段著述：在社会地位的争夺战中，文化作为一种武器发挥着巨大的作用，甚至可以说是最有效的手段。文化可以提升个人的社会地位，让人通过“自学”脱离底层社会。

六岁时，珍妮弗又开始学习花样滑冰。不论钢琴还是花样滑冰，珍妮弗都崭露头角，奖杯、奖状和证书一次次证明着珍妮弗的努力与成功。一般西方家庭都爱让孩子参加群体竞技项目，而花样滑冰和钢琴都属于单人项目，只有单人项目可以精确量化个人成败，而且抛开个人身体条件因素，成功主要靠刻苦训练。珍妮弗还参加过游泳和武术训练，不过持续时间不长。

这些昂贵的兴趣班都不是珍妮弗自己的选择，而是家长的决定。这些活动大大加重了家庭的财务压力，但家长却认定这是孩子通往成功的必经之路。朱莉·朴认为，对于很多华人家庭来说，音乐和体育训练的目的不再是自我表达或创造美好，而是展示技巧的娴熟程度，进而打动评委赢得比赛。珍妮弗在父母安排的这条道路上越走越远，越走越顺。移民家庭大多选择让孩子走上这样的道路，因为家长希望孩子借由幼年的各种成绩，成功突破阶层界限，获得一份收入丰厚、福利有保障的体面职业，从此丰衣足食，飞黄腾达，成为人生赢家。然而，移民家长常常忽视了这样一个问题：给孩子设计的“捷径”建立在自己移民前固有的世界观基础上，而且这条“捷径”对于孩子来说自始至终都没有丝毫顾及他们本人的感受。当孩子试图反抗或偏离家长事先设定的路线时，他们的行为往往被家长视为离经叛道而不是对自我的追求。

对珍妮弗来说，虽然学花样滑冰还是学钢琴不由她说了算，但她碰巧既喜欢钢琴也喜欢花样滑冰。无数个寒冷的冬日周末，她跟随滑冰俱乐部转战南安大略省各个城市参加花样滑冰联赛。滑冰对她来说是个释放压力的机会，让她在课程表般紧凑的生活中找到了一点小乐趣。但同时，珍妮弗也需要不断与"如果输了就会让爸爸失望"的恐惧做斗争。"我可害怕比赛了，"说到花样滑冰得奖经历时珍妮弗这样说道，"我不想辜负爸爸的期望。"

在冰场上，珍妮弗感到自己摆脱了生活的束缚。尽管先天条件不算出色——严重哮喘加近视，但凭着刻苦训练和对成功的向往，珍妮弗的滑冰水平进步神速。进步也带来了更多的压力，迫使她在更高难度上挑战自己，争取更大的成功。最终珍妮弗战胜了压力，开始轻松自如地表演。"我在冰上如履平地，"珍妮弗说道，"我感觉到脸上拂过的微风，我调动自己的身体去完成每一个动作，什么都拦不住我。"

珍妮弗热爱花样滑冰，但真正让她倾心的还是钢琴。在美妙的音乐世界里，她可以刻苦练琴、享受音乐，而不用惧怕失败的痛苦。钢琴对珍妮弗来说不仅是一生挚爱，更能抚慰她的心灵。珍妮弗从小心思敏感，钢琴帮她释放情绪、抒发情怀。"我热爱音乐……钢琴几乎是我的第二天性。我可以把所有的感情投入音乐，再用琴键弹出来。"珍妮弗说道。

在学校里，珍妮弗是学习之星。与虔诚礼佛的母亲不同，珍妮弗和父亲一样是天主教徒，从小在圣巴拿巴天主教小学就读。为了践行"模范学生"的形象，珍妮弗在学校对自己高标准、严要求。珍妮弗曾说自己"不仅是老师的掌上明珠，更是学校的心肝宝贝"。毕业近20年，珍妮弗依然被母校老师津津乐道。在校期间她放弃课间休息时间，在教导处帮助老师处理各项事务。她主动帮一、二年级学生检查作业，辅导他们进行课外阅读，更常常在午休和课间休息时主动照看低年级同学。这段在校时光让珍妮弗培养起对孩子的喜爱。

让尼娜·布朗女士在圣巴拿巴天主教小学担任秘书多年，她记忆中的珍妮弗是个懂礼貌、品行端正的女生，经常到教导处主动请缨帮忙。布朗女士深情回忆道："她聪明又有礼貌，总是被老师夸奖。"

有着35年教龄的弗兰克·威尔科特老师是珍妮弗八年级[1]时的班主任，威尔科特老师谈到珍妮弗时毫不掩饰对她的欣赏，说她是自己最喜爱的学生之一，门门功课都在85分到95分之间，是班上的学习楷模，在自己教过的所有学生里是排得上前十名的尖子："班上有珍妮弗这样的学生特别好。她做事细致认真，总是按时完成作业，可以作为同学的榜样。我和她之间没有过任何不愉快的经历。如果教育局允许的话，我愿意从幼儿园开始一直教她教到八年级。"

珍妮弗一心取悦老师的各种细节让威尔科特老师特别难忘。"我还清楚地记得她在教室里坐在哪儿。布置家庭作业的时候，我还没张口她就已经打开了练习册准备记录。我还没把题目在黑板上写完她就已经做出了答案。她总是争着第一个把作业交上来。"弗兰克说道。除了学习成绩出类拔萃，珍妮弗的运动才能也无与伦比。虽然珍妮弗从来没参加过校运动队，但威尔科特老师因一次偶然机会观看了11岁的珍妮弗的花样滑冰表演，完全被震惊了："她七年级就可以轻轻松松完成一周半跳，太厉害了。"本身也是滑冰教练的威尔科特老师为珍妮弗对滑冰的投入所折服。"珍妮弗不是被动地接受训练，她从不止步于现有的成就。她是可造之才，从教练的角度来看，这样的品质非常难得。

1 在加拿大安大略省，从幼儿园到八年级是初级教育阶段，八年级读完后升入中学，开始九到十二年级的学习。

我喜欢她骨子里的那点冲劲。”威尔科特老师说道。

夸奖珍妮弗的同时，威尔科特老师也注意到了珍妮弗的另一面。他认为珍妮弗是个极端的完美主义者，并且已经到了让人担忧的地步。威尔科特老师教过很多亚裔学生，自己的学生时代身边也有大量亚裔同学。他发现亚裔孩子考试得了99分都不满意。有个孩子总是说，数学讲究的是完美，哪怕1%的错误都是对这种“完美”的亵渎。在35年的执教生涯中，威尔科特老师注意到这样追求完美的孩子大多来自亚裔家庭，家长不苟言笑，而且从不褒奖孩子的努力，生怕孩子会因此自满而放松对自己的要求。威尔科特老师教过一个非常优秀的女生，学生家长曾经投诉，甚至威胁要给孩子转学，理由是不能容忍威尔科特老师频频称赞他们的女儿“几乎完美”。虽然这样的不愉快在与珍妮弗父母的交往中从未发生，但威尔科特老师的确曾担心珍妮弗家中也存在那种“没有最好只有更好”的教育氛围。

“珍妮弗是积极进取的优等生，她的自律让你担心她是不是必须完成家里定的什么硬指标。如果考试成绩不理想，珍妮弗不会像别的孩子那样简单抱怨一下，而是会主动向老师请教如何在下次考试中提高成绩。老师的建议珍妮弗时刻铭记在心，在以后的学习中努力实践。她对学习的专注已经到了不太健康的程度。你会想对她说：*没关系，珍妮弗，放松一下，喘口气；就算这次不是很完美，又有什么关系？*她从来没这样安慰过自己。每一次‘失利’，珍妮弗从不在口头抱怨，但你从她的表情和肢体语言中能看出她的失望。她从不抱怨，她只会把心事埋在心里。”威尔科特老师说，如果朋友的成绩超过自己，珍妮弗受的打击更大，“珍妮弗的朋友都跟她很像，她们表面看起来很友好，暗地里都在悄悄较劲。我没见过珍妮弗炫耀成绩，但她的朋友蒂芙尼如果分数比她高，就会炫耀给她看，这时你会看到珍妮弗眼中的恼火。她会努力在下次考试中取得更好的成绩，不允许自己再输给别人。”

威尔科特老师说他多次注意到珍妮弗在班里郁郁寡欢的样子，为了帮助珍妮弗缓解压力，他还特意在班里搞了个写作小组，并把最后的写作成果排演成短剧，希望借此让珍妮弗舒缓情绪。短剧的演出还算成功，但威尔科特老师注意到珍妮弗追求完美的执着贯穿始终。她不仅背下了自己的台词，还熟记了所有演员的台词。“珍妮弗在班里不算被孤立，但她的举动确实给了同学距离感，说她‘高冷’比较合适。我从没见过她特别开心或者激动的样子，她也没有开怀大笑的时候，她就像个严肃的大人。”威尔科特老师说道。

珍妮弗后来说，她的抑郁症第一次发作就是在这个时期。那时她觉得没人喜欢自己，觉得自己毫无价值，内心渐渐滋生出强烈的自我嫌弃。“很多青少年内心都有深刻的空虚感和不安全感，如果青少年无法从家庭获得理解与支持，同时又受到文化认同和自我认同的冲击，这种负面情绪便会全面恶化。”全美亚裔心理学协会主席徐华博士这样说道，“亚裔美国家庭中，父母往往认为照顾好孩子的饮食、管好孩子的学习就是爱孩子。相较于西方家庭，亚裔父母很少通过言语或者肢体接触传达情感，所以在西方文化中长大的亚裔孩子往往误认为父母不爱自己。”

大学教授兼研究员朱莉·朴说，许多亚裔家庭都过于严格，他们鄙视享乐和欢愉，生活的内容除了辛劳别无其他。很多西方家庭把“追求幸福”当作生活目的，而亚裔家庭则往往把“努力”作为生活主旋律，“快乐充其量只是事业成功和受人尊敬的副产品”。在这样的亚裔家庭中，对内，父母的目标是教育出听话、正直、守规矩的孩子；对外，家教的重点则是培养学业优秀、竞赛获奖、事业有成的孩子。“家长过分强调学习成绩，孩子长大后容易罹患抑郁症或者被压力所困扰。”朱莉·朴教授这样写道，“全A的成绩、世界冠军，甚至诺贝尔奖对这样的孩子来说不仅是对努力的回报，更是个人价值的证明。点滴的成功根本不能满足他们，反而让他们想要更进一步的成功。”

珍妮弗曾回忆自己的童年是如何被无休无止的兴趣班、体育训练和家庭作业逼成了一张冷冰冰的生活作息表。“上小学的时候，滑冰训练结束回到家经常是晚上10点，”珍妮弗回忆道，“我得熬夜把学校的功课做完，第二天早上还得早起去训练。”珍妮弗虽然常常与亲戚走动，但在大家庭之外的社交能力却一直没机会真正得到锻炼。如此封闭的社交环境导致珍妮弗的心智发育迟缓。“24岁的珍妮弗社交能力像个15岁的孩子。”她的辩护律师这样评价道。就像虎妈蔡美儿对待女儿那样，珍妮弗小时候几乎没有机会周末去同学家玩，更不用说留宿派对这种西式玩意儿了。就算屈指可数几次父母同意她去同学家玩，在别人家待的时间也被严格控制。“我从小到大只玩过两次留宿派对，其中一次还是在自己家。另一次在好朋友塞西莉亚家，爸妈晚上很晚才把我送去，第二天一大早就把我接走了。”珍妮弗说道。连朋友的生日派对珍妮弗也很少有机会参加，一般周末珍妮弗要么得上钢琴课，要么得参加各种兴趣班。“父亲希望我集中精力学习和弹琴……他要我做些‘实实在在’的事情，不要把时间浪费在玩乐上。”美籍华裔作家谭恩美在回忆少年生活的散文《中年心腹话》中描述的家庭环境与珍妮弗的如出一辙。谭恩美写道，父母眼里自由、行乐和社交这三个词是“脏话”，不许孩子说。

没有朋友可来往的珍妮弗收藏了很多毛绒玩具，她喜欢在自己房间里和毛绒玩具做伴。珍妮弗把这些毛茸茸的小家伙当作自己的孩子，和它们同吃同睡，给它们起名字。她最喜欢其中的三只毛绒小猴，分别给它们取名为“金花鼠”、“泡泡猴”和“毛毛猴”。这三只毛绒小猴从少年时代一直陪伴她到二十多岁。把玩毛绒玩具不是珍妮弗幼稚的唯一表现。珍妮弗从小记日记，直到二十多岁从未间断，读过她日记的人发现珍妮弗用幼稚的文笔，为未来描绘了充满童话色彩的“愿景”。一位读过日记的警探也说，珍妮弗的日记本里画满了孩子气的小狗、蝴蝶和彩虹。

大家族的好处就是有年龄相仿的堂兄妹或表兄妹可以常来常往，这也许可以解释为什么在二十几年的人生中，珍妮弗从未意识到自己没有真正的社交生活和知心朋友。更何况珍妮弗的日程也排得太满，根本没有时间给学习和训练以外的事。珍妮弗三岁的时候，费利克斯出生了。弟弟的降生为全家带来无尽欢乐，珍妮弗很宝贝这个弟弟，有了弟弟，就有了可以一起玩耍的伙伴，家变得更温暖、更幸福。珍妮弗对弟弟的照顾无微不至，在费利克斯眼里姐姐就像自己的第二个母亲，而弟弟对珍妮弗来说则是她可以分享秘密的一辈子的挚友，是烦恼时可以倾诉的对象。在费利克斯身上珍妮弗看到了自己童年缺失的那些美好。

和很多传统亚裔家庭一样，姐弟俩的角色在出生那一刻就被确定下来。老大珍妮弗担负着做好榜样的重任，而幺儿费利克斯则理所应当地被宠溺着。“我爸妈对姐姐要求总是很高，对我就得过且过。”费利克斯说，他承认姐姐那种被严格管束的生活他根本没法过，“珍妮弗有点太完美了。要是她钢琴比赛拿个第二名，我爸就会火冒三丈。”

家中的老大一出生就背负着给弟弟妹妹做榜样的责任，这种情况在很多文化中普遍存在，在潘家这样的传统亚裔家庭里尤其明显。如果老大碰巧是女孩，性别的社会角色会让这一责任愈发义不容辞。斯坦福大学的徐华博士和珍妮弗一样成长在传统的亚裔家庭，她专攻心理学研究已经十几年。她指出，亚裔家庭中的老大往往首当其冲，被要求按父母的意愿安排人生。“孝道源于一种很强烈的情感，就是父母怀有的‘你亏欠我，我为你牺牲太多，你是我的负担’这样的情感。”徐华博士说道。在这种情感之下，孝顺就变得理所当然。徐华博士接着指出：“父母认为孩子对父母的忠诚和责任是最重要的。作为长女，要像母亲一样担负起照顾弟弟妹妹的责任。在这样的家庭里，父母由衷地相信，只要把孩子逼进斯坦福大学，他们就真的能过上幸福美满的生活。他们自己的父母当年也是这样的想法。”

费利克斯和姐姐珍妮弗一样是个早早懂事的孩子，但比起姐姐来他远没那么吃苦耐劳。他天性相对闲散，喜欢严格管教孩子的潘汉辉拿他也没什么办法。费利克斯喜欢把东西拆了又装，总想看看玩具内部零件运作的原理。和姐姐一样，费利克斯也是跟母亲感情更深。“妈妈总是守在我们身边。有困难的时候，我总是去找妈妈。”费利克斯说道，“跟我爸相比，我跟妈妈亲多了。”潘家可以说是典型的“严父慈母”式的亚裔家庭。

华裔心理学家曹路德和薇薇安·曾在《亚洲家庭教养研究》一文中指出：“很多亚洲家庭里的父亲都是高度专制的控制者，母亲则以温柔的一面出现。父亲的专制角色意味着他对孩子不会和蔼可亲。”但这并不是说母亲就没要求。梁碧霞对一双儿女期望极高，孩子如果没达到要求，她一样会抓狂，对他们又哭又骂。曹路德和薇薇安·曾继续写道：“对中国家庭所做的研究表明，母亲在家中比父亲要更温柔和宽松，但对孩子的学习要求比父亲的还高。”

费利克斯说，潘汉辉是家里的“统治者”，梁碧霞比潘汉辉更疼孩子，但在姐弟俩的培养目标上夫妇俩则高度一致。细细考量姐弟俩对父母的描述，很容易发现父母对珍妮弗和费利克斯的管教和预期不尽相同。在潘汉辉眼里，女儿资质过人，有高度的自控力。而幼子费利克斯则懵懂晚熟，学业上假以时日有望后发制人。作为家中的幺儿，又是独子，费利克斯享受着姐姐想都没敢想过的宽松，连拿回家难看的成绩单都没事。在潘汉辉的悉心辅导下，费利克斯的数学成绩一直很好，不过其他功课不怎么样，平均下来的总成绩很差，而且越来越差。潘汉辉对圣巴拿巴天主教小学的任课教师也越来越不满，最终在费利克斯四年级时将他转学至昂贵的私立小学。

学习如此，学琴也一样。珍妮弗和弟弟费利克斯还有表妹米歇尔都在钢琴老师艾娃·克拉耶夫斯卡门下学习钢琴。“费利克斯比较懒，而且是老幺，所以家里比较宠，不逼他弹琴。珍妮弗想帮弟弟，可费利克斯一点也不听姐姐的话，最后费利克斯没学几年就放弃了。米歇尔比费利克斯强很多，不过天赋不如珍妮弗。他们俩跟珍妮弗比起来都差太多。”直言不讳的艾娃这样评价三位学生，“珍妮弗凡事都想做到最好，是个真正的完美主义者。每次我给她指出错来，她总是细心听着，而且立刻改正。”

珍妮弗对批评虚心接受，积极改正，费利克斯就不一样了。压力越大，他的表现越差，学琴和功课都是这样。费利克斯格外受宠并不表示他能躲过父亲的严厉。潘汉辉教训孩子从不手软。费利克斯说父亲说一不二，态度强硬，哪怕孩子受伤也绝不流露呵护之情。有一次和父亲骑车外出，费利克斯从自行车上摔下来磕破了胳膊。父亲大声责怪他，推着两辆自行车先回了家，让费利克斯一个人哭着走回家。还有一次费利克斯切菜时不小心切伤了手指，父亲不仅没有用言语安慰，反而怪他做事毛糙，对他大声嚷嚷："怎么会切到手呢？你干吗这么切？"长大后，费利克斯慢慢理解了这种"严厉的爱"，懂得这就是父亲表达爱的方式。

费利克斯觉得父亲对子女的态度，取决于他自己的主观判断。"如果我做错了事、偷了懒，或者他觉得我在偷懒，他就会发火。我们刚搬进新家的时候，我不小心打翻了一桶沙，我爸一下子火气就上来了，因为他觉得我是在偷懒。但是几周后，我搬箱子进家门，箱子里的滑板车掉出来，砸碎了厨房的一块地砖。我当时想这下完了，他肯定要凶我。没想到我爸并没生气，他说他没发火是因为我在热心帮家里打扫，地砖碎了纯属意外，不怪我。爸爸对我全部的期望其实就两个字——勤奋。"费利克斯说道。

朱莉·朴教授在《虎妈解析》一文中写道："'严厉的爱'比较难把握尺度，执行和后续跟进掌握不好，很容易从积极的教养模式变为纯粹的虐待。'严厉的爱'非常容易引起家里的矛盾冲突。因为家长不愿意去理解孩子的感受，子女对父母会心生怨恨，最终导致严重的亲子嫌隙。在一些严厉的亚裔家庭中，父母从来不说'我爱你'，拥抱这样的肢体接触也很罕见。父母对孩子的爱，完全靠日常行动体现。"

华裔美国记者康迪斯·张在《为什么中国父母不说我爱你》一文中描述了自己在不会表达爱意的亚裔家庭中长大的经历。"我们家是个典型的亚裔家庭，我们从小就学会了解读父母日常行为中隐藏的小温馨。"她这样写道，"亚裔家里看不到搂搂抱抱和高声夸奖，但时不时你会发现自己的那碗面条里，妈妈悄悄卧了一个煎蛋，老爸没话找话，一遍遍问你每条街的正确发音。这些小动作里都深藏着爱意，真的很难跟我的美国朋友解释。”康迪斯还注意到，有些亚裔家长是刀子嘴豆腐心，子女给他们买了太贵的东西就会生气嚷嚷，在餐厅和子女抢着付账弄得像打架一样。康迪斯援引了一位博主的话：“亚裔家长是严厉的，亚裔父母对子女的爱是慷慨大方的付出、始终不渝的支持和源源不断的美食。”西方家长用拥抱、亲吻、夸奖这些外向热烈的方式来表达对孩子的爱，而一样护犊的亚裔家长则是用密切的关注和对孩子学业追求的无条件赞助这些实实在在的帮助和支持来表达爱。

两种亲子关系都有自己的两面性。正如徐华博士所说，西方家庭的孩子虽然在父母热烈的爱和呵护下长大，可是一到18岁就立刻被扫地出门，开始自己的人生。“亚裔家庭则截然不同，子女成年后在父母眼中也永远是家庭的一分子，无论孩子的人生之路如何选择，父母永远愿意提供帮助和庇护。”徐博士接着说道，“不过这种紧密关系的副作用就是，无论子女愿不愿意，父母总要参与到子女的生活中去。”

让我们回头再来看看潘家。作为一家之主的潘汉辉从来不会对孩子说“爱”字，但是每天凌晨5点闹钟响起，他不带一点拖沓就翻身起床，为家庭的生计奔忙。年复一年，从不间断，用自己的肩膀撑起全家的丰衣足食是他对自己的要求。对孩子，只要是学习上的事或对孩子未来有帮助的“实实在在的技能”，花再多的钱、付出再多代价他都不带一丝犹豫。这就是潘汉辉理解的身为人父的全部责任和意义。尽管日常工作已经十分辛苦，潘汉辉还是尽量找机会加班挣加班费，支付珍妮弗花费浩大的花样滑冰和钢琴课程。夫妇俩自己的吃穿用度则能省就省，一身衣裳穿多少年都不换新的。这样克勤克俭的人生信条不仅是潘汉辉自己的父母教育的结果，而且是他身边几乎所有的亚裔家庭一致的情况。为了珍妮弗的未来，潘汉辉付出的不仅是辛苦挣回的工资，还有大部分的业余时间——开车带珍妮弗去各个城市参加滑冰比赛，潘汉辉觉得这是向掌上明珠奉献父爱的最好方式。子女的未来在潘汉辉眼里远比夫妇俩自身的需求重要得多，梁碧霞多次恳求回越南老家看看，但为了不耽误孩子的训练和学习，不耽误自己为孩子挣学费，潘汉辉毫不含糊地拒绝了妻子的请求。

潘汉辉的冷漠外表下有一颗为女儿深感骄傲的心。去潘家做客的亲友进门首先看到的就是装满珍妮弗各种奖章、奖杯、奖状的陈列柜。柜子上最显眼的地方陈列着珍妮弗在花样滑冰大赛上获奖的照片。耀眼的荣誉背后则是珍妮弗从小就不断付出的汗水和承受的巨大压力。在某种程度上潘汉辉对孩子的预期也不是一成不变的。像很多亚裔父母那样，潘汉辉希望珍妮弗长大了当医生，但随着时间的推移，用珍妮弗自己的话说，“爸爸发现我不是那块料”。潘汉辉从此只要她在钢琴和花样滑冰比赛上得前三名，最好是第一名。珍妮弗也确实常常夺冠，圆满完成父亲的目标。潘汉辉希望珍妮弗能参加2010年温哥华冬奥会花样滑冰比赛，孝顺的珍妮弗就把父亲的期望变成了自己的人生目标。

在学校里，珍妮弗的奋斗目标是成为毕业典礼上毕业班的学生代表向母校致辞，在西方社会这是毕业生至高无上的荣誉。在学业上珍妮弗和虎妈蔡美儿的女儿有相似之处——数学水平永远领先同年级同学至少两年。珍妮弗在加拿大著名理工高校滑铁卢大学主办的数学竞赛中，也表现出强劲的实力。珍妮弗拥有积极进取、吃苦耐劳、好学上进等品质，是全年级当之无愧的楷模和标兵。

在家教严格的家庭里，孩子的缺点常被用来鞭策孩子。家长相信通过与“别人家的孩子”对比和竞争可以帮助孩子理解成功的重要性，并激励孩子更加努力，更上一层楼。珍妮弗永远被父母和一起弹钢琴的孩子比，和一起滑冰的孩子比，和一起游泳的孩子比。最让珍妮弗受不了的是父母永远拿她和表妹米歇尔比。米歇尔在学校也是门门拿A的学霸，当谈到父母时，米歇尔说道：“我爸我妈，其实主要是我爸啦，还不是一样老拿我跟珍妮弗比，说什么‘她今年拿了好多奖哦’，意思是我今年什么奖也没能拿回家。他们老是唠叨‘你要是像她一样就好了’，这话我从小听到大，都麻木了。”无独有偶，虎妈蔡美儿在孩子面前也没少唠叨诸如“就你爱偷懒，你看看你们班同学，哪个不比你强？”之类的话。

在一篇宣传《虎妈战歌》的博文下，一位读者留下精彩的点评，表达了自己对虎妈式家教的深恶痛绝：“从小到大我恨死了这种比较，让我觉得世界对我不公平。弟弟妹妹就比我自由得多，他们没做完作业都可以出去玩，不是周末也可以去同学家。人家都说‘严父慈母’，可我妈一点也不‘慈’。她从来没说过‘干得漂亮’或者‘我爱你’之类的话，抱一下就更别提了。在她眼里我永远都不够好，比不上那谁谁谁家的孩子。为了让她满意，我一直给自己加压。如果成绩单上有个B，哪怕我妈不发火，我自己都会觉得丢脸，我把自己锁在房间或者浴室里边哭边反省。我妈还会拿我的成绩跟亲戚家的孩子比，说人家怎么怎么好，反正我总是不够好。”更有甚者，同一篇文章下另一位读者在评论里写道：“小时候，我妈逼我把包括自己在内的全班同学按照‘最聪明’到‘最笨’的顺序列个单子给她，她不让我和排名比我低的同学交朋友。”

心理学家徐华博士指出：“虎妈式家教确实可以培养出有责任心、

勤奋并且事业有成的年轻人，但这样的人往往无法成为领导人才，而是服从命令听指挥的跟班。”

珍妮弗说她人生的第一个重大挫折是八年级毕业典礼上没能当成毕业生代表，甚至连普通奖项也都一一落空。珍妮弗的世界坍塌了，在她看来所有的努力全部付诸东流，所有的汗水和泪水变得毫无意义。朱莉·朴教授指出，有的青少年会把自我价值和公众认同度绑定在一起，各种奖状、奖杯就是“公众认同度”的量化体现。珍妮弗就是这样的例子，没拿到奖她会有强烈的挫败感。珍妮弗说：“我一直是成绩最好的学生，我拼尽全力就是为了拿最高分，到头来毕业的时候居然连一个可以证明自己的奖项都没有拿到。我从小练琴练滑冰，我知道只要努力付出就一定会有好成绩，会拿到奖杯、奖牌来回报我的辛勤汗水。可毕业的时候我居然颗粒无收，连个最佳品行奖都没有，我十年的辛苦就这么被一笔勾销了。所以我就想，那进了中学努力还有什么意义？”珍妮弗继续倾诉道：“不管是滑冰还是钢琴，比赛拿了名次，金牌也好，银牌、铜牌也罢，都是实实在在可以秀给朋友和家人看的东西，可以小小炫耀一下说‘我得了第一名，看，这是我的金牌或者银牌’。我很看重这些奖牌，因为这是对我的努力的认可。学校里每个人都知道我是有史以来最拔尖的学生之一，毕业好几年以后我再回学校，新校长居然听说过我，对我说‘哦，你就是珍妮弗·潘啊’。这对我真是莫大的羞耻。我兢兢业业努力了十年，他们到现在还会说到我，但在我毕业的时候居然不给我任何奖项，不承认我的付出。”

弗兰克·威尔科特老师已经想不起代表珍妮弗那届毕业生致辞的学生代表是怎么选出来的。那孩子给他的印象是一个全面发展，热心公益事业，和老师、同学关系都很好的学生。在加拿大，众所周知擅长集体运动的孩子更容易被推选为学生代表在毕业典礼上致辞。“我希望不是有老师误导了她，让她觉得自己有机会当学生代表致辞。”弗兰克·威尔科特老师补充道。

珍妮弗的学习积极性被无情的事实彻底粉碎了，从此再未恢复。

22. 第一个谎言

◇◆◇

新学年第一天，迈进士嘉堡区玛丽沃德天主教中学的珍妮弗，对未来的生活毫无头绪。在新学校里她没有朋友，也不怎么会交朋友。对于这个墨守成规、行为保守的孩子来说，如此巨大的改变不是件开心的事。热闹的校园固然有吸引力，可珍妮弗最切身的感受还是孤单与慌张。不过轻易向困难低头不是潘家的一贯作风，珍妮弗勇敢面对挑战，与内心的不安做斗争，努力在新学校打开局面。虽然珍妮弗多年来只有几个脾气相投的朋友，但她经常和教练、老师这样的成年人交流，练就了和人交谈的本领和自信。总体来说，在其他同学眼里，九年级的珍妮弗是个毫不出众、安静谦逊、轻声细语的平常女生。

身高1米70的珍妮弗比同年龄的亚裔女孩高挑不少，她面容姣好但衣着朴素。朋友凯伦·何回忆道："珍妮弗几乎从不化妆，戴着不时尚也不贵的金边眼镜。"回到20世纪90年代，头发乌黑发亮的珍妮弗总是梳着麻花辫或马尾辫，算不上时尚潮人。她和人打交道稳重成熟、友善得体，讲话的时候目光直视对方。“珍妮弗爽朗的笑声与众不同，”朋友凯伦·何继续回忆道，“她的神情特别专注，你跟她聊天的时候，你会觉得她是全身心地投入在倾听你说话。”

另一位不愿透露全名的同学J.B.12岁就与珍妮弗相识。他说，珍妮弗和他共同就读的玛丽沃德天主教中学的学生族裔构成比较多元化，亚裔学生占六成，另外还有意大利裔和非裔学生。不论明处还是暗处，玛丽沃德天主教中学都不存在种族隔离现象，这与附近另外一所中学形成鲜明反差。学校里的女生总会想办法把古板的校服穿出撩人的感觉。她们会把校服裙在腰间卷几道好让裙子短一点，抑或是衬衫领口少扣几个扣子之类。珍妮弗从不这样，她喜欢穿宽松的卫衣和黑裤子。

多亏有音乐这个才艺，珍妮弗很快摆脱了在新学校独来独往的尴尬。她加入了学校乐团，如鱼得水的她很快便有了属于自己的“小圈子”，拥有了一帮亲密无间的好友。这些孩子大多是亚裔，家庭背景和珍妮弗家相似。珍妮弗得空就流连在乐团排练室，只有在这里，她才觉得轻松自在，能表现出自己的快乐和友善。珍妮弗压抑着自卑和不安全感，竭力展现自己闪耀的一面，打造理想中的自己——这样的珍妮弗大家都爱跟她做朋友。

玛丽沃德天主教中学鼓励学生张扬个性，百花齐放，在这里珍妮弗找到了属于自己的位置，有一种归属感，珍妮弗说原来在家里都没体会过这样的“归属感”。活跃的中学生活慢慢感染着这个文静的孩子，珍妮弗的社交触角开始从校乐团的小圈子向外延伸。在法语课上珍妮弗结识了两个难得的密友——托帕斯·裘和阿德里安·蒂姆克维茨。“我们几个成了死党。”珍妮弗笑着回忆道。托帕斯是珍妮弗数得过来的闺蜜之一，她们俩关系好到以姐妹相称。不过总体来说珍妮弗更喜欢和男生交朋友，她觉得和直来直去的男生交往可以避免女生间的“小心机”。

玛丽沃德天主教中学的生活对珍妮弗来说伴随着个性觉醒。在这里，她交到了与以往截然不同的新朋友，而且玛丽沃德天主教中学的教育改革也让珍妮弗初尝了自由的滋味。学校遵从“自主学习”模式，让学生自己安排课程。每门课有18个单元，学生可以根据自己的能力用一个月至半年不等的时间学完一门课，学得快的学生可以用多出来的时间补习自己的薄弱科目。教育改革的结果是，上课时间教学楼走廊上到处是闲逛的学生，校方最后不得不额外招员工专门负责在走廊上维持秩序。喜爱音乐的珍妮弗和J.B.成天窝在乐团排练室玩他们的音乐。这样高度自由的学习环境让自小在严格家教下长大的珍妮弗很快尝到了苦头。

自从珍妮弗上了中学，潘汉辉就慢慢放松了对她的监督，把注意力转移到学习成绩差到不得不转学的费利克斯身上，对女儿他只抓滑冰和钢琴。每天下午3点，潘汉辉准时来接珍妮弗放学。珍妮弗在学校的自由戛然而止，她又得一如既往地紧张赶场，不是去练钢琴就是去练滑冰，最多只有时间回家取装备，或者匆匆吃了晚饭，晚上再赶下一场。珍妮弗曾经动过念头要参加校田径队，但父母不让她报名，况且她的日程也确实已经满满当当，她无奈之下只好放弃了参加田径队的想法。在这样的专注投入之下，珍妮弗的钢琴演奏达到了非常高的水准。钢琴老师艾娃教珍妮弗弹琴从6岁教到24岁，她评价珍妮弗时说，在自己40年的执教生涯里，像珍妮弗弹得这么好的学生屈指可数。珍妮弗不仅钢琴天分过人，而且勤劳刻苦，愿意每天花两个小时练琴。艾娃老师说:“珍妮弗记性好,记琴谱易如反掌,而且,她真的喜欢钢琴,自觉自愿想练琴,不想错过任何钢琴比赛。当然她的父母对她弹琴也确实比较上心,每次上钢琴课都会在门外等候。珍妮弗聪明、勤奋,而且脾气也好,经常为钢琴比赛当义工,辅导师弟师妹弹钢琴。她可以当一个非常优秀的钢琴老师。”艾娃指着钢琴上摆放的一尊莫扎特半身像说:“这是珍妮弗在奥地利买了送给我的,我跟她感情很深。”

珍妮弗不仅是钢琴老师的骄傲,更是师弟师妹眼中传奇般的存在,他们都仰视珍妮弗,希望自己将来能弹到珍妮弗的水平,当然最后真正能和珍妮弗媲美的人寥寥无几。J.B.说珍妮弗是士嘉堡区音乐学校的镇校之宝,到现在学校里还挂着珍妮弗得奖捧杯的照片。谈起珍妮弗,J.B.的语气中充满敬佩:“珍妮弗是钢琴天才,每次钢琴比赛都得第一。她14岁就能演奏肖邦的《幻想即兴曲》,这么高难度的曲子我到现在都还不太能完整弹下来。这个曲子对指法要求很高,而且练成这个曲子需要很大的毅力。”

珍妮弗练琴18年,获奖无数,可谓成果卓著。但学习上就不一样了,她的努力苦读并没有换来理想的成绩。上了中学,珍妮弗发现,生活中有比争当好学生更重要的事。从前青灯苦读的时间渐渐被她用在和好友煲电话粥上。潘汉辉和梁碧霞觉得女儿大了,成绩也不错,像以前那样逼得那么紧也没必要。于是家长给一寸,珍妮弗就进一尺。九年级期中放榜的时候,珍妮弗发现各科均分掉到了75分上下,只有数学和音乐她还能靠吃老本儿轻松得A。“中学我基本就放弃学习了,”珍妮弗说,“我也不像原来那么拼了。我最喜欢的音乐还保持在90分以上,其余的科目基本都趴在70分这个等级上,就连原来拿手的数学后来也落到了七十几分的地步。总之，进了中学我就从门门得A的好学生变成了一个中等生。”

面对骤降20分的成绩，摆在珍妮弗面前的是两条路：要么给父母看成绩单，老实交代成绩一落千丈的事实；要么就撒谎，蒙混过关。珍妮弗清楚地知道这样的成绩单带回家之后会有怎样一场狂风暴雨等着她，更不要说被收拾完之后必然接踵而至的海量补习和父母时刻紧盯的目光，刚刚享受到的一点自由必定从此烟消云散。况且，珍妮弗的成长环境让她自小便有根深蒂固的“家丑不可外扬”的观念，珍妮弗说，这样的理念很容易让孩子遇到事情就用谎言掩盖。

珍妮弗的弟弟费利克斯也提到，“家里的事家里解决”是潘家的一贯作风。潘汉辉和梁碧霞在这个原则上高度统一，他们都不希望外人看低了自家人，因此，一双儿女也从小就知道“家丑不可外扬”的道理。后来珍妮弗就算跟家人闹得再僵，在外人面前她都会收敛起所有的负面情绪，戴上她所谓的“快乐面具”。

珍妮弗觉得维持现状比坦白一切来得方便，与其让父母看到自己不堪的成绩，不如直接改个他们期望中的好成绩让他们开心就好。就这样，珍妮弗第一次篡改了成绩单。九年级的珍妮弗天真地以为改成绩单没什么大不了，只不过是个权宜之计，好让她有时间迎头赶上，期终时靠真本事给父母一个理想的交代——反正申请大学的时候只用十一年级和十二年级的成绩，她还有充足的时间。谁曾想正是从这一刻起她踏上了一条不堪回首的人生险途。欺骗家人让她彻底失去了家这个最后的港湾，从此她不得不在家人面前也戴着面具，任何时候都无法卸下伪装。靠着小学里的几张旧成绩单、一点手工技巧和一台复印机，珍妮弗轻轻松松就造出了一张“中学成绩单”。“中学不像小学那样用A、B、C、D来打分，”珍妮弗说道，“中学成绩是百分制，我的成绩基本都在70分上下。”

当天晚上，珍妮弗拿着伪造的成绩单走进潘汉辉的书房，紧张得手心全是汗。潘汉辉的目光在成绩单上一行行扫过，珍妮弗的心揪成一团，怦怦乱跳。潘汉辉笑着抬起头——女儿再次拿回了让自己满意的成绩，珍妮弗明白自己的“权宜之计”成功了。没有暴风骤雨，没有书山题海，家庭和谐和睦，一切完美无瑕。谎言可以换来安宁的念头从此在珍妮弗心里生了根。“托了这张假成绩单的福，那天家里父慈子孝，和和美美，”珍妮弗事后回忆道，“学校成绩一如既往不用他操心，爸爸开始关心在花样滑冰上怎么继续推我一把，因为当时和学校成绩、钢琴这些拿手项目比起来，滑冰成了我的短板。我当时的确感到非常内疚，但是我安慰自己说，改一两张成绩单没什么大不了的，再说我周围的朋友成绩都和我差不多。”

这张造假的成绩单不仅维持了潘家的和谐平静，而且让珍妮弗继续逃避着“我没别人想象得那么聪明”这个残酷的事实。珍妮弗的小学成绩确实压人一头，但在竞争激烈的中学想继续保持小学阶段的优势绝非易事。于是这张自欺欺人的成绩单让珍妮弗继续自我麻醉下去，靠着它就避免了努力后成绩仍不理想的尴尬；靠着它珍妮弗可以假装自信。在造假的羞耻感和父亲的雷霆之怒间珍妮弗更害怕后者，她也害怕真相大白后随之而来的一连串后果。“我不想让家人失望，”珍妮弗说道，“我怕爸妈会因为我中不溜的成绩觉得丢脸……我不想让他们知道其实我并不想成为出色的学生，所以我才伪造了成绩单。”

与潘汉辉严厉的“家长”作风不同，母亲梁碧霞在珍妮弗眼里更加善解人意。“我妈跟我爸很不一样，”珍妮弗说道，“她对我的要求就是

'做最好的自己'。在爸爸面前妈妈有时候会替我说话。我要是有点心事，她能立刻感觉到，她知道我一直在各种压力下苦苦撑着……功课之外，我的钢琴和花样滑冰从没间断过，妈妈知道我的辛苦。她也知道我有多喜欢钢琴和滑冰。要是某次比赛失利，妈妈总能体会到我内心的失望。爸爸不在的时候，妈妈会把我拉到身边说体己话，尤其是晚上我们俩在一起的时候，在她温暖的怀抱里我常常无法控制自己的泪水。这个时候妈妈总会说：'爸妈希望你尽力就好，努力做好自己就好了。'每次想到我欺骗了疼爱自己的妈妈，我就会觉得无地自容。"

青春期的孩子编点谎言糊弄家长在西方社会屡见不鲜，但像珍妮弗这样大规模伪造成绩对欧美裔家庭的孩子来说匪夷所思。那些孩子就算拿着几个B或者七十几分的成绩回家也不会有什么严重后果，家长最多会帮着孩子想办法提高成绩，有的家长说不定还觉得这成绩不错，因此那些孩子根本犯不着处心积虑地伪造成绩单。亚裔孩子的处境可就不一样了。在潘家这类重视学习成绩的家庭，除了A以外其他分数都是不可接受的，在这类父母眼中，孩子拿不到A的理由只有一个——偷懒，因此蒙骗家长、阳奉阴违的事在此类家庭时有发生。如果真要炮制成绩单的话，比较符合逻辑的想法是放几个B+或者A–好让成绩单看上去更可信，可珍妮弗却毫不客气，满篇满页都是A和A+。"我爸爸觉得我就应该是这个成绩。"珍妮弗说道。

虎妈蔡美儿的说法是："亚裔孩子拿B回家——这事绝不可能发生——首先肯定是一顿狂风暴雨，然后就是书山题海，不管花多少时间多少钱，什么时候成绩提到A什么时候才算完。亚裔家长眼里容不得半点沙子……所以对表现不尽如人意的孩子，家长会责骂、会惩罚、会羞辱。"

亚裔家庭对孩子学习的高标准常令其他族裔感到不可思议。加拿大中学有个尽人皆知的笑话：正常打分标准下，A等于优，B等于良，C等于中，D等于差，F等于不及格；可这标准到了亚裔孩子那里就变成：A等于“还行吧”，B等于“成绩这么烂”，C等于“有你好看的”，D等于“你给我滚”，F等于“我没你这个孩子”。不管是这个笑话还是虎妈蔡美儿的解释，都让我们想见，如果珍妮弗把真实的成绩单拿回家会有怎样可怕的后果。

学者认为，这样的高压管教反而容易滋生谎言，孩子会选择糊弄父母这条捷径来化解危机。朱莉·朴教授本人成长于家教严格的韩裔家庭，她评论道：“欺骗家长的情况在亚裔家庭里比比皆是，由来已久。机灵的孩子会洞悉父母愿意接受的各种借口，当着父母的面言听计从，父母一不在跟前立刻‘大闹天宫’。有的孩子会隐瞒真相，有的孩子则干脆说谎敷衍。这种外人看来虚伪、狡猾的行为往往是亚裔家庭里解决问题的唯一途径。家长安心了，孩子也可以有个喘息的机会，大家双赢，家庭和睦。”

事实上，珍妮弗欺骗父母并不是为了“大闹天宫”，做什么出格的事。恰恰相反，她真的就是个规规矩矩、彬彬有礼、成绩平平的女孩。珍妮弗当年的同学说，珍妮弗在家里完全处于父亲的“暴政”之下。“她爸妈是控制狂，这么多年来对她跟狗屎一样。”珍妮弗的朋友凯伦·何提起这个不免言辞激烈。

潘家的悲剧迅速在整个华人世界乃至全世界引起了轰动，引发了一系列关于家庭教育的深刻讨论。西方社会普遍对珍妮弗弄虚作假的行为感到震惊，与此同时，也有不计其数的网友对珍妮弗伪造学历和证书的举动表示理解和同情，他们在留言里分享了自己童年靠造假和说谎度日的经历。“我九岁的时候在中文学校考试得了80分，我不敢把成绩拿回家给爸爸签字，就模仿着他的笔迹自己签了个名。”一条网上留言写道。另一条留言里这样写道：“我被抓到了，死得很难看。我被多伦多大学留校察看的时候想过各种歪门邪道，最后都没成，只好退学，巨丢脸。”

与珍妮弗的经历类似的人生故事对很多亚洲国家的孩子来说都不陌生。研究人员发现，孩子都是从父母那里有意无意间学会了撒谎，但最终说谎的事由因人而异。“孩子很快就发现，撒谎可以帮他们躲过惩罚，粉饰太平，改善自我形象，甚至改变他人的态度和举止。”专门研究说谎心理学的网站“谎言中的真相”（truthaboutdeception.com）如是说，“高智商、外向活泼的孩子，或是被父母管得很严的孩子，选择以欺骗为应对手段的概率比较大。随着孩子年龄的增长，对谎言的依赖性会不断增大，特别是在青春期，孩子为了争取更多独立空间更加谎话连篇。青春期的孩子往往只考虑到说谎带来的好处，不去想谎言的严重后果，因此，撒起谎来不管不顾，毫无节制。”

一开始，珍妮弗撒谎只是为了逃避惩罚，久而久之，撒谎的目的就变成了重塑自我形象。心理学家徐华博士也在旧金山弗里蒙特市青少年和家庭服务中心担任临床心理治疗主任，在她的职业生涯中，她遇到过无数类似案例，从成绩单造假到大学换专业不告诉父母等不一而足。在她接触过的案例中，谎言往往不只与学业相关，还涉及个人生活的方方面面。以恋爱为例，在恪守传统价值观的华裔家庭里，早恋是被绝对禁止的，恰当的恋爱年龄应当是大学毕业或是找到工作之后。有的孩子不论是否心甘情愿总能勉强谨遵父母的教导，而有的孩子则选择了“双面人生”来应付父母。“我丈夫认识我之前从来不跟父母说他有女友，我是他跟父母提到的第一个女友。”徐华博士用自己的亲身经历现身说法，“他的生活在其他方面都挺正常的，只是交女友的事不告诉父母而已。他的想法是‘何苦让老人家担惊受怕，我自己知道怎么过日子就好’。”最具讽刺意味的是，那些遵照父母意愿不早恋的子女，一旦学成就业，父母又开始了新一轮的操心——我孩子怎么还没对象？

朱莉·朴教授也讲到了发生在好友身上的类似故事，她的韩裔友人瞒着父母和男友秘密同居：“在同居的两年里，她男友从没接过一次家里的座机，生怕误接了女方父母打来的电话。每次她父母到她公寓来探望，两人都要事先打扫屋子，确保把男友的一切生活痕迹都抹去。她自己辩解说：‘这样反而好，我父母肯定不想面对女儿未婚同居这个事实，所以我就不让他们知道。干吗非要制造矛盾呢？后来我和男友订婚然后结婚，皆大欢喜。’”

谭恩美在散文集《事与愿违》中调侃了母亲对于早恋的态度：“如果你亲了一个臭小子——他们都是不洗手、不刷牙的脏东西，你就可能得性病，可能会怀孕，到时候肚子大得像个烂瓜。”

潘家也是这样恪守传统的家庭。潘汉辉夫妇明令禁止珍妮弗上学的时候交男友。“我爸妈不让我交男友，”珍妮弗说道，“他们说大学毕业之前谈恋爱的话学习就会分心。”

关于学生的地下恋情，接受采访的玛丽沃德天主教中学校长安烈娅·马吉女士说，关键看学生的父母是否是第一代新移民。“据我所知，这是普遍现象。学生偷偷摸摸交往，很多时候是因为女生的家长不许孩子交男友。”马吉校长说，“学生谈恋爱，吃午饭的时候牵着手，这是很正常的现象。刚来加拿大的新移民父母难免处处小心谨慎，喜欢让孩子业余时间待在家里，家长可以管得多一点。老移民家庭一般都会比较放松。”

反对早恋并不是亚裔父母的专利，自有文明社会以来，在世界范围，这都是引发家庭纠纷的罪魁祸首。珍妮弗的遭遇绝非个案，很多文化和族裔都对孩子交往对象的阶级、种族、文化背景、受教育程度、职业前景、行为举止、年龄等条件有严格要求。“学生置身多元文化的校园环境中，杂糅的文化氛围模糊了原生家庭的文化背景，大家都有机会放下自己的文化包袱，”马吉校长说，“可回到家里，又是另一番景象，这就是文化冲突。”在移民家庭，这样的文化冲突愈发尖锐，不仅因为移民家庭被异族文化包围，而且因为迁入国的婚恋价值观和移民原有的传统理念产生了激烈矛盾。在加拿大移民家庭里，父母作为第一代移民往往不能真正融入加拿大文化，而他们的子女作为第二代移民，则在加拿大文化里如鱼得水。“这是我觉得最矛盾的地方，”珍妮弗这样说道，“我生在加拿大，我身边的朋友都在自由恋爱，做自己喜欢的事，我也想和他们一样，但我内心深处又觉得，我必须首先让家人满意，和家人永远在一起。”

不仅恋爱在潘家被明令禁止，潘汉辉还不许珍妮弗打扮得花枝招展，因为他觉得打扮就是为了吸引异性。潘汉辉不许珍妮弗化妆，连扑点粉遮青春痘也不可以。什么染发、修眉毛、涂睫毛膏之类的更是统统不行，其实珍妮弗本人非常渴望能和同龄人一样打扮得青春靓丽。珍妮弗开始工作之后，也会偷偷在出门的时候夹个蓝色发片，朋友笑问如果被父亲看到又能怎样，她都已经是成年人了。“我爸爸肯定会生气啦，他一生气我就要倒霉了。”珍妮弗回答说。

珍妮弗和父母在“早恋是否有意义”这一点上分歧很大。潘汉辉和梁碧霞与很多父母一样，害怕女儿一个闪失就会断送一生的幸福，或者遇人不淑、误入歧途。在父母眼里最明智的择偶标准应该是“门当户对”，而且一定要找发展前景好的小伙子。可对于珍妮弗这个年龄的中学生来说，爱情如风，来去自由，从一见钟情到劳燕分飞总共也就几周，她们把短暂恋爱中感情的起起伏伏当作是学习的机会。

现实中的珍妮弗是个爱情观传统的女孩，她所要的是一个可以厮守一生的爱人。爱情的种子在这颗年轻纯洁的心里慢慢生根发芽，珍妮弗和好友阿德里安·蒂姆克维茨越走越近，终于在十年级时正式开始约会。两个孩子的恋爱青葱又单纯，约会不外乎手牵手一起在家看看电视，不见面的时候煲煲电话粥。虽然珍妮弗一直说家里严禁她和男生交往，但潘汉辉夫妇似乎对阿德里安这个乌克兰裔的孩子另眼相看。阿德里安体面整洁、勤奋好学，待人接物彬彬有礼，品行各方面无可挑剔。他的母亲是钢琴教师，他自己立志成为工程师。每次来潘家找珍妮弗的时候，阿德里安都会和潘汉辉夫妇俩聊几句。“在我爸妈眼里，阿德里安各方面都很优秀，”珍妮弗说，“他来我们家都是开着自己的车来的，跟我父母也聊得不错。”如果珍妮弗和阿德里安交往下去，潘汉辉和梁碧霞一定没意见。可孩子的人生哪会按照父母的期望发展？很快这对小情侣就发现他们还是做朋友更合适，这段恋爱无疾而终。

就在这短暂的六个月里，另一个男孩走进了珍妮弗的生活，他的到来不仅改变了珍妮弗的人生轨迹，也永远改变了潘家所有人的命运。

23. 情窦初开

◇◆◇

最初对于珍妮弗来说，黄志光只不过是在乐团排练室闲聊几句的普通朋友。玛丽沃德天主教中学为了培养学生自主学习的能力，采用了新颖的课程安排，乐团成员有大量时间在排练室里练习乐器、鼓捣电脑、做作业、侃大山，排练室不仅是乐团排练的场所，而且成了趣味相投的乐团成员一起吃午饭和聊天的聚会场所。珍妮弗和这群同样爱好音乐的同学之间的友谊日渐加深。他们在音乐上互相激励，也确实小有建树，争取到了赴海外演出的机会。珍妮弗十年级时，校乐团组织前往莫扎特的故乡——奥地利的萨尔茨堡。潘汉辉和梁碧霞一开始不同意女儿跟一帮同学跑那么远，除了心疼钱以外，对女儿离家的担忧是他们反对的主要理由。但挚爱音乐的珍妮弗不愿让机会就这么溜走，凭着一股执拗的劲儿，她自己想办法筹到了3000加元的旅费。“一开始我是去不了的，因为我爸妈不愿意出钱让我去，几千块的花费可不是小数目，”珍妮弗说道，“所以我就靠卖巧克力挣钱，挣来的钱刚好够买机票。”

飞机降落在奥地利的萨尔茨堡，乐团的孩子们都兴奋不已，谁也没料到珍妮弗会突发意外。正是这次意外创造了一个英雄救美的机会，让一个珍妮弗认识很久却从没仔细打量过的小伙子闯进了她的生活。

和加拿大不一样，奥地利在公共场所不禁烟。供玛丽沃德天主教中学乐团演出的音乐厅也是如此，空气质量可想而知。当天的演出中珍妮弗出色完成了独奏曲，可演出一结束，她的哮喘就发作了。珍妮弗从小就有哮喘的毛病，这也不是第一次发病，但毕竟这是珍妮弗第一次离开父母，独自在外偏偏赶上哮喘发作，难免惊慌失措，惊恐之下病情迅速恶化到不能呼吸的程度。大家七手八脚把珍妮弗抬下车，让她呼吸新鲜空气，在一片混乱中挺身而出的不是珍妮弗的男友阿德里安，而是理着小平头的眼镜男黄志光。

长珍妮弗一岁的黄志光在乐团里是个插科打诨的乐天派。认识他的女生对他的评价不约而同都是一个字：二。可就是这个不起眼的傻小子，在珍妮弗即将晕倒的混乱时刻指挥若定。珍妮弗长到这么大，还没有男生这样呵护过自己。从此在珍妮弗眼里，黄志光成了她的白马王子。“守在我身边照顾我的是他，教我如何调整呼吸的也是他。”珍妮弗说道，“是他救了我，除了他，我不知道乐团里还有谁能在那样的情况下站出来，帮我平复情绪，指导我调整呼吸。从那天起，我就认定了他。”

实际上，黄志光除了安慰珍妮弗，指导她调整呼吸外也没做什么。可对珍妮弗来说，那天黄志光到底说了什么、做了什么都不重要，他传达出的关切才是最打动珍妮弗的。珍妮弗一直说自己从小缺少关爱，现在居然有个男生对她献上了百分之百的关心和爱护，这成了珍妮弗生命中史诗般的一刻。珍妮弗是电影《莎翁情史》的铁杆粉丝，她觉得黄志光英雄救美的“壮举”比《莎翁情史》还要浪漫一百倍。

黄志光一个不愿透露姓名的同事（我们姑且称她为阿莉森）见过珍妮弗，她很能理解珍妮弗对黄志光的深情，她说情窦初开的花季少女对黄志光一往情深很正常：“女生比男生早熟，中学女生恋爱的时候就已经在想‘我是不是找到了真命天子’，‘他能不能守护我直到天荒地老’。女生比较执着，喜欢稳定的恋情；而男生满心想的不外乎是怎么把女生约出来看电影，怎么牵到女生的手，玩点亲昵等等。所以说男生和女生对感情的期望值差距很大。可黄志光在情感上比一般男生要早熟得多，他乐于倾听女生的倾诉，能和她们有比较深层次的情感交流，而且从不动歪点子占女生便宜，这也是其貌不扬的他那么招女生喜欢的原因。”

在奥地利那场戏剧化的英雄救美之后，珍妮弗和阿德里安继续若即若离地交往着，与此同时，珍妮弗和黄志光的来往越来越密切。黄志光身上有阿德里安无法匹敌的地方：黄志光不仅温柔，而且他开朗外向的性格让珍妮弗感受到了童年未能享受到的快乐和自由，这些都深深吸引着珍妮弗。黄志光向珍妮弗展示了校园以外的广阔世界，在那个世界里除了成绩和奖杯以外还有欢笑和快乐。在文化层面上珍妮弗和黄志光有很多共通之处：黄志光的父亲是中国人，母亲是菲律宾人，他们在家说广东话。再加上两人都弹得一手好钢琴，都有一个弟弟，与家人的关系都很紧密，这些共性让黄志光和珍妮弗越走越近。

珍妮弗对情场老手黄志光来说也是不可多得的清纯女孩。正赶上黄志光刚跟前女友分手，处于空窗期的他倒也乐于接受一份新感情。和黄志光煲了几个月电话粥外加课堂暧昧之后，珍妮弗终于决心和男友阿德里安正式分手，但两人说好今后继续做知心朋友。

暑假期间，珍妮弗和黄志光正式确立了恋爱关系。情窦初开的珍妮弗真想向全世界大声宣布自己的新恋情，但她心里很清楚，如果让父母发现了后果会怎样。“那段时间我很痛苦。你一旦爱上一个人，就想把这个消息告诉身边每一个人。”珍妮弗这样说道，“要瞒着妈妈就更痛苦，我其实真心想告诉她。”珍妮弗对大多数朋友都隐瞒了和黄志光交往的事，很多珍妮弗的中学同学从来都不知道她和黄志光是一对儿。“开学之后，我们的感情还在‘蜜月期’，”珍妮弗说道，“我和他只在学校里见面，下午3点我爸像以前一样来接我放学。这也算一个谎言吧，我把他当作我的一个小秘密。”

欧洲之行后，黄志光晋升为全世界唯一能把珍妮弗从情绪崩溃中解救出来的人。用珍妮弗的话来说，黄志光是世界上最懂她的人，对黄志光她感到血脉相连般的亲近。由于父亲看管太紧，珍妮弗在家断不敢跟黄志光联系，所以她在学校利用每分每秒和黄志光黏在一起，黄志光成了她的精神支柱，她内心深处的想法只和黄志光一个人说。珍妮弗只要有空就想和黄志光说话，课间自不必说，连一个人在卧室里或者深更半夜失眠的时候她也想和黄志光联系。在黄志光面前，珍妮弗可以毫无顾虑地展现最脆弱的一面。黄志光对珍妮弗的依恋虽然没有那么疯狂，但也到了不可自拔的程度。“他们俩成天出双入对，”J.B.说道，“除了跟黄志光，我都没见珍妮弗跟别人说过话，依我看黄志光就是珍妮弗生命的全部。”

不过珍妮弗可不这么看自己的校园生活。“中学那会儿我算得上是朵‘交际花’。”珍妮弗回忆道，“我那时候朋友可多了，有乐团里的，有画画的，有搞设计的，还有理工科特别好的，有个朋友后来当了医生。我的朋友什么人都有，有运动狂人，有书呆子，也有古灵精怪的极客一族。”

同意J.B.说法的人也不在少数。一位网友留言说，玛丽沃德天主教中学完全不是马吉校长所说的多元文化融合的“理想国”，学生们还是按照各自的种族背景形成一个个小圈子。“我和珍妮弗、黄志光都在玛丽沃德天主教中学上学，”一位校友匿名在线留言道，“他们俩在学校根本不出名，充其量就是‘玩乐团的’。大家都知道黄志光抽大麻，珍妮弗整个没人认识。也许在亚裔学生堆里他们俩更知名些吧，玛丽沃德就是这么一个族裔界限分明的地方。”

与此同时，潘家则一片和谐。只要珍妮弗继续拿回让潘汉辉满意的成绩单，什么都好说。

全世界青春期少男少女的生活本质上都差不多，玛丽沃德天主教中学的学生也不例外。气味相投的孩子扎堆在一起，同一小圈子里的孩子从穿衣打扮、兴趣爱好到交友圈都比较接近。珍妮弗就是个典型的乐团女生，安静又腼腆。黄志光则完全不同。除了在校乐团吹小号，黄志光也参加菲律宾社区乐团的表演，他的交友圈子比珍妮弗的广得多。黄志光抽大麻，这是他和乐团同学最大的区别所在。他最好的朋友是非裔孩子，他爱听嘻哈音乐，电影和电玩是他的最爱。

黄志光的兴趣爱好很广泛。他钻研过魔方，桌上足球和美式台球都是高手，更别说电子游戏了，他最拿手的要数《街头霸王》和《使命召唤》。认识黄志光多年的一个女性朋友说，黄志光为人非常细心周到、慷慨大方。他们虽然不是男女朋友的关系，但黄志光会出其不意给她送上生日礼物，或者买到她念叨过的东西送给她。她和黄志光都弹钢琴，她每周上钢琴课，而黄志光则凭天赋无师自通，结果弹得比她好很多。她说：“他人非常好，是非常好的朋友，音乐上很有天分。他很善于倾听，给我出主意。每次谈到未来，他总是鼓励我走正道，让我坚持把大学读完，不要像他似的大学肄业。”

在与女性的交往中黄志光算得上是真正的绅士，这也许跟他家里女性处于主导地位有关。他跟母亲、外婆都非常亲，从她们那里他学到了很多和女性相处的技巧，再加上他天性敏感，会体贴人，因此跟大多数女性交往时关系都处得很好。跟男性交往时黄志光则常常是服从者而不是敢于出头的领导者。他非常在意自己的名声和别人对自己的看法，经常按照别人的期望来要求自己，拼命扮酷、扮硬汉，希望挤进别人的圈子。在同事阿莉森眼里，黄志光“想当街头顽主，可他远没真顽主那么强硬”。

黄志光不够格做顽主，但对付珍妮弗这样一个从没被深爱过的小女生绰绰有余。在黄志光身边珍妮弗感到很安全，究其原因应该是黄志光接受珍妮弗的一切，给了珍妮弗无条件的爱。作为回报，珍妮弗在给黄志光的情书里毫不掩饰地坦承了自己对他的一片痴情。和很多中学小女生一样，珍妮弗只用可爱风的文具，她的情书用银色珠光啫喱笔写在印有凯蒂猫的信纸上，信纸空白处手绘着爱心图案。在这些情书里，处处可见珍妮弗创意的小心机。她在一封用银色珠光啫喱笔写就的情书里给一些字描了金边，构成了一封信中信；有一封情书写在B5信纸上，用千百个“我爱你”字样绘制了一朵精美的花。这些热烈的情书也流露出珍妮弗缺乏自信的一面，她在信中不断写道，她对黄志光的爱会永远超过黄志光的付出。从这些情书中，我们可以看到，对黄志光的爱渐渐占据了珍妮弗的全部生活，除了这份感情，她一无所有。

单纯的珍妮弗第一次陷入情网就遇上了情场老手黄志光。黄志光十年级时已经起码收到过四个女生的情书。这些精心写就的情书被黄志光收在一个专门的盒子里。黄志光被捕前，警方曾突击搜查过他的父母家，起获了一大盒女生写给黄志光的情书。有一封情书把“我想你”这几个字写了几百遍，不过远没有珍妮弗的那样有艺术情调。还有一个女生写道：“没有你我都不知道自己在干什么……我觉得我配不上你。”颇具讽刺意味的是，珍妮弗入狱后写给黄志光的情书也在这个盒子里躺着。

跟珍妮弗一样，黄志光也有自己的双面人生，而且也一样应付得顺风顺水。黄志光和家人很亲近，在家人眼里他虽然淘气，但心地单纯。事发之后家人和朋友都不敢相信这个大男孩会犯下如此令人发指的罪行。一个自称是黄志光中学时代死党的网友在线匿名留言说道：“我和黄志光中学那会儿情同手足，每天混在一起。我发自内心地尊重他。他爱笑、开朗，喜欢开玩笑，喜欢吐烟圈……真怀念一起吸大麻的时光。”跟这个匿名朋友一样，J.B.也不愿相信针对黄志光的指控。“黄志光小号吹得很棒，”J.B.说道，“他热情开朗，脸上永远带笑，朋友特别多。”

黄志光学习越来越不用心，成绩也越来越不理想。十二年级毕业后本该升入大学的他最后不得不去另一所中学复读一年。黄志光立志在音乐领域有所建树，因此父母帮他选择了艺术类特长学校——卡特艺术中学。学校坐落在多伦多市北部的约克区，远离珍妮弗所在的玛丽沃德天主教中学。为了与黄志光多见面，又不让父母知道，珍妮弗开始定期逃学去找黄志光。珍妮弗早已不是那个小学时代连生病都坚持上课的优等生，那时的她，恐怕做梦都不会想到要逃学。

自此以后，珍妮弗离父亲潘汉辉愿景中她的理想人生道路越来越远。爱得天昏地暗的珍妮弗早把学习这门主业置于脑后，在她眼里黄志光比什么都重要。当然这并不是说珍妮弗就一无是处，她依然是个坚持原则的好姑娘，不喝酒、不滥交、不吸大麻，她只是一个情窦初开的中学女生而已。

“自从黄志光转学去了卡特艺术中学……想见他一面更难了，为了见他就得找借口从学校里溜出来，谎言像滚雪球，越滚越大。”珍妮弗说道，“有时候他会来看我，有时候我翘课去看他。暑假里我不训练的时候，我会趁爸妈上班的时间喊他来家里看电视。”

黄志光当时已年满18岁，从小在家人庇护下长大的他，既没有一技之长，也没有任何社会经验。但他又想挣钱买车，于是开始不择手段地寻找生财之路。很快他就发现做大麻生意来钱又快又多。他选择的交易场所是位于万锦市和士嘉堡区交界处的300英雄俱乐部。这是一个破败的保龄球和台球馆，24小时营业，因为店面大，老板也不在乎有不消费的闲杂人等在店里闲逛。

300英雄俱乐部鱼龙混杂，早就上了警察的黑名单，在这里找到大麻客户不是难事，黄志光瞅准了这个契机，没多久就赚得盆满钵满。他也知道大麻生意的风险，因此抵制着挣大钱的诱惑坚持没把生意做大，只选择熟客交易。“几个熟客我都知根知底，”黄志光说，“他们家的亲戚朋友我全认识，那种泛泛之交我是不会跟他们做交易的。”黄志光的大麻生意做得风生水起，很快他就买了第一辆好车——奥迪。

珍妮弗去300英雄俱乐部的次数屈指可数，她多半只在附近的太古广场[1]消磨时间。珍妮弗说大麻生意完全是黄志光自己的事，和她没半点瓜葛。“我不想掺和在里面，”珍妮弗说，“所以我刻意不去了解。他做生意的时候我都躲得远远的，不想搅和进去。”话虽这么说，但当珍

1 万锦市著名的小商品市场，顾客和商家大多为亚裔。

妮弗得知有人可能会在法庭上做证说她在毒品生意上没那么清白时，她便又承认自己帮黄志光往同学那里送过大麻，黄志光进行毒品交易的时候，她也多次在场。从法庭的记录来看，珍妮弗并不像自己说的那么无辜，她对黄志光的毒品生意不仅知情，而且可能还觉得颇为神秘。黄志光慢慢成了毒贩，而珍妮弗似乎一点也不介意做毒贩的女友。

黄志光的小聪明在执法部门面前就是小菜一碟。他以为只做熟客，大家嘴都紧一点应该不会有事。一天晚上，黄志光刚从上家手里进了一磅大麻，给买家送货的路上被警察拦下，人赃并获。黄志光被控非法持有毒品，并且图谋贩卖。黄志光见状立即向检察官认罪，并且利利索索地供出了他的上家，于是他被从轻发落，逃过了牢狱之灾。没过多久，他就好了伤疤忘了疼，重操旧业。他自信自己小心谨慎，能兜得住。确实，黄志光把父母瞒得滴水不漏，父母从来不知道他被捕的事情。距离上一次被捕没多久，一天晚上，黄志光在睡梦中被警察叫醒。这次是因为他的朋友开着他的奥迪被警察拦下，警察在车里搜出了差不多一盎司的K粉。作为车主的黄志光对警方的辩解是："朋友说帮我去做保养，没想到他开我的车去泡妞了。"最终的结果是朋友被控非法持有毒品，黄志光在警察局的案底又多了一笔。

连出状况的黄志光让珍妮弗担心不已，看到恋人为自己担惊受怕，黄志光下定决心退出毒品交易。"为了珍妮弗，我决定洗手不干。"黄志光说，"第一次被捕的时候我就该立刻收手的……后来我就再没做生意了，如果有朋友给我打电话，我就给他一个电话号码，让他找别人买去。"黄志光着意疏远了以前混迹的朋友圈，也不再出入300英雄俱乐部。"出事之后我再也不去那些地方了，以前认识的那些人我也不跟他们来往了。我交了些新朋友。"黄志光说，"我这人，说退出就肯定退得干干净净。”在珍妮弗的支持下，黄志光改头换面，开始了遵纪守法的营生。他开始在约克大学音乐专业学习，立志做个演奏家或音乐教师。他把自己那辆玩坏了变速箱的奥迪换成了低调实用的丰田卡罗拉，还在波士顿披萨餐厅找了份洗碗的工作。凭着努力和专注，仅仅八个月，黄志光就从小工升为后厨主管。

黄志光在餐厅干得红红火火，珍妮弗也在附近的东区马里奥餐厅找了份兼职。一开始，潘汉辉对女儿突然要去打工疑心重重，但梁碧霞劝他支持女儿的选择，不要从中作梗。做父亲的到底还是心疼女儿，最后潘汉辉不仅欣然接受了珍妮弗的兼职，而且让珍妮弗开着家里的车去上班。但是父母跟珍妮弗约法三章，如果因为打工导致成绩下降或者耽误钢琴练习，那么就必须停止打工，把精力重新放回到正事上。为了回报父母的信任，珍妮弗在花样滑冰上加倍努力，不让花样滑冰成为短板，最后她如潘汉辉所愿入选了顶级教练卡捷琳娜·帕帕福蒂欧的俱乐部。

“潘家对珍妮弗的期望很高，”卡捷琳娜教练说，“他们希望珍妮弗能有更大的突破……我队里的孩子99%都来自亚裔家庭……家长对孩子的训练指手画脚的我见得多了。有的家长对孩子非常非常严厉，孩子成绩不好就大发脾气。孩子必须得第一，没得第一就是偷懒。”

不幸的是，无论怎么努力，珍妮弗的花样滑冰成绩始终没能与钢琴演奏水平比肩：“参加全国花样滑冰冠军赛并且获得温哥华冬奥会的参赛资格一直是我奋斗的目标，但是后来我的膝关节前叉韧带拉伤了。”

在珍妮弗入选卡捷琳娜教练的俱乐部之前，潘家从士嘉堡区搬到了中产阶级聚居的万锦市。凭着多年的积蓄，潘汉辉夫妇买下了海伦街一幢全新的双车库独栋别墅。新宅不仅地处富人区，而且坐北朝南，门牌号码吉利——海伦街238号。

促使潘家搬家的一个原因是原来在士嘉堡区住的那条街治安堪忧。珍妮弗的弟弟费利克斯和同学都戏称那条街为“穷家堡”。潘家买了一台新电视，之后没几天家里就进了贼，偷走了一些珠宝和金饰。梁碧霞一直觉得是扔在家门口的电视机包装盒吸引了贼人的注意。潘汉辉夫妇觉得再住下去风险太大，况且这么多年辛苦之下，也攒了一点家当，有了搬离的资本。为了给孩子一个良好的生活环境，潘家和很多士嘉堡区的华裔家庭一样选择了北迁万锦市。

北迁风潮让万锦市的华裔人口比例从2005年的34%骤增至2013年的53%。在这场北迁大潮中，潘家的亲友也纷纷跟进，珍妮弗的舅舅在同一个小区距离潘宅咫尺之遥的位置买了房，潘宅很快成了亲朋好友的聚会地点，通往后院的门几乎从不上锁，亲友可以随时推门入室，时不时还有亲戚家的孩子在家里暂住。可珍妮弗却说搬到新家以后，家人之间反而疏远了。潘汉辉和梁碧霞分居两室，吃饭时大家都盯着电视，席间也没有什么交流。对于大人来说安居乐业的中产社区是孩子成长的理想地点，可费利克斯却说他喜欢住在士嘉堡区。“我在士嘉堡区长大，所以我不想搬家，”费利克斯说道，“我爸妈不喜欢乱糟糟的士嘉堡区，尤其痛恨被人破门入室，他们铁了心要搬。”

潘汉辉为新家选择的社区紧邻万锦市富人区渔人村，新房门外碧绿的草坪宽敞气派。移民30余年，他终于住上了给自己长脸的房子。“面子对我爸来说最重要，”费利克斯说道，“我爸就喜欢高档东西，房子要买在好地段，家里要开名车，当初买这房子很大一部分原因就是冲着门口的大草坪。”

放在亚裔文化背景之下来看，潘汉辉的行为不是出于个人炫富，而是出于跨越阶级的渴望。他希望通过物质条件——新车、豪宅——来彰显和巩固自家的社会地位，让潘家跻身中产阶级。潘汉辉的“炫富”和一些欧美裔富豪的单纯炫富目的完全不一样。潘汉辉做这一切，目的只有一个：为孩子创造尽可能良好的成长环境，保证他们有个光明的未来。

“我家条件跟周围人比起来其实非常一般，”费利克斯说道，“在我爸眼里，只要房前有大草坪，车库门口停上两辆好车，吃穿用度都选名牌，这样就算成功人士。”潘汉辉的成功哲学可以简单概括为一句话：“一代更比一代强。”他自视在异国他乡已经没有机会翻身，一辈子就是个在流水线上苦干的螺丝钉，但他心中的愿景远不止于此。费利克斯说：“他总是憧憬更高的社会地位，希望我们能在他的基础上更上一层楼。所以他会花重金送我去私立学校，送我姐去学滑冰和钢琴。”费利克斯从小就立志当工程师，跟父亲的期望完美合拍。有时他会故意气父亲，扬言要去技校学厨艺。“其实谁都知道我那是在开玩笑。”费利克斯说。搬进新家前后，敏感的费利克斯隐约感觉到家里的财务状况不乐观。父母供职多年的麦格纳汽配厂大规模裁员，潘汉辉和梁碧霞被迫再次就业。“不管家里情况怎么样，我爸妈都要显出蒸蒸日上的样子。”费利克斯说。

朱莉·朴教授在《虎妈解析》中描绘了自己父母和潘家类似的消费理念。朱莉·朴教授来自韩国的移民父母同样想要仿效美国中产阶级的生活方式，富裕的中产阶级群体在文化生活上有特定的模式，比如虎妈蔡美儿不是带孩子去巴黎度假，就是去罗马观光。但朱莉·朴教授的父母模仿的只是中产阶级物质上的消费模式。“我爸妈追求的是实实在在的东西：新房、新小区、新车。一般的车还不行，最差也要奔驰、雷克萨斯。买二手车、住二手房这种事我爸妈是绝对不能接受的。”朱莉·朴教授回忆道，“有时候我也会壮着胆质疑两句，每次我妈妈都会这样回应我：‘你开什么样的车就代表了你是什么样的人。’”

“开好车有面子”这种观点其实在整个北美都大行其道，只不过在亚裔人群中表现得更为突出。朴家对奔驰、雷克萨斯的热爱也证明潘家对“面子”的执着并不是孤例。珍妮弗费尽心机伪造成绩、伪造学历为的也就是“面子”。“配合父母营造‘和睦家庭’这事我其实挺在行的，”珍妮弗说，“我周围的人好像都觉得装装样子没什么不好，可是到了晚上，一个人的时候，我就会觉得自己的所作所为挺恶心的。我觉得很痛苦。有时候我试着站在旁观者的角度审视自己和家人，观察结果让我寒心。可我又能怎么样呢？我的理智告诉我，我必须继续配合，继续演戏，否则就会被家人抛弃。父母和弟弟对我来说就是我的一切，我不能没有他们。”

心理医生徐华博士对珍妮弗的两难处境有精准的见解：“过着双面人生的子女，尤其是女孩，很容易产生这样的矛盾心理。在外人看来他们是听父母话的乖孩子，而他们的内心却备受‘望子成龙’观念的折磨，这种矛盾心理会持续到子女成年。他们从小接受的教育让他们觉得服从父母是唯一的选择。”

一转眼珍妮弗已经年满18岁，就读十二年级，她幻想着这些年靠谎言构建起来的“大好形势”最后能有个皆大欢喜的结局。她觉得靠自己70分的均分好歹可以混进大学，进了大学也只需要混个中等成绩，再做一份全A成绩单带回家。大学毕业的时候，她可以把气派的学历挂在墙上，父母就永远也不会知道自己的真实成绩。等大学毕业以后，她就彻底自由了，到时候可以搬出父母家，从此摆脱潘汉辉和梁碧霞的监管。为了达到这个终极目标，珍妮弗的造假技巧有了长足的进步。以前她靠裁纸刀加量角器在成绩单上剪剪贴贴，后来她学会了用图像处理软件制作出一张耀眼的成绩单。除了在成绩单上玩花样，珍妮弗也对父母隐瞒自己的行踪。学钢琴和打工是她出门去见黄志光的最好借口。如果实在找不到借口溜出家门，珍妮弗偶尔也会在夜深人静父母入睡之后，偷偷把黄志光放进家来。

珍妮弗中学毕业之前，这对恋人无论怎样如胶似漆都未越雷池一步。珍妮弗中学毕业之后，两人初尝禁果，此后黄志光的欲望便一发而不可收拾，珍妮弗则尽量满足黄志光的需求。由于时间紧迫，又没有固定的约会地点，黄志光的座驾便是小情侣云雨的场所。黄志光工作单位门外、背街小巷，甚至露天停车场都留下了他们幽会的身影。珍妮弗没法从家里脱身出来相会时，黄志光就千方百计撺掇珍妮弗发来自己的裸体视频或裸照。

潘家严格的家规在珍妮弗成年之后也没有丝毫松动，晚上9点之前回家是雷打不动的规定。在20余年的人生中，珍妮弗唯一一次破例是因为参加挚友托帕斯的婚宴，那天晚上父母允许她11点回家。尽管托帕斯也是品学兼优的好学生，又和珍妮弗交情深厚，潘汉辉夫妇也只允许珍妮弗去托帕斯家玩过一次。

在加拿大，中学阶段是学生开始尝试独立社交的一个重要时间节点，最普遍的社交启蒙活动就是校内舞会。珍妮弗也曾尝试说服父母让自己去参加校内舞会。梁碧霞被说动了，而且还愿意开车接送女儿，可到了潘汉辉这里珍妮弗却碰了一鼻子灰。“我爸强烈反对我去舞会，他不许我买舞会门票，也不许我妈送我去。”珍妮弗说，“他希望我把所有的精力都集中在学习、钢琴和滑冰上，他希望我专心做有用的事。”

珍妮弗的好友凯伦·何在一份书面陈词中描述了珍妮弗与众不同的“青春”:“22岁的她没去过夜店，没喝高过，没跟朋友去过度假村，没和家人分开旅行过。”必须承认珍妮弗的社交生活和西方社会普通年轻人的社交生活严重脱节。绝大多数时候，珍妮弗的社交都靠网络和手机在自己的房间里实现，比如通过脸书和朋友聊天。珍妮弗曾经和黄志光痴迷于脸书的热门游戏《餐厅城市》。珍妮弗关在屋里玩网游或和朋友在网上聊天的时候，潘汉辉还自以为孩子在屋里用功学习。珍妮弗会和黄志光整夜煲电话粥，有时他们也不说话，只要聆听电话里传来对方的呼吸声就觉得很幸福。

在那些彻夜电话聊天的夜晚，这对恋人分享着生命中的点点滴滴。黄志光称珍妮弗为“毛小猴”或“毛毛猴”，珍妮弗则称黄志光为“泡泡猴”或“猴哥”——这些名字都源于珍妮弗的毛绒玩具。两人在短信往来中都喜欢用嗲声嗲气的宝宝腔分享喜怒哀乐。

毛毛猴别担心哦！超人这就来救驾。

泡泡猴再见啦。

我也爱你哦。

这种嗲声嗲气的交流方式在很多文化中都十分流行。女性用这种方式显示自己的楚楚可怜和女人味，营造出弱不禁风的性感形象。而对男性来说，这种交流方式能展示大男人温柔的一面，他们也愿意让恋人看到自己的脆弱。

到底是珍妮弗还是黄志光率先开启了这样的交流模式，我们不得而知，但我们了解到，黄志光和珍妮弗分手之后，与新女友卡特里娜也是这样嗲声嗲气地交流。

珍妮弗钟爱煲电话粥，黄志光则更喜欢发短信，不管发短信还是打电话，两人每天都要花大量时间用手机联系。珍妮弗被父母关在家里无法脱身的时候，更是每天要花六到十个小时打电话、发短信，每天仅给黄志光的短信就有上百条。他们在短信里无话不谈，连上厕所都会相互通报。黄志光的一条短信这样写道：猴哥我这会儿正便便哪。

珍妮弗回忆道，有一次她的七个最要好的朋友来她打工的餐厅等她下班，然后大家就在她工作的餐厅里一起吃饭、聊天。这是珍妮弗最美好的回忆，那一刻，珍妮弗觉得自己和平常的年轻人一样无拘无束，不用担心来自父母的管束和压力。随着年龄增长，父母在珍妮弗的游说之下，逐渐接受了“孩子成绩不错，课外活动也安排得有条不紊，没必要再紧盯着孩子的一举一动”的观念。因伤退出花样滑冰训练之后，珍妮弗的业余时间更加充裕。在那段日子里，父亲放松了管教，她和黄志光两人爱得一心一意，抑郁症有了好转，身边有一群好友而且能定期聚会：珍妮弗的生活几近完美。

但问题在于，这样的美好生活基于谎言，因此不可能长久。珍妮弗没有抓住机会赶上功课，终结谎言，也没有对父母走漏半点风声，好让他们对事实真相有个心理准备。相反，为了不让父母和朋友失望，为了维持这“美好生活”，珍妮弗铁了心将欺骗进行到底。她的谎言越来越多，越来越离谱。

“我觉得内疚，我也想过要向爸妈坦白，但他们对我都寄予厚望……”珍妮弗说道。这样的家庭氛围逼得珍妮弗在逃避现实的路上越走越远。之后，珍妮弗的谎言第一次被父母戳穿，其间潘汉辉和梁碧霞的表现彻底打消了珍妮弗坦白的念头。

那天，珍妮弗和母亲约好在太古广场停车场见面。她从黄志光车里出来之前不仅没有四处观察，还在车外跟黄志光拥抱吻别。这一幕被不远处的梁碧霞看了个真真切切。梁碧霞不敢相信自己的乖女儿居然瞒着父母在谈恋爱。珍妮弗上车看到母亲怒目圆睁的样子，明白被母亲看到了。盛怒之下的梁碧霞狠狠发作了一场，呵斥珍妮弗居然对家人撒谎。不过，发完脾气之后的梁碧霞还是将心比心地体会到了女儿的难处，毕竟梁碧霞自己的父亲也是个说一不二的严父，她明白关于男友的事珍妮弗除了撒谎没有第二条路可走。最后梁碧霞对珍妮弗还是以说服教育为主，把"一失足成千古恨"的道理又对女儿说了一遍。

梁碧霞对女儿的同情并不能阻止她把真相告诉潘汉辉。夫妇俩告诉珍妮弗他们要见一见黄志光。"妈妈让我把他带到家里来坐坐，就像我带其他朋友来家里一样。"珍妮弗回忆道。尽管珍妮弗和黄志光已经约会了好几年，但想到要把黄志光介绍给父母，珍妮弗还是觉得头皮发麻。为了尽量减少尴尬，珍妮弗决定利用圣诞聚会让父母与黄志光第一次见面，另外她还特地邀请了几个好友过来撑场。见面前的铺垫工作珍妮弗也费尽了心机。首先她告诉潘汉辉，黄志光正在大学里读工程专业——在潘汉辉眼里这是男生最正当的专业。接着珍妮弗强调黄志光在波士顿披萨餐厅担任经理，力图塑造他勤奋上进的形象。在珍妮弗看来，黄志光有一半中国血统，会说广东话，工作勤奋，笑起来模样可爱，应该可以过得了父母这一关。黄志光和珍妮弗的弟弟费利克斯同为《反恐精英》爱好者，见面后很快就相谈甚欢，珍妮弗满心希望黄志光和父母的见面也能这么顺利，但事实并未如她所愿。黄志光和潘汉辉夫妇的第一次见面结果一败涂地。潘汉辉开车接送了黄志光，但他和黄志光根本没说上几句话。“从黄志光踏进我家门那一刻起，我爸妈就不喜欢他，没有理由，就是怎么看都不顺眼。”珍妮弗说道。

珍妮弗觉得父亲看不上黄志光是出于种族歧视，因为黄志光有一半菲律宾血统。虽然潘汉辉极力否认，但这样的种族偏见在亚洲非常普遍。在很多亚洲人眼里，菲律宾人常被等同于“菲佣”而被视为二等公民。

当被问到不同族裔的年轻人谈恋爱会不会是个问题时，珍妮弗的亚裔好友J.B.给出了肯定的回答：“这事在玛丽沃德天主教中学不稀奇，经常听说一对恋人因为族裔背景不同引起了家庭矛盾。”庭审期间，珍妮弗的律师也曾问费利克斯，潘汉辉是否曾要求珍妮弗多接触中国文化而非越南文化，费利克斯察觉到问题中的圈套，坚决否认了这种推断。

庭审时珍妮弗还提到，潘汉辉不满意黄志光管理餐厅后厨的职业。她说自己曾偷听到父亲对黄志光的评价：“他那份工作一点发展前途都没有，今后怎么养家？”珍妮弗说父母对自己和黄志光交往有两个主要反对意见：其一，分心耽误学习；其二，男友跟自己门不当户不对。

费利克斯对此事有自己的理解。他说父亲嫌弃黄志光主要是因为他认定黄志光跟珍妮弗已有了性关系。黄志光说，潘汉辉不喜欢自己的理由有很多，光从珍妮弗那里就听到了好几个版本：“我第一次问她，她说她父母嫌我挣钱少，她跟她父母说我是工程专业的，她父母觉得我不做技术工作而在餐厅打工没出息。我第二次问她，她又说主要还不是钱的问题，是因为她父亲嫌弃我是菲律宾人。我说，怎么可能，你表姐不是才嫁了个菲律宾人。她说，对啊，所以全家上下没人待见那个女婿。总之，我们就是没办法在一起。”库克警探则另有一番说法，据他了解，费利克斯的一个朋友把黄志光买卖毒品的事告诉了费利克斯，费利克斯又转告了潘汉辉，导致潘汉辉对黄志光的人品耿耿于怀。不过黄志光和珍妮弗双双否认了这个说法，潘汉辉不愿接纳黄志光的原因始终是个谜。

撇开原因不究，潘汉辉的态度是明确的。他声色俱厉地对珍妮弗说：“从今往后不许你再跟那个男的来往。”母亲梁碧霞则现身说法，想说服女儿回心转意。她告诉珍妮弗自己年轻时爱过一个人，结果家里非要她分手。“妈妈说，时间会磨平一切，最后，当初的激情会变成埋在心底最美好的回忆。”珍妮弗回忆道。梁碧霞安慰珍妮弗说，心痛过后，生活仍然海阔天空。

对自己的言传身教信心满满的梁碧霞显然低估了珍妮弗对黄志光的痴情。母女俩深聊之后，珍妮弗发现原来当年母亲与父亲结婚的一个重要原因是为了逃离自己的父亲。徐华博士说，这种现象在亚洲国家十分常见，她自己的婆婆就曾在她新婚的当天向她传授过婚姻成功的秘诀：凡事隐忍。这样的理念在潘家更是表现得淋漓尽致。珍妮弗说，父亲潘汉辉是一家之主，无论母亲梁碧霞心意如何，她永远都选择站在父亲一边。如果母亲在家里做得了主，自己就不用和黄志光分手。“我妈妈就算不情愿也会和爸爸站在一条战线上，我觉得这是文化的原因。不管各人心里怎么想，一家人的意见必须统一。”珍妮弗继续说道，“所以私底下妈妈会说：‘要嫁就嫁真爱，别跟我似的为了逃避父亲的管教急急忙忙找个人结婚。’但她在父亲面前依然会和他保持一致。”

中学最后一年，珍妮弗在谎言支撑的“美好形象”下生活得越来越滋润，学校的成绩不必努力争取，和黄志光见面的机会也越来越多，生活如此美好。珍妮弗毕业前收到了瑞尔森大学的预录取通知书，这所坐落在多伦多市中心的大学拥有全加拿大最大的本科教育规模。虽然录取珍妮弗的不是潘汉辉心目中的顶级学府和理想专业——多伦多大学药科专业，但是她巧言说服了潘汉辉，说自己可以先在瑞尔森大学学习两年，然后努力转学去多伦多大学。一切都在珍妮弗的计划之中，珍妮弗和同学们一起开始兴奋地憧憬即将到来的大学生活，珍妮弗的不少朋友去了多伦多大学和滑铁卢大学，这两所学校在亚裔族群里备受推崇。

珍妮弗心中的理想职业是钢琴老师。年少的她凭自己的钢琴天赋在亲戚朋友圈里小有名气，手下教着父母朋友家的好几个孩子。不幸的是，在潘汉辉眼里钢琴只是陶冶情操的"雅事"，算不上一门实实在在的生存技术，珍妮弗当钢琴老师的理想只能算白日做梦。珍妮弗说："我真的爱音乐，我同时申请了女王大学、约克大学、瑞尔森大学和多伦多大学的音乐学院。最后我拿到了女王大学的面试机会，可父亲反对我把音乐作为一生的事业。他虽然还是开车送我去参加面试，但跟我说：'你想试试你就去，但是就算人家录取了你，你也不许去学。'"珍妮弗说，因为父亲强硬的反对，自己觉得不能违背父亲的意愿，索性没有认真准备面试。

在潘汉辉眼中，含金量最高的专业莫过于医学相关领域。珍妮弗曾想过申请运动康复专业，觉得这个专业可能会让父亲满意，可潘汉辉觉得这个专业没前途。他心心念念要珍妮弗读医药专业，今后成为一名药剂师。潘汉辉觉得药剂师学历高，工作稳定，衣食无忧，而且没准儿会有职业更体面的男孩来追求女儿，这样珍妮弗就可以跟姓黄的小子彻底了断，从此过上幸福的中产生活。

一切美好梦想都在珍妮弗十二年级时彻底破灭了：珍妮弗的微积分挂科了。作为升入大学理工专业的必修课，微积分挂科导致珍妮弗的学分没法达到录取标准，她哪所大学都去不了，之前提前录取她的瑞尔森大学也收回了预录取通知书，不仅如此，连高中毕业都成了问题。残酷的现实眼看就要揭穿珍妮弗四年来苦心经营的“好学生”画皮。父亲的反应、朋友的眼光、亲戚的议论……这一切后果她无法想象。此刻的珍妮弗如果要对父母和盘托出，真相可以说是惨不忍睹：我从九年级就开始伪造成绩单，我中学没能毕业，今年我上不了大学，我得重修微积分。面对自己酿下的苦酒，珍妮弗再次选择靠谎言脱身，这么多年来，瞒天过海的本领她已经驾轻就熟。认识珍妮弗的人都说，她最大的问题就在于不肯承担后果。“我不敢想如果爸妈知道瑞尔森大学收回预录取通知书的原因后会是什么反应，所以我决定再编一个更大的谎，跟他们说我被瑞尔森大学录取了……现在想来这是我这辈子最大的错误。如果时光可以倒流，我最希望能把这个谎收回来。”珍妮弗说道。

这个弥天大谎日后又要用多少谎言去圆？珍妮弗没有多想。她用图像处理软件制作了一封瑞尔森大学的正式录取通知书，外加一份授予她3000加元奖学金的通知。好在中学毕业合影是在学校发现珍妮弗不能毕业之前拍的，她好歹拿了一张货真价实的毕业照给父母看。“我相信，如果当时我说出真相大家可能都会蒙掉。珍妮弗怎么可能没毕业？她那么好的学生怎么可能连毕业学分都凑不齐？我爸妈肯定更会傻掉：我女儿又练花样滑冰，又练钢琴，成绩又好，这么好的孩子上不了大学？”珍妮弗回忆道，“我不想让父母面对这样的真相。他们在人前的炫耀都建立在我的谎言上，如果我说出实话，大家就会觉得我爸妈也是无耻的骗人精。我不想给他们丢脸。”

珍妮弗事后总结自己这段荒唐岁月时说，决定扯谎的时候她根本没考虑过后果，反正出了问题就编个谎搪塞过去。等谎言像雪球越滚越大时，一切为时已晚。“我脑子里尽是以前撒过的谎、犯过的错，压得我喘不过气来。”珍妮弗说道。

24. 双面人生

◇◆◇

珍妮弗的双面人生最初不过源起于一个简单的谎言，尝到撒谎甜头的珍妮弗从此一发而不可收拾。一方面，她撒谎越来越驾轻就熟；另一方面，生活在谎言中时间越久，她就越不敢面对不堪的真相。珍妮弗只能暗自祈祷奇迹出现，让自己逃脱这一劫。

关于大学录取的谎言一开始只是个息事宁人的缓兵之计，只为避免父母遭人耻笑的窘境。珍妮弗不知道的是，祸根一旦种下，就会在暗中慢慢滋生，在未来某一天，不仅珍妮弗和家人会被它所害，连整个家族、朋友甚至是素不相识的陌生人都会被殃及，而自以为是的珍妮弗还认为一切皆在掌控。为了圆谎，珍妮弗绞尽脑汁地琢磨各个细节，防止穿帮露出马脚。有时候她整夜睡不着，只想着怎么能把故事编圆。

珍妮弗千算万算却从没算过真相败露后该如何脱身。她执着于自己最初的计划——混个大学文凭让父母满意，然后熬到结婚离家，从此获得自由——完全无视自己的学业现实。她沉溺于谎言带来的“美好人生”，不去考虑如何重新规划人生，结果一次又一次错过改邪归正的机会。事态像滚雪球般一发而不可收拾，纸到底包不住火，珍妮弗的谎言世界开始一点点坍塌，而珍妮弗的应对方法是继续扯谎，用新谎掩盖被戳穿的旧谎。珍妮弗一定从来没想过，自己的计划最终会以弑杀双亲收尾。可能是因为撒谎时珍妮弗的心智尚未成熟，也可能是因为点点滴滴的谎言逐渐累加时后果并不明显，总而言之连珍妮弗自己都承认，谎言为她堆砌起了一个“理想国”，而她本人从未想过这样的瞒天过海会造成怎样严重的后果。也有知情人说，只要能和黄志光长相厮守，珍妮弗根本什么都不在乎。

如果说伪造成绩单尚且还有一丝希望——日后考出个好成绩把前面的谎言一笔勾销，那么扯了上大学的谎可就没有任何弥补的机会了，一旦败露必定会被惩罚，而珍妮弗千方百计逃避的就是惩罚。此时的珍妮弗只求谎言不破，能挨一时算一时，哪怕她得编造更多谎言来蒙混过关。她觉得只要父母还管着自己，谎言就停不下来。

过去几年来成功蒙住父母的“成绩”给珍妮弗带来了某种程度上的自信，在这种自信的蒙蔽下，珍妮弗心里滋生出孤芳自赏的自恋情结。随着自恋倾向不断发展，她的自私也愈加明显，满脑子想的都是如何保护自己，连男友黄志光最后都沦为被欺骗和操控的对象。明眼人都能看出，珍妮弗如此不明事理最后必定以悲剧收场，而珍妮弗自己却从不承认错误，只沉溺于自怜自艾之中。

潘家凶杀案后，珍妮弗的人生故事家喻户晓。很多人也讲述了与珍妮弗类似的处境——严格的父母、扯谎的人生。大多类似故事的结局都是子女与父母正面冲突、摊牌，故事虽各异，但最终总有个了断。

可珍妮弗从没鼓起勇气与父母实话实说，她将自己从小到大被老师和父母褒奖的意志力和专注力都投入了谎言的精心编织中。不敢直面真相、不敢承担后果的珍妮弗，最后不得不在法庭上面对谋杀双亲的指控，在法庭上珍妮弗依然百般抵赖。直到最终宣判，珍妮弗从未承认过自己的罪行。

有人问如果大学录取的事可以撒谎，那么大学毕业找工作的时候又该怎么继续蒙骗父母呢？珍妮弗承认自己从没想过那么远，自己的所谓“计划”不过是个理想的泡沫。“我觉得只要弄张毕业证，给爸妈一个交代，我就解脱了，就可以像个大人一样过自己的生活了。我会用行动证明给爸妈看，当个钢琴老师我也可以过得很好。”面对大家的质疑，珍妮弗承认道，“老实说，我没想过自己会走到今天这一步。”

新学年转眼就到了，珍妮弗的同学纷纷进了大学，表妹米歇尔被著名的滑铁卢大学会计专业录取，只有珍妮弗形单影只一个人待在家里。已无退路的她硬着头皮继续唱自己的独角戏，反正父母对她很信任，而且骗过父母似乎也不难。“我知道世界上没有不透风的墙，想不让父母知道，就不能走漏半点风声，所以我决定家人、朋友、亲戚一个都不说，瞒个彻底。”珍妮弗说道。知道真相的只有黄志光一个人。

新学年开始之际，潘汉辉和梁碧霞对女儿的“成绩”满心骄傲，对于女儿的物质需求，夫妇俩毫不吝啬，有求必应，从学习用品、新衣服到价值2700加元的最新款笔记本电脑。为了让珍妮弗集中精力学习，不用操心钱的事，潘汉辉夫妇直接拿现金给珍妮弗去花。疼孩子的梁碧霞还帮珍妮弗开通了一张信用卡副卡，珍妮弗用这张卡透支了母亲多少爱心已无从考证。

开学第一天，珍妮弗起了个大早，她打扮得体体面面，背着书包，在父母殷切的目光中昂首走出家门。只不过她的目的地不是瑞尔森大学，而是社区图书馆。在那里，靠着网上看来的一鳞半爪的药学相关文章，珍妮弗拼凑起了自己的课堂笔记。做事一贯细心的她还用父母花钱给买的荧光笔在炮制的笔记上涂涂画画。经过这样的精心准备，就算父母哪天要检查她的功课，她也不会措手不及。“第一年刚开始那段时间，日子还是很好过的。那时候爸妈对我很信任，觉得我是个好人，是个好学生。”珍妮弗说道，“我在中学同学群里到处打听他们的大学生活。我第一次听说还有‘迎新周’这回事，第一次知道大学生要自己花钱买教材。于是我见样学样也买了二手生物、物理、心理学课本，每天早出晚归去上学，跟真的一样。”

弟弟费利克斯对姐姐这段时间的表现记忆犹新：“她每天背着书包去学校，带着笔记本电脑和教科书，什么都跟真的一样。”有时候珍妮弗搭公交车去学校，有时候母亲开车送她去学校。开始珍妮弗还乖乖待在图书馆里炮制笔记，很快，日子上了轨道后，她的胆子又大了起来。甩掉母亲之后，她会跑去约克大学找男友黄志光。珍妮弗后来说，在那些谎话连篇的日子里，只有跟黄志光在一起时她才会感到放松和安全。为了蒙骗过身边所有的人，珍妮弗开始对自己的谎言进一步雕琢，她会编一些趣闻逸事，绘声绘色地向父母描绘自己的“大学生活”。珍妮弗将白天的大部分时间都耗费在编排这些细致入微的小谎和准备笔记上。“我编的那些小故事给人一种我真的在大学里学习的感觉。”珍妮弗说道，“真没想到这个上大学的谎会扯得这么大，为了把它讲圆耗费了我大量的精力和时间……”

很多人认为，珍妮弗为了编造完美谎言所耗费的精力远远超出了改过自新所需的精力——她要做的无非就是重修微积分，重新申请大学。因此，有人推断，珍妮弗根本就是厌学，这个观点在后来发生的悲剧中得到了验证。珍妮弗买凶弑亲时，还有两个月她就要在父亲潘汉辉的强迫下入读百年理工学院实验室技术员专业了。

且不论珍妮弗买凶弑亲背后的真正动机，单是珍妮弗这么多年来对所有人瞒天过海这一件事就已经足够离奇。试想每天睁眼第一件事就是盘算如何继续编故事，继续愚弄身边至亲，每天都得编出今天跟谁在一起，课上干了点什么，今天这门课是哪位老师，下次测验是几号，作业什么时候交，期末大考是哪天，一个班多少个人，教授叫什么名字等细节。听上去可能不难，可要记住所有的细节就不容易了。要知道谎言一旦出口，以后再说的时候口径就要一致，否则前言不搭后语很容易穿帮。日久天长，珍妮弗在自己虚构的大学生活里慢慢沉醉，以至于自己都分不清什么是真实的生活，什么是虚幻的谎言。“时间久了我自己都觉得好像真被大学录取了，”珍妮弗说，“那些虚假的细节真的很有用，父母确信我上了大学，确信我中学毕业。我的毕业照起了大作用，我妈把它当宝贝似的放在钱包里好几年。爸妈一点也不怀疑我中学毕业后顺利进了瑞尔森大学读书。”

珍妮弗在法庭上承认，多年的谎言和欺骗侵蚀着自己的理智，自己慢慢开始分不清现实和想象的区别。“我把自己完全融入那个虚幻世界了。”珍妮弗说道。彻底混淆了现实与虚幻界限的珍妮弗真把自己当成了瑞尔森大学的学生。数年如一日不间断的欺骗和自我欺骗让珍妮弗最终成了一个妄想狂。

黄志光的辩护律师劳伦斯·科恩和珍妮弗在法庭上有过一段有趣的对话，对话中，珍妮弗接受了这个界定，承认自己有“双重人格”并且在两者之间来回切换。

劳伦斯：对你刚才在法庭上所说的话，我的理解是，你为自己创造了一个臆想世界，在那里你可以远离家庭的压力，远离背弃你的人的冷眼，实际上你是创造了另一个自我。

珍妮弗：是的，我创造了一个臆想世界。

劳伦斯：这个臆想世界如此美好，以至于你让身边所有人都相信，你真的生活在里面。

珍妮弗：是的，我一直是这么希望的。

劳伦斯：你用虚幻的世界来保护你自己。你定时定点去图书馆，就跟去学校上课一样。一般人扯谎到不了你这个程度……你每天真的去大学校园转一圈，去图书馆自学，去文具店买学习用品，对吧？你的日常生活其实就和真的大学生一样。你臆想的这些细节都栩栩如生，你是不是真的就把自己当成大学生了？

珍妮弗：是的，是这样的。

律师问珍妮弗她的性格算不算复杂，珍妮弗完全同意，并且说双子座的她天生就该性格复杂。

珍妮弗的谎言之所以可以长久进行下去，除了精心编排外，也跟父亲潘汉辉从不过问家中财务有关。依照加拿大法律，个人收入需每年向税务局如实申报，任何弄虚作假都可能招来严厉惩罚。但凡潘汉辉看一眼珍妮弗的税单，就不难发现许多破绽，比如珍妮弗的收入里从来没有奖学金这项，而她的支出也从来不包括大学学费。潘家一直以来都由梁碧霞理财，一心信任女儿的梁碧霞让珍妮弗独立申报税务，这也算女儿替母亲分担了些家庭责任。

随着时间的推移，谎言越积越多，压力自然越来越大，珍妮弗开始觉得招架不住了。为了编圆谎话，她要花一整天的时间来杜撰课堂笔记，同时每天至少得花两个小时奔波在上学和放学的路上。她说："一个人坐在图书馆或者咖啡馆里的时候，我就会问自己：'这样的日子什么时候算个头？'我实在编得太累了。"

工作是珍妮弗缓解压力的手段，忙碌的状态反而让她感到超脱和放松，东区马里奥餐厅成了她的避难所。珍妮弗在这里终于尝到独立的滋味，在这里打工的同事大多与她年龄相仿，餐厅的工作环境和社交氛围让珍妮弗如鱼得水。餐厅服务员是个过渡性岗位，没人会特别用心去做，员工流动性也很大，经理们最大的苦恼就是找不到或者留不住高水准的服务员，像珍妮弗这样全心投入的员工对餐厅经理来说简直是至宝。珍妮弗是餐厅经理心目中完美员工的化身，她一人可以招呼七桌客人，举止专业得当，上菜及时，几乎从不犯错。而且珍妮弗勤劳肯干，愿意一周连上五个晚班。"她真的很能干，"珍妮弗的前同事评价道，"她管的桌子比谁都多，挣的小费也比别人高……后来她成了我们的领班和新员工培训师。"

不过也不是所有员工都认为珍妮弗完美无缺。有两位餐厅同事回忆说，珍妮弗在餐厅客人太多、工作压力超大的时候会有点气急败坏。有一位前同事还特别注意到珍妮弗对工作的热情超乎寻常，长时间高强度的工作之后，她的精神压力越来越大。"上班的时候珍妮弗的注意力非常集中，但是客人太多的时候她就有点抓狂。她在餐厅里跑进跑出，每件事都想兼顾。"一位前同事如此回忆道。

总体来说，珍妮弗在同事眼中就是个可爱的邻家女孩，礼貌、文静，还有点害羞，没有任何异于常人的地方。下了班珍妮弗会和同事坐在餐厅门口聊聊家常，或者去餐厅的吧台喝上两杯，有时候珍妮弗也会和同事去玩玩保龄球。在这些场合珍妮弗多少会喝点酒，但非常克制，只喝一两杯。通过餐厅前同事梅利莎的描述我们不难看出，珍妮弗的谎言几乎波及她认识的每一个人。餐厅的同事与珍妮弗的父母之间几乎没有任何交集（之所以说“几乎”是因为其时珍妮弗的弟弟费利克斯也开始在东区马里奥餐厅打工），即便这样珍妮弗对同事也照骗不误。“珍妮弗比我大一岁，我还记得我们俩坐在餐厅外憧憬毕业的情景。”梅利莎说，“休息的时候，大家都会抓紧时间复习功课准备考试，珍妮弗跟大家一样拿出教材和笔记复习功课。她还跟我说过，要保住奖学金就得达到一定的学分绩才行，这让她非常苦恼。她说得就跟真的一样，我再怎么也不会想到她是在骗人。在我看来她就是个典型得不能再典型的亚裔孩子，练花样滑冰，练钢琴，人生轨迹就跟我那些士嘉堡区出来的朋友一样。这帮孩子都爱音乐，都很听父母的话。”

梅利莎还清晰地记得珍妮弗与母亲梁碧霞关系亲近，有一次她曾看见梁碧霞给珍妮弗买了条价格不菲的时尚品牌露露柠檬的瑜伽裤（极有可能就是案发当晚珍妮弗穿的那条）。珍妮弗的谎言让梅利莎觉得自己被背叛了。“那个跟我一起工作的女孩根本不存在，我认识的那个珍妮弗全都是假的。”说到这里，梅利莎的声音愤恨得变了音调。

备受谎言煎熬的珍妮弗渐渐显出不堪压力重负的情形，最了解女儿的母亲很快注意到了这些变化。一天早上，在驾车送女儿去瑞尔森大学的路上，梁碧霞问起珍妮弗最近的异常状态。珍妮弗不出意料地继续编造借口来搪塞母亲。她的解释是家住万锦市离学校太远，每天的通勤时间太长影响了学习效率，所以压力很大。作为解决方案，珍妮弗说想每周一到周三住在闺蜜托帕斯位于多伦多市中心的小公寓里。梁碧霞不仅把珍妮弗的建议讲给潘汉辉听，并且帮女儿辩解说这么安排对孩子最好。一番苦口婆心之后梁碧霞成功说服了丈夫，这么一来珍妮弗终于不用每周七天都在父母面前假扮大学生了。满心希望投向爱人怀抱的珍妮弗当然不可能真的搬去托帕斯的公寓，她和托帕斯策划了一场高科技的“双簧”，两人约好如果潘家父母打电话来查岗，托帕斯就推说珍妮弗在洗手间，让家长别挂电话稍等片刻，然后立即致电珍妮弗的手机，启动三方通话功能让珍妮弗跟父母对上话，这样在珍妮弗的父母听来，女儿只是过了一小会儿从洗手间出来接听了电话。乖乖女托帕斯跟别人一样被蒙在鼓里，认定珍妮弗在瑞尔森大学上学。一开始她也百般不情愿，最终还是架不住珍妮弗的软磨硬泡违心同意了。珍妮弗没料到，这个安排为日后谎言的第一次穿帮埋下了隐患。

在珍妮弗的安排之下，多少年来她第一次有了跟黄志光长相厮守的自由。每周头三天，珍妮弗大大方方地直接住在黄志光位于阿贾克斯市的家里（黄家遭遇了一次入室盗窃之后，也搬离了士嘉堡区，搬到多伦多东郊的阿贾克斯市）。

“那段日子相当放松，”珍妮弗说，“只要我想他就能见到他，和他家人在一起的时间也更多了，当时我们俩的关系相当稳定。”黄志光的父母对珍妮弗赞赏有加，尤其是黄志光的母亲十分喜爱珍妮弗。一开始，黄志光的父母安排珍妮弗睡在客房里，珍妮弗也就乖乖待在自己住的客房，从没在半夜溜进黄志光的房间和他幽会过。时间长了，黄志光的父母认可珍妮弗的人品，也就允许珍妮弗留宿在黄志光的房间里。

潘家父母对黄志光百般不看好，觉得黄志光配不上珍妮弗。黄家父母对珍妮弗的态度与潘家父母对黄志光的态度正好相反。在他们眼里，充满正能量的珍妮弗是儿子最理想的伴侣——她帮助儿子重拾学业，鼓励儿子找到更体面的工作，远离他原来那帮狐朋狗友。黄家常常欢声笑语，这和潘家沉闷的气氛有着巨大的反差，珍妮弗不仅和黄志光的感情不断深化，更与黄家全家人都打成了一片，和黄家的交流对社交封闭的珍妮弗来说是一段难得的经历。

珍妮弗每周在黄志光家住几天的日子持续了两年，这两年里她完全融入黄家人的生活中。黄志光的父母想当然地认为珍妮弗的家人一定也同意女儿留宿男友家，现在回头来看，黄志光的父母真是太小看了21岁的珍妮弗。黄志光的父母曾想邀请珍妮弗的父母共进早茶，但珍妮弗每次都一笑置之，说时机还不成熟。为了避免父母打电话到托帕斯那里查岗，珍妮弗采用主动出击的方法，每天早晚主动打电话回家报平安。早上的电话里珍妮弗会说说自己今天要上什么课，自己在班上有多优秀；晚上的电话里珍妮弗会说自己打算挑灯夜战做作业或者准备期中考试等。周四到周日珍妮弗雷打不动地乖乖待在家，生怕引起父母的猜疑。

蒙在鼓里的梁碧霞不断向珍妮弗的账户里打钱，帮女儿付着子虚乌有的“房租”，另外，为了避税，梁碧霞的工资也都直接汇到珍妮弗的账户里。有侦破人员认为，这些钱最后都进了黄志光的腰包，成了他大麻生意的毒资。梁碧霞对女儿的话深信不疑，可潘汉辉却从一些生活细节中觉察出珍妮弗的言行自相矛盾，经验告诉他女儿似乎有什么事在瞒着他，但究竟哪里不对他也说不上来。潘汉辉曾想盘问女儿，但被妻子多次劝阻。“我觉得事情有点不对，好多次我都想问问，”潘汉辉说道，“但是我老婆总说，女儿大了……让她自己去吧，管太紧对孩子没好处。”

珍妮弗的如意算盘是混个几年，用瑞尔森大学的毕业证书把父母对付过去，然后就能自由自在地享受人生。可好景不长，她很快意识到事情没那么简单。两年“大学时光”刚过，潘汉辉就催问起珍妮弗在医学专业下一步的打算。再不给个说法，父亲很可能就会刨根问底把前面的谎言全盘挖出来。面对危机，珍妮弗又选择了最轻松的捷径来应对。“一开始我总想着，如果我今年就开始学函授……明年就能被大学录取。”珍妮弗说道，“说实在的，我其实真没想太远。”当年珍妮弗宁愿兢兢业业伪造四年八个学期的成绩单，也不愿努力把成绩提高上去，如今珍妮弗同样选择了绞尽脑汁地编造谎言，过着双面人生，而不愿花点时间重修微积分，重新申请大学，一劳永逸地解决问题。

珍妮弗告诉父母，她凭借“优异”的成绩从瑞尔森大学转学到多伦多大学药学专业。潘汉辉夫妇听到这消息欣喜若狂——这么多年含辛茹苦地培养女儿终于结出了胜利的果实。“我跟爸妈说我被多伦多大学录取的时候心里其实很紧张，”珍妮弗说，“我的生活越来越复杂，说话前言不搭后语，我不知道该怎么办。有时候我会想，干脆跟父母坦白算了，这么骗下去太累了，我自己都记不清‘大学生活’那些林林总总的细节我到底是怎么跟我爸妈说的，但有时候我也不断告诫自己坦白之后我会给全家带来怎样的耻辱。别人会怎么看我？怎么看我父母？爸妈肯定会在整个家族里抬不起头来。”

潘汉辉夫妇对珍妮弗成功升入多伦多大学药学专业深信不疑，毕竟，珍妮弗带回家的都是均分90以上的成绩单。珍妮弗给自己打分一点不含糊，在整个大学期间，她让自己9门课得了A+（包括让一般学生望而生畏的统计学和化学这两门高难度课程），32门课得了A，学得最差的一门她也毫不客气地写了个A−。可就算成绩这样“优秀”，麻烦还是找上身来。自从珍妮弗的表妹米歇尔进入滑铁卢大学会计专业学习，潘家的报税事宜自然全部交由米歇尔打理，可珍妮弗仍坚持要自己报税。梁碧霞原本就对珍妮弗自己报税觉得奇怪，在她看来，放着家里如此放心的专业资源不用而非要自己报税简直不可思议，更不要说珍妮弗一直不允许父母拿她的学费收据向税务局申报减税，这一怪异举动更加深了梁碧霞的猜疑。

父母的怀疑给珍妮弗带来了巨大的精神压力，终于，珍妮弗开始自残。她用带锯齿的餐刀在胳膊上平切了一个不太深的伤口，这样既可以产生足够的痛感减轻罪恶感和压力，又不会因为出血太多引起不必要的麻烦。与她把私生活严格向家人保密的一贯做法不同，自残这件事她跟身边很多人说过，包括弟弟费利克斯。案发后警方曾经问过珍妮弗为什么要自残，珍妮弗的回答是这可以帮助她释放“内心的痛苦”。珍妮弗说：“我的生活已经完全失控，我唯一能控制的只剩下自己的感觉了。肉体上的痛苦让我能暂时忘记生活中其他的烦恼。”她说外人看到的只是她胳膊上的伤痕，没有人明白她极度憎恶自己的感受，大家都只愿意看到那个像天使一样完美的珍妮弗。

“自残是应对或释放巨大情绪压力的一种手段，”英国国立健康服务网上如此说道，“有自残行为的人往往会有自杀倾向。自杀身亡的人中至少有一半以上有过自残经历。不过自残更多还是为了达到自我惩罚的目的，借此缓解巨大的精神压力或发泄痛苦的情绪，或两者兼有。自残也可以看作是求助的信号。”

珍妮弗的情绪在谎言随时会被揭穿的压力之下不断恶化，她变得郁郁寡欢，连她一直引以为豪的钢琴演奏也不免受到影响。珍妮弗多年的乐理和音乐史老师费尔南多·巴尔达西尼也注意到这个优秀的学生身上正在发生转变。回忆起珍妮弗小时候的事,巴尔达西尼老师说道:“珍妮弗是个难得的钢琴演奏者,她在我们音乐学校获得过很多奖学金。她的演奏可以说是完美,她也一直有雄心要得一个音乐方向的学位,在这个领域里一展身手。如果她能自由选择人生,她在音乐领域前途无量。”珍妮弗很小就被音乐学校选为裁判助理,在一年一度的多伦多大学士嘉堡校区音乐大赛上辅助专业裁判做一些工作。“虽然助理工作就是给小选手点名签到,但是珍妮弗做起来依然一丝不苟。”巴尔达西尼老师说道,“我还记得珍妮弗大步流星给小选手领路的样子……举手投足间都透着专业和专注的风度。”

钢琴一直是珍妮弗的最爱,但随着年龄增长,珍妮弗对钢琴的热情慢慢在消退,这不仅表现在她弹钢琴的态度上,还表现在她演奏乐曲的风格上。巴尔达西尼老师注意到珍妮弗的演奏变得更加刻板,她对钢琴的热爱和激情已经荡然无存,剩下的只是仍然熟练的演奏指法和技巧,这是以前从来没有过的事。

“她的演奏没有了感情,”巴尔达西尼老师回忆道,“以前她弹钢琴有一种志在必得的气势,后来这似乎慢慢发展成一种病态的执念,让她对自己越来越严苛。她不像以前那样直视我的双眼和我沟通,而是单纯地到点上课,到点下课。”

此时的珍妮弗正因为弟弟的原因,内心感受到了嫉妒和背叛。弟弟费利克斯说,姐弟俩自小一起长大,“感情非常深厚”,“非常非常亲”。他自认为不仅是姐姐最好的朋友,更是姐姐的保护者。姐弟俩无话不谈,分享他们最隐秘的内心情感。他们俩早就悄悄商议好了,如果父母真的离婚,两人都会选择跟母亲过。在珍妮弗和黄志光的恋情被父母彻底否定之后,费利克斯曾问过姐姐:“看来爸妈是永远不会接受黄志光了，你对这段感情是怎么打算的？是不是盼着爸妈早死，你好有机会和黄志光结婚？”费利克斯说，当时“姐姐并没有直接回答我的问题，她说自己爱黄志光……但又说爸妈拉扯我们长大也不容易。父母总会在子女之前离世，所以她还是希望能够找一个和自己白头偕老的人……”

与弟弟的感觉一样，珍妮弗也认为她和费利克斯之间的感情坚不可摧，不过她也会因为父母偏心而感到气愤。处在一个传统的亚裔家庭，珍妮弗觉得家里存在着明确且严格的性别角色设定。弟弟费利克斯在父母的双重标准之下总是能得到一些特殊优待：自己凡事都得遵从父亲的安排，而弟弟费利克斯则可以自由选择生活道路。弟弟有机会参加夏令营、踢足球、学珠算，而自己从来没参加过集体活动。弟弟上大学可以住校，可以玩到晚上10点才回家，而父母规定自己晚上9点之前必须回家。对于这些双重标准，费利克斯解释说，他之所以可以得到不一样的待遇只是因为他开口向父母争取了，而珍妮弗则坚持认为父母就是重男轻女。

珍妮弗认为成人之后父母继续用不同的标准要求着姐弟俩。费利克斯不仅可以带女友回家，父母还允许他在大学里跟女友住在一起。家里一旦产生矛盾，费利克斯可以立刻走人，回学校和女友卿卿我我，而珍妮弗却要在家面对时刻都会爆发争吵的父母。

对姐姐的控诉，费利克斯只是部分同意。他说父亲对男性和女性的要求确实有双重标准。父亲基本不做饭，也不让费利克斯做饭，因为他对待家务分工的态度非常传统，他觉得有些家务活就该女人做。但是母亲不在家、没人做饭的时候，父亲也会下厨给孩子们做一桌饭菜。在这一点上，母亲梁碧霞跟父亲也是一样的态度，冬天下雪的时候，只要父亲在家母亲从来不会出门扫雪，但如果父亲不在家，母亲也会拿起铲子去铲雪。父亲教育费利克斯说，做饭、打扫屋子是女人家的事，刷墙这样的重活则绝对是男人的事。父亲之所以对一双儿女采用双重标准也是为孩子以后成家打下基础，希望他们都能在各自的家庭中担负起相应的责任。当被问到潘家是不是潘汉辉说了算时，费利克斯表示不同意。“我们家看上去是我爸说了算，其实真正拿主意的是我妈。我爸的角色就是出去工作，挣钱回家而已。”费利克斯说道。

潘汉辉对家务的态度让梁碧霞也颇有意见。珍妮弗说，自从费利克斯进了麦克马斯特大学开始住校后，就只剩下她一个人面对父母的纠纷：“我很想念费利克斯，我们俩感情很好……家里的情况就是这样，我父母关系很紧张。一个人面对他们的矛盾让我觉得心理负担很重，身边也没有能真正谈心的人，我又不想让正在读大学的弟弟也牵扯进来。”珍妮弗说，引发矛盾的往往都是家务琐事。父亲潘汉辉是个什么活儿都能上手的万事通，亲戚朋友谁家有事他都愿意去帮忙，偏偏自家的事却总是放着不管。“家里什么事情都是我妈妈一肩挑，”珍妮弗说，“各种缴费、打扫什么的，她受够了只有她一个人忙里忙外的日子。”

当然也不是所有矛盾都源于家务纷争。珍妮弗说，自从自己的谎话穿帮之后，父母就常常因为她的问题而争论不休：“家里剑拔弩张的……我觉得多少都有我的错，都是因为我的谎话……爸妈吵架经常都是因为我，该拿我怎么办，怎么让我重回正轨。”

随着珍妮弗在多伦多大学的“毕业”日期逐渐逼近，潘汉辉开始说起要参加她的毕业典礼。珍妮弗知道，要闯过这一关，非得扯个弥天大谎才行。显然她做到了。黄志光帮珍妮弗用500加元从网上买了一张伪造的多伦多大学的毕业证书，这算是成功了一半。“能不能蒙得过去就看这个谎了。”珍妮弗说，“父母肯定都想参加孩子的毕业典礼，我爸妈问我毕业典礼的日期，什么时候拍毕业照，订照片要花多少钱。我就拼命琢磨怎么扯才能混过去。”最后，珍妮弗告诉父母说，因为毕业生人数太多，毕业生家属只能去一个人观礼：“我不想只让父母中一人来观礼，所以索性把自己的票送给了同学。”

“能不能就站在礼堂外面看呢？没有座位也不要紧的。”潘汉辉说。但是珍妮弗坚持自己的说法，最终居然说服了父母。珍妮弗说，多亏那张假毕业证书证明了她已经从多伦多大学毕业，所以骗父母相信这个毕业典礼的谎就没有太大难度了。珍妮弗参加完“毕业典礼”回到家，潘汉辉提出要看毕业典礼的照片。珍妮弗说照片都在朋友的相机里，那个朋友一参加完毕业典礼就坐飞机回香港地区了。潘汉辉毕生的梦想就是亲眼看着女儿走上大学的讲台，接过药学专业的毕业证书。这个梦想无法实现，潘汉辉也只好认命，但他仍然想看到女儿事业有成。于是潘汉辉立刻着手教导女儿怎么为事业发展做准备，怎么写出令用人单位青睐的简历，怎么积累工作经验。珍妮弗顺着潘汉辉的心意，乖乖写好了简历，简历列出了她的技能，但是避而不谈瑞尔森大学的教育背景，当然也只字不提她中学未能毕业的事实。投出多份简历后，珍妮弗得到了一个沃尔玛药房的面试机会，但面试之后便杳无音信。

没有找到工作又不能让父亲失望，于是珍妮弗就为自己“造”了一份工作。珍妮弗告诉潘汉辉自己开始在加拿大最好的儿童医院——多伦多大学附属儿童医院——当志愿者，在血液化验室工作。为了方便和黄志光幽会，她声称工作时间是周五晚上和周末期间。她对父母说，她是在一面做善事，一面积累工作经验。珍妮弗说等到攒够志愿服务时间，多伦多大学就会安排她参加一个实际操作测试，通过了这个测试，日后找工作就方便了。事实证明，珍妮弗的这个谎扯得太离谱，让潘汉辉起了疑心——怎么没看见珍妮弗的医院工作服、实验室工作服和进出医院的门卡？潘汉辉嘴上没说什么，但是鉴于近来女儿经常有些让人不放心的怪异举止，他决定自己去探个究竟。

一天，珍妮弗正要去多伦多大学附属儿童医院"上班"，潘汉辉突然提出要开车送她进城，并且让梁碧霞也一起去。珍妮弗不让父亲送，但是潘汉辉很坚持。珍妮弗说："我爸看出我不对劲。我平时不是这样失魂落魄、丢三落四的。我当时就想着没有员工门卡我怎么能进到儿童医院里面去，我脑子里乱成一团，一路上拼命淌汗。到了儿童医院我飞快地下了车，想赶紧找个地方躲起来，但是爸爸让妈妈跟着我下了车。我从急诊室入口进了医院，我吓坏了，躲在急诊候诊室里好几个小时没敢出来。"当初珍妮弗轻松瞒过父母，捏造了在医院志愿服务的谎话，如今她终于跌回了现实。

第二天一大早，梁碧霞直接打电话给珍妮弗的闺蜜托帕斯，问她珍妮弗在哪里。托帕斯当时睡眼惺忪，忘了珍妮弗交代过她现在谎称周末都住在托帕斯这里。托帕斯直言珍妮弗不在。"事情就开始露馅了。"珍妮弗说道。梁碧霞转头立刻给22岁的珍妮弗打电话，命令她立刻回家。

珍妮弗回到家，看得出潘汉辉怒火中烧。"我以为爸爸会跟我断绝父女关系。"珍妮弗回忆道。潘汉辉扬言要把珍妮弗赶出家门，但是被梁碧霞阻止了。潘汉辉当时放了很多狠话，其中一条就是断绝父女关系，证明珍妮弗之前猜得不错。潘汉辉还扬言要雇私家侦探跟踪珍妮弗，确保她不再和黄志光见面。潘汉辉怒不可遏，声泪俱下地咆哮怒骂。潘汉辉后来回忆说:“我当时气死了,我就说给你两条路选:要么你留在家里,继续去上学;要么你就跟着黄志光过,再也别回这个家。”接着他又加了一句现在看来极度不祥的话:“除非我死了,不然我绝对不会让你住在家里还跟他继续来往。”这算是潘汉辉给珍妮弗的最后通牒。

事后潘汉辉为自己辩解说,这些都是在气头上说的话,都不当真的。“这些话都是我因为气不过才说的。这个人[1]帮我女儿逃了四年的学,哪个父亲受得了?我说这话并不代表如果她真跟黄志光在一起,我就当真不再关心她了。哪个父母对孩子不是一片真心?她做了错事,我会发火,但是她到底还是我女儿,我不可能一直生她的气。”

珍妮弗说,看起来自己好像有两条路可选,事实上自己根本别无选择。“我不可能抛下父母,”珍妮弗说道,“家人永远是第一位的,这个由不得我选择。”

谎言败露让珍妮弗惊慌失措,面对咆哮如雷的父母,珍妮弗迅速做出了判断:哪些可以承认,哪些绝对不能交代。惊恐之中的珍妮弗居然临时开发出了一种撒谎的新花样:半真半假。珍妮弗承认自己近来确实都住在黄志光家,在多伦多大学附属儿童医院的志愿工作也是胡编乱造的,但是她瞒住了中学肄业和伪造瑞尔森大学学历的事。至于多伦多大学的学习,珍妮弗对父母说自己上的是函授课程。这是珍妮弗第一次有机会和盘托出一切真相,但她放弃了这个可以让一切重回正轨的机会。

应该说珍妮弗半真半假的谎言奏效了,起码在当时奏效了。父母决定关她禁闭,但只是短短两周而已。作为惩罚,潘汉辉不允许珍妮弗

1 指黄志光。

晚上出门，还严格限制了珍妮弗白天出门的自由，这对珍妮弗的生活影响非常大。除了上班和上钢琴课这两件父母批准的事，珍妮弗每次外出都必须先征得父母同意。手机和笔记本电脑这两样和外界沟通的工具也被父母没收了。迫于父母的压力，珍妮弗不得不辞掉了在东区马里奥餐厅和波士顿披萨餐厅的工作，原来在波士顿披萨餐厅她经常多干几个小时，增加和黄志光见面的机会。潘汉辉的理由是，深更半夜才下班的餐厅工作本来就不适合珍妮弗这样的年轻姑娘。当着父亲的面，珍妮弗同意了父亲的要求，不再想着离家独立，但那只是阳奉阴违而已。她贪恋着父母舒适温暖的家，却又不情愿遵守潘汉辉定下的家规。珍妮弗违抗父命的出发点是担心黄志光会因此离开自己，失去黄志光对珍妮弗来说才是最致命的打击，她把黄志光和自己想象成罗密欧与朱丽叶，觉得他们俩的爱情坚不可摧。只有黄志光能化解她内心深处的忧郁，只有和黄志光在一起，自己才能幸福。

“我觉得她和黄志光在一起的时候就不那么恨自己了，”黄志光的一个朋友这样评论道，“黄志光无条件的爱让珍妮弗的内心获得了平静，所以珍妮弗时刻都想和黄志光黏在一起，有点离了他没法活的感觉，珍妮弗这人特别需要别人的肯定。”

庭审时，珍妮弗、费利克斯和潘汉辉都回忆说那次家里闹得很吓人：潘汉辉对珍妮弗连声怒吼，梁碧霞则一直哭哭啼啼。之后几天，家里气氛都很紧张。“爸妈很恼火，我爸吼了一天。不过后来，他也还是在努力往回找补以缓和气氛。”费利克斯说道。他说潘家的教子策略是先孤立孩子，然后再做工作，慢慢让孩子回心转意。潘汉辉和梁碧霞固守着传统亚裔家庭的教育理念，希望孩子听父母的话，不过他们也不希望就此失去女儿，所以还是给珍妮弗留了改过的机会。

关珍妮弗禁闭的结果是梁碧霞几乎成了女儿的全天保姆。母女二人总是一起待在家里，一起出门办事，或者一起去照顾生病的亲戚。父母还敦促珍妮弗重新捡起生疏了的钢琴演奏技巧，拿下皇家音乐学院的教师资格证。获得这个证书需要通过一项综合考评，应试者必须熟记多首乐曲的曲谱，并且通过音乐史和旋律对位法的考核。应试者的备考时间少则数月，多则数年。“我逼她上完乐理课，这样好得一个教钢琴的资格证。”潘汉辉在法庭上这样说道。

从被关禁闭的第一天开始，珍妮弗就故技重施，想方设法逃避惩罚。她借口说要用手机查看求职信有没有回音，面对女儿这样的要求，梁碧霞让步了，告诉珍妮弗手机被潘汉辉收在了哪里。珍妮弗就利用这些机会查看黄志光的来电，和他简短联系一下。“我确实趁机偷偷给黄志光打过几次电话。”珍妮弗说，“我妈给我一两分钟时间查手机短信……我就利用这个机会查看一下来电记录。黄志光因为担心我，所以有时候会给我打电话，我看到有黄志光的未接来电就立刻删掉，这样不会被我爸看到。”当被问到在此期间有没有和黄志光见面时，珍妮弗坚称，两人完全没有来往。“我没法出门，妈妈差不多时时刻刻都和我在一起。”珍妮弗说道，“黄志光很郁闷，他想来女友家的时候没法来。我告诉他我爸妈看不上他，觉得是他把我带坏了……我们彼此相爱，想长相厮守，但是条件不允许。我们的感情承受着很大的压力……”

慢慢地，父母的管束放松了一点，他们允许珍妮弗当着他们的面用电脑和手机，允许珍妮弗开着梁碧霞的车去上钢琴课。当然父母严格监督里程表，掌握珍妮弗的去向。再后来，珍妮弗终于能躲在房间里偷偷和黄志光通电话了。珍妮弗几乎立刻就开始挥霍这得来不易的自由。一天晚上，黄志光打电话给她，说没有珍妮弗在身边自己觉得空虚无比。恋人的话让珍妮弗很心痛，无论如何都很难做到袖手旁观。“我妥协了，”珍妮弗说道，“半夜我父母都睡着了之后，我让一个朋友开车把我送到黄志光家……我把被子堆成人形，装成我还睡在里面的样子。”珍妮弗觉得只有黄志光才能平复那无时无刻不在折磨自己的挫败感，唯一能帮她回归现实的就是和黄志光之间的感情。因为担心父母的阻挠会让她失去黄志光，那天晚上，珍妮弗和黄志光约定，如果两人最终无法修成正果，也还要做好朋友，黄志光也同意了。

但是命运再一次捉弄了珍妮弗。因为珍妮弗前一天用了母亲的钱包没还，梁碧霞一大早就去珍妮弗的房间拿钱包，结果发现珍妮弗已不知踪影。梁碧霞立刻给珍妮弗打电话，命令她马上回家。早上7点，珍妮弗终于回到了家，梁碧霞自然气愤不已，而珍妮弗在回家的路上就想好了蒙混过关的谎话。她说自己只是一大早溜出门在附近的咖啡馆和黄志光见了一面。“我觉得我和黄志光见面没什么错，”珍妮弗后来说道，“但是爸妈偏要给我定这些规矩，让我心里充满了负罪感。我爸妈觉得我这个年龄的女孩如果结婚前在男友家留宿会给家里带来很坏很坏的影响。”

自从珍妮弗偷会过黄志光之后，潘汉辉和梁碧霞开始琢磨用别的办法来让女儿重回正轨，他们甚至想过要送珍妮弗去新布伦瑞克省，让她住到当老师的叔叔家去，好彻底了断和黄志光的瓜葛。“我被逼无奈，只好和黄志光一刀两断，重新申请大学，开始新的生活。”珍妮弗说道，“我爸妈甚至想让我离开安大略省，到外地去上学。”

珍妮弗明白父母要拆散她和黄志光的决心有多大，然而，这反而让她更加坚决地要和父母对抗到底。偷会事件之后，弟弟费利克斯也站到父母一边，开始批评姐姐。费利克斯说："我当时刚发现他们俩又开始来往，一开始是我爸妈先发现的，为了这件事他们一直吵架，让我觉得特别烦。我就质问姐姐，为什么明知道会惹爸妈生气还继续跟那个人来往。她怎么回答的我不记得了，我当时太生气了，也没仔细听她是怎么说的。"

关于费利克斯那天的情绪，珍妮弗说道："他觉得我那么做就是在破坏这个家。我没法为了顾及家人的感受就不再爱一个人，这我做不到，我弟弟不能理解我的心情。"

徐华博士说，这种情况在找她做心理咨询的年轻人中很常见——原生家庭里糟糕的父女关系导致女儿长大后很难从一段感情中抽身。"和父亲感情亲近的女生，比较不容易有婚前性行为，也不太容易和渣男纠缠不清。"徐华博士说道，"相反，和父亲感情疏离的女生不容易懂得自我保护，在感情中往往表现得非常不明智，缺乏判断力，很容易产生一种'我这辈子再也不可能遇到这样的男人'的想法。"

被困在家里的珍妮弗越来越沮丧，于是她又用上了她唯一擅长的方法让自己重整旗鼓——重新编一套谎话。珍妮弗对父母撒谎说面试过她的那个沃尔玛药房要她去上班，尽管明知真相迟早要败露，但是只要当下能获取一些自由，珍妮弗不惜铤而走险。潘汉辉听到这消息很开心，立刻叫梁碧霞把汽车让给珍妮弗，让珍妮弗开去上班。

为了让谎言更可信，珍妮弗把这个消息告诉了身边每一个人。"她说她需要攒够药房工作时间来完成药科学位，她经常跟我说这话。"弟弟费利克斯回忆道。对表妹米歇尔，珍妮弗谎称她的工作是在药房仓库打包、拆包、给药品贴标签。珍妮弗在东区马里奥餐厅的同事梅利莎也说，珍妮弗不再提在多伦多大学附属儿童医院的志愿服务后，就一直说她在药房工作，说了很久。

但是，潘汉辉头脑很清楚，他觉得这一切未免太完美了，而且他还是觉得奇怪：女儿既没有工作服也没有门卡，怎么能在药房工作？于是，在珍妮弗声称在沃尔玛药房工作两周后，潘汉辉向珍妮弗要她的工资单看。[1] 珍妮弗眼睛都不眨，一口答应下来，但她骗父亲说自己把工资单落在了单位的储物柜里。第二天回家时，珍妮弗拿出了自己的工资单，当然这其实是她照着网上找来的沃尔玛员工工资单炮制出来的。第二天，潘汉辉执意要开车送珍妮弗上班，珍妮弗也没有抗拒，因为这次她事先已经去沃尔玛药房踩过点。他们到药房的时候，珍妮弗运气好，正赶上有人从员工入口出来，于是珍妮弗就势溜了进去，躲在药房里直到潘汉辉离开，然后就去了图书馆。但是这些都不足以消除潘汉辉的猜疑。珍妮弗回家后，潘汉辉命令她坐到电脑前面，调出个人银行账户明细，让潘汉辉看到沃尔玛药房的工资进项。

谎言又一次被揭穿，即便这样，珍妮弗也没有就此收手，而是再次用上了她半真半假的蒙混新技能。珍妮弗承认在药房工作是骗人的，并且利用这次机会坦白说自己并没从多伦多大学毕业，澄清了这个谎言。不过她没有交代自己中学肄业以及伪造瑞尔森大学学历的事。这些真相都是潘汉辉在案发后才得知的。潘汉辉也趁此责问家里座机上显示有一通波士顿披萨餐厅的来电是怎么回事。“你撒谎！撒谎！撒谎！”潘汉辉对女儿咆哮着。已经有上次惩罚的先例，这一次该怎么应对？潘汉辉决定将控制权完全掌握在自己手中。“你给我听好了：不想上学，门都没有！”潘汉辉这么告诉珍妮弗。

1 加拿大的工资一般每两周结算一次。

珍妮弗明白，潘汉辉再也不会轻易相信自己说的任何话，自己已经彻底失去了父亲的信任。“我觉得，不管我说什么，爸爸都不会再相信我了。”珍妮弗说道，“我觉得我不是他想要的女儿，不管今后我再做什么，再怎么努力，我和父亲的关系都不可能回到从前了。信任一旦被破坏就再也回不来了。”

25. 软　禁

◇◆◇

潘汉辉勒令女儿坐在电脑前面写了一份给黄志光的邮件，大意是今后不会再和他见面。潘汉辉相当决绝，他甚至让珍妮弗在邮件中把这个决定全怪到自己身上。

珍妮弗说自己得还清欠着黄志光的3000加元，潘汉辉二话不说，当场开了一张3000加元的支票，潘汉辉似乎把这笔所谓“还款”当成了让黄志光远离珍妮弗而支付的费用。随后，潘汉辉和珍妮弗一起申请了三所大专院校。后来，珍妮弗申请的百年理工学院实验室技术员专业最终录取了珍妮弗，录取通知寄到后，潘汉辉又爽快地为珍妮弗支付了3000加元的学费。珍妮弗后来说，在申请学校的过程中，父女二人释放了积压许久的情绪，双双痛哭流涕。

药房谎言东窗事发后，珍妮弗不许踏出家门的惩罚从第一次谎言败露后的两周变成了现在的无限期。珍妮弗为了溜出家门制造的各种借口都显得越来越不靠谱，连梁碧霞都不再相信她的话。珍妮弗说：

“妈妈非常失望，她想了各种办法，给了我那么多次机会，结果都让我弄砸了。我还是很爱妈妈，她也很爱我，但她跟我之间已经无话可说，妈妈也不再给我提任何建议。”如果要深究珍妮弗的生活是从什么时候开始崩溃的，那么应该就是这个时期了。她戴了这么多年的笑脸面具终于滑落，她觉得人生一败涂地，情绪也阴郁低沉到极点，一方面是因为无法和不在身边的黄志光保持日常联系，另一方面是因为身边的家人对她失望和气愤到不愿意再搭理她。

“我觉得没有人需要我，没有人爱我，我的人生毫无价值。”珍妮弗说道，“不管我做什么我爸爸都不会接受，不管我怎么努力他都不会认可，哪怕我做的是他觉得正确的事：这就是贯穿我生活的基调……就算做了错事结果也不过就是这样，相比来说，做错事还容易一点。”日子一天天过去，珍妮弗觉得自己完全被父母软禁了。

潘汉辉在法庭上也特别强调了不让珍妮弗用汽车的禁令，说她不值得信任。“我当时说：‘从现在开始，你没权用家里的汽车，你就在家里待着。’”潘汉辉回忆道，“我对女儿已经完全失去了信任，不过我还是希望她能好好学习，重新回去上学。”

“待在家里也不是件容易的事，我根本就没有自己的时间，他们都盼着我重新回去上学，平时总有谁看着我……晚上睡觉也被监视着，他们会突击检查我的手机，看我有没有打电话给黄志光。他们还经常查看家里座机的通话记录，看看有没有什么可疑的来电。不管什么事情都一而再再而三地反复检查。”

珍妮弗说家人的监视让她无法忍受：“这样的猜疑和不信任给我很大的心理压力，压得我喘不过气来。”她在脸书上发的帖子让她的朋友很为她担心。珍妮弗的一个朋友说看到她发过这样的话：“在自己家里住着就好像被软禁一样”,“没人知道我的全部底细,他们加在一起也不知道我的全部底细……我喜欢活得像个谜”。

珍妮弗的朋友们说,珍妮弗开始用行动和语言表达自己的生活境遇以及自己的内心感受,于是朋友们便多次力劝她索性搬出父母家,可珍妮弗对大家说:“我不能搬出去。我觉得家人还需要我,我得尽一切努力保全家人的脸面。”

音乐老师费尔南多·巴尔达西尼也看出珍妮弗心事重重。珍妮弗告诉他,表妹米歇尔可以交男友,而自己却不能有男友。巴尔达西尼老师说:“我告诉她,她应该离开父母,自己独立生活,她不可能既留在家里又想事事顺着自己的心意。”而珍妮弗的回答是,她不能从家里搬出来。虽然在庭审中珍妮弗声称自己没有选择从父母家搬出来是出于对家人的责任感,但巴尔达西尼老师却认为,个中原因是珍妮弗不想放弃依赖父母的舒适生活,他觉得珍妮弗对于靠自己的努力能否过上同等的舒适生活非常怀疑。

珍妮弗对音乐老师倾诉的细节现在看来都是一派胡言。“她说父亲到处跟踪她,她去哪里,父亲就跟到哪里。”音乐老师巴尔达西尼说道。

珍妮弗的朋友梅利莎也反复问珍妮弗:既然在家里日子那么难过,为什么还要继续住在家里?珍妮弗的回答是:“我要是搬出来就再也回不去了,搬出来就等于和家里断绝关系,要想再改主意就不行了。”

珍妮弗的前男友阿德里安是珍妮弗多年的知己,他和费利克斯一样在麦克马斯特大学学习。他很担心珍妮弗,所以纠集了一帮朋友凑在一起讨论珍妮弗近来的奇怪行为和她越来越多的谎言。“她说起工作的时候很多话前后对不上。”阿德里安说道,“我们都很好奇,不停地问了她很多问题。”当阿德里安让珍妮弗回答这些问题的时候,珍妮弗直接说她不想谈这些。用珍妮弗的话说，当朋友们问起细节问题时，她就“不停地换话题”。阿德里安说，朋友们给珍妮弗出主意，说来说去就一个问题：你为什么不索性离开父母搬出去住？

“她不喜欢父母的各种限制，感觉他们像管中学生那样管着她。”阿德里安补充说道，“我们都跟她说，如果跟父母真没法相处了，你可以直接搬出来住嘛，我们可以帮你找间公寓。但是她又担心搬出来会破坏和父母之间的感情。她觉得自己必须给父母养老。”说起珍妮弗在那段时间的所作所为，阿德里安回忆起来觉得好像一直在玩拼词游戏：“我记得得经常开导她，不让她钻牛角尖。”

想帮珍妮弗的不止阿德里安一个人。黄志光也介入了，他哀求珍妮弗离开囚禁她的“魔窟”，他让珍妮弗和他一起搬到他们家以前在士嘉堡区的住处，现在那房子只有他的姨妈和外婆住，但珍妮弗再次拒绝了这样的建议。“我需要家人在身边，”珍妮弗说，“我希望他们最终能接纳我。我不想一个人离开家单过，我一直都是家里重要的一员。小时候，我的世界里就只有家人。如果搬出去的话我会觉得很丢脸。孩子就应该和家人同住，直到自己结婚成家。”

至于结婚，黄志光说当时他还没有结婚的打算，珍妮弗也说：“我还没决定要嫁给他。”“一个人搬出去单过？如果我想的话是可以做到的，但是我不想这么做。”话虽这么说，但是看她对黄志光不顾一切的付出，我们不禁要想，如果真被求婚的话，珍妮弗会不会就答应了。

没过多久，黄志光终于认清了两人面对的现实，认为该放手时就得放手。他决定和珍妮弗分手。“你自己一个人再想想，要是你想来找我的话就再回来找我。”珍妮弗说黄志光是这么跟她说的。黄志光对警方说，主动提出分手是出于尊重珍妮弗的父母不同意他们继续交往的意愿，所以他也就搁下这头，自己另寻幸福去了。

虽然黄志光的话表示了今后复合的可能，但是他这番分手宣言让珍妮弗如堕深渊。以前他也说过类似的话，但这一次，他是认真的，而且他自己也十分痛苦。

“说实话，我的心都碎了。”珍妮弗说道，“彻彻底底心碎的感觉。我以为他会跟我一起……想个什么办法出来。这样的结果，让我觉得很失望，更觉得自己不值得被人爱，对不住身边的人。后来我们就不再像以前那样频繁联系。我拥有的一切差不多都被夺走了……我的世界整个坍塌了。”和父母之间的紧张关系也让珍妮弗的心愈加远离家庭。她没有向父母倾吐实情，释放被压抑的情绪，而是选择缄口不言。每到夜晚，珍妮弗的脑子里就闪过一些黑暗的念头，绝望的情绪慢慢吞噬着她的内心。和黄志光分手期间，珍妮弗开始考虑各种自杀方案，因为她看不到任何可以帮她走出困境的办法。

“我觉得自己是个彻头彻尾的失败者。我说了那么多谎，因为我的谎言发生了那么多事。”珍妮弗说道，“我觉得我谁都对不住，没人需要我，没人要我陪，我觉得自己完全被忽视了……我不想再活下去，只想一了百了。”珍妮弗说，从身边所有男性身上，她体会到的都是被抛弃的感觉——黄志光也好，潘汉辉也罢，费利克斯也好，全都一样。她一只手紧抓着一瓶泰利诺，另一只手抓着从酒柜里翻出来的伏特加。她的脑子里开始了辩论：她到底愿意付出什么？珍妮弗往手里倒了满满一把药片，心跳陡然加速，内心真实的想法突然逼近。出于本能，她的回答很简单：珍妮弗不想死。珍妮弗回忆说：“我停了下来。虽然我觉得完全过不下去了，但我还是停了下来。”与黄志光共度余生的愿景让她不忍放弃生命。她体会过幸福的滋味，她知道什么是快乐。为什么了断生命的人得是她呢?

珍妮弗痛饮了好几口伏特加,又吃了三片泰利诺,很快她就觉得难受起来。她吐了一阵,最后晕了过去。第二天早上,屋里一片寂静。前一晚的药片和烈酒都还在原处。珍妮弗头痛欲裂,同时又觉得昏昏沉沉。最终她控制住了自杀的欲望,放弃了对死亡的病态幻想,这种幻想在她还未上中学时就因为抑郁开始慢慢成形。

在美国和加拿大,年轻优秀的亚裔青年自杀屡见不鲜。仅2014年4月短短一个月内就发生了三起:29岁的哥伦比亚大学亚裔牙科女学生李继媛自杀身亡,死前她留下了一张纸条,说自己"无法达到大家的期望";波士顿大学生物医学工程系大二学生凯文·李自杀身亡;学习经济学的安德鲁·孙在20岁时自杀。以上只是2014年150起亚裔大学生自杀事件中的三起。2015年初,耶鲁大学数学系亚裔学生王璐畅纵身跃下金门大桥自杀身亡,年仅20岁。亚裔大学生的自杀比例比美国全国的平均数值高出不少。

特别值得注意的是,美国心理学会2007年的统计数据表明,亚裔女性的自杀概率在美国15到24岁之间的年轻女性中高居第二,仅次于美国原住民女性。

2013年,中国成都一名10岁的小学生从30层楼上纵身跃下,自杀的原因疑是因在朗读比赛时讲话,老师要他写一份1000字的检讨。跳楼自杀这种极端形式是年轻人最常见的自杀方式。一个在美国的中国留学生写到了在中国上学时的自杀念头,原文发布在潘家案件新闻报道的读者评论栏里。

我是一个中国留学生,我在中国接受的所有教育就是补习、考试和排名。我经历了前面评论里说到的所有“折磨”，其中尤以中考最为痛苦。我的家乡只有一所重点高中，全城所有学生都拼了命要考进这所学校。想想中国的人口数量，竞争是疯狂的。我就读的初中也是一所重点中学，学校希望能保持每年升入重点高中的毕业生人数纪录，所以把初三毕业生逼到让人发疯的地步。我们每天早上7点开始上课，一天基本上都待在学校。白天上课还不算完，晚自习6点30分开始，直到晚上10点才下晚自习。晚上回到家还要继续做作业。周末和寒暑假我们还要参加补习班。这样疯狂的日子，我过了整整两年，到头来就为了那一场考试。家长和老师时刻督促，学校还张榜公布月考成绩排名。真不是人过的日子，我当时非常抑郁。我当时觉得所有的同学最后大概都会选择自行了断生命。为什么不呢？那样的生活真的一点意义都没有，总有一天你会被压力和自责压垮，你能获得的最高奖赏就是一天不做作业。我当时就想找一天了结这生活，还没等我行动，我们学校有个同学就自杀了。他爸妈到学校来的时候，我看到他们脸上难以想象的绝望表情，后来我就没再想过自杀。我毕业以后，听说我的母校又有两个学生自杀了。

巨大学业压力的另一种后果是暴力倾向，不过这样的案例比自杀罕见，发生过的案例也没有充分曝光。全美亚裔心理学协会主席徐华博士说她了解一些发生在南加州的案例，孩子突然爆发出似乎是毫无缘由的、针对父母的暴力倾向（此类事件曾一度高发，以至成为一种趋势）。“珍妮弗·潘案件的细节确实令人震惊，但是相比长期处于高压之下的人最终情绪和行为失控的各种案例，倒也没有什么特别惊人之处。”徐华博士说道，“我们看到，往往都是一些平时遵纪守法、表现优秀的人突然捅出了大娄子：完美得无可挑剔的孩子拿刀捅了父母或者有其他家暴行为。警方一开始接手这样的案件时都会大吃一惊，不过随着案例增多，他们现在对这样的家庭也见怪不怪了。”

一直谨小慎微、唯命是从的人有时候会在某个时刻突然爆发。韩国一个18岁的男生被控杀害了自己的母亲。他的母亲是个完美主义者，整天就想着要他考进国立首尔大学。据新闻报道，男生长期遭受母亲的毒打，也开始炮制假成绩单。男生后来用一把厨刀捅死了母亲，之后任由尸体留在家中长达八个月之久。

来自美国堪萨斯州的16岁少女埃斯米·曾是个优等生，是全州同年龄孩子中钢琴演奏得最优秀的。因为不堪忍受母亲施加的无情压力和心理折磨，这个花季少女最终用刀将母亲捅死。在Reddit网站“亚洲父母的故事”版关于珍妮弗案件讨论的帖子里可以看到，谋杀父母是不少亚裔子女都曾有过的念头。有一条评论这样写道：“这究竟是怎么回事？我爸妈也是亚洲人，这种压力对我来说是家常便饭，我爸妈教训我的时候——其实就是对我大吼大叫啦，我真是想杀了他们。”

26. 战战兢兢

◇◆◇

人总不免被七情六欲摆布，贪恋金钱、自尊心、友谊和“面子”会让人失去理智，犯下大错，尤其是“要面子”，特别容易令年轻男性失去理智，自毁前程。黄志光的情况便是如此。

对黄志光来说，朋友交情比什么都重要。他从朋友的帮助中获益，也很享受身边的兄弟找自己帮忙，不管是哪个小兄弟需要搭把手，还是有人要买大麻，抑或是哪个女生需要关注，黄志光都乐意效劳。

假如黄志光满足于一辈子辛勤工作、给人打工，兴许就能躲过珍妮弗的控制，然而餐厅经理辛苦且枯燥的生活越来越无法让黄志光产生兴趣，他对生活还有更高的要求。案发前一年黄志光和珍妮弗分手时，23岁的珍妮弗并不是唯一饱尝痛苦的一方，24岁的黄志光同样忧心忡忡。他和珍妮弗交往了七年，已经可以想象与子偕老的景象，而这份感情却硬生生地被扼杀。潘汉辉付给他的几千块钱只能聊作安慰，根本无法补偿黄志光在这段感情中投入的大量时间和精力——很多时间和精力都耗费在如何不被珍妮弗的父母发现。现在的结果是，黄志光想要和珍妮弗稳定下来长期发展的希望完全落空，他终于认清了现实：潘家人决不会接纳自己做女婿，与其这样，还不如赶紧另寻新欢。

于是黄志光鼓起勇气提出分手。黄志光了解珍妮弗的为人，知道她会执着地尽力挽回。为了确保分得干脆利落，黄志光选择了最为有效的分手方法，也就是完全切断和珍妮弗的联系，不接电话，不回短信。“她想每天都说一会儿话，她想让我们继续保持紧密联系。”黄志光说道，“她会打电话给我说：‘最近怎么样？工作还好吗？日子过得怎么样？’我就告诉她：‘这事不可能有什么解决办法。你爸妈坚决不让我们在一起，我们也没办法。’”

郁郁寡欢的珍妮弗很快就察觉，黄志光提出分手其实另有隐情——他们的感情出现了第三者。“我知道我们不可能在一起，我也不可能就跟她这么不冷不热地拖着，让她继续误会下去。”黄志光说，“所以我就直接告诉她说，我准备翻篇了，我碰到一个不错的姑娘。然后我就跟珍妮弗断了。”

黄志光说的不错的姑娘就是卡特里娜·维拉诺瓦，她是黄志光中学时的同班同学，两人从16岁开始就是好友。卡特里娜家是菲律宾移民，她自己在超市做兼职。黄志光和卡特里娜的恋情也并非一帆风顺。卡特里娜的母亲已经去世，现在她和父亲住在一起，同住的还有卡特里娜和前男友生的一个儿子。黄志光的父母并不看好他和卡特里娜的关系，他们更喜欢珍妮弗，因为觉得珍妮弗给儿子带来了积极的影响。“我家里起了很大的矛盾，”黄志光交代说，“我父母不赞成我和卡特里娜在一起。”为了和卡特里娜见面，黄志光大部分时间都不在家。他们要么在波士顿披萨餐厅见面，要么在300英雄俱乐部见面（卡特里娜很喜欢打保龄球)。和卡特里娜的交往对黄志光也有一定的积极作用。卡特里娜比黄志光大三岁，她比珍妮弗要成熟得多，而且空余时间也多，只要黄志光想见面，任何时间都可以。撇开黄志光父母的反对不谈，黄志光和卡特里娜交往起来觉得放松很多，不像和珍妮弗谈恋爱时总是一方没完没了地哭哭啼啼，另一方没完没了地讨好赔不是。黄志光后来在给珍妮弗的一条短信中说："我跟你在一起总是战战兢兢的。"

"我当时觉得，他们之间有很强的吸引力，可能真的会开始谈恋爱，但他们俩还远远没到亲密无间的程度。"说起黄志光的新恋情，珍妮弗满腹怨恨，"我知道她能给黄志光幸福，她的时间也多，也没有各种限制。黄志光已经翻篇了，只要他想，他随时都可以去找卡特里娜。这种感觉就像是我被取代了，他根本就不会再想念我，他根本就不能体会一个人孤孤单单的感觉。我觉得……我大概很快就会成为他的回忆。"

聊起黄志光时，卡特里娜说，黄志光"头脑很灵光"，经常靠说笑话来掩盖内心的真实情感。"他很风趣，"卡特里娜说道，"但是他从来不表露心迹，就是不停地说笑话。说实话，我很难让他认真起来。他有点傻不拉叽的，不过工作很卖力。他心里只有工作，只要和工作相关，他一定会去做。"

卡特里娜也知道黄志光心里还惦记着珍妮弗，但她比较豁达，任自己和黄志光的感情顺其自然地发展，也没有逼迫黄志光和前任断绝来往："黄志光跟我说珍妮弗会一直等他，不过他有时候也会抱怨说珍妮弗老来烦他。我不是很信他这话，我每次见到珍妮弗都觉得她挺安静的，一点都不像会无理取闹的样子。"

珍妮弗嘴上说自己能平静地接受黄志光和卡特里娜的恋情，还唱高调说只要黄志光幸福就好，行动上她也确实竭力表现得很成熟，似乎对黄志光的新感情安之若素。实际上，珍妮弗心里对卡特里娜嫉妒得发疯，黄志光的移情别恋让珍妮弗的内心完全崩溃了。庭审期间，黄志光的律师劳伦斯·科恩问珍妮弗她是不是很讨厌卡特里娜，珍妮弗避而不答，只说卡特里娜给了黄志光幸福。到最后，珍妮弗才咬牙切齿地说自己根本没把卡特里娜放在眼里。

珍妮弗很清楚，爱情和战争一样，没有什么公平可言，为了拆散黄志光和卡特里娜，她孜孜不倦地尝试了各种方法，可谓无所不用其极。

珍妮弗给黄志光发过这样荒唐的短信，短信前言不搭后语，透露出珍妮弗的种种胡思乱想。

> 我真是要疯了。你要我给你空间，那好，那我就来担起所有的压力。你要是这么离不开她，想和她温存，就让我自己一个人痛苦好了。别接我电话也别回我短信，让我一个人自生自灭。这么多天来，我一个人撑得有多辛苦，你知道吗？其实根本就不是我跟你之间有什么问题，问题都在卡特里娜身上。你在逃避什么？是不想结婚吗？我不知道。如果你只是更想和她上床才联合她一起来惩罚我，那就跟我直接把话说清楚。我已经累垮了，再也撑不下去了。我爱你，我一直挂念着你，但我还是尽了最大努力给你空间。听说你还在和她约会，说明你心里根本没有我。我命中注定要跟你厮守。我爱你，我爱你的一切，除非你忘了我。你做的这一切都让我好难受，我这会儿就在一个人哭。我马上要去机场，鬼知道会发生什么事。

珍妮弗的症结在于，一方面她不想让别人看出自己是个嫉妒心爆棚的前女友，另一方面她又控制不住自己的醋性大发。当下她被父母关在家里，生活中实在也没什么其他事能让她分分神或散散心。黄志光嘴上虽然说自己翻篇了，但其实也做不到完全忽视珍妮弗的存在。他可能确实没主动给珍妮弗打电话，但他常常让朋友或者朋友的女友去看看珍妮弗的情况。“七年可不算短，她为我做的一切让我很感激。”黄志光这样解释他为什么还去关心珍妮弗，“我们还是最好的朋友。”

潘汉辉下达最后通牒后，珍妮弗腹背受敌。一头是黄志光提出分手，另一头是家人也因为她谎话连篇而极为不满。父亲潘汉辉余怒未消，整天板着脸，根本不愿跟女儿说话，珍妮弗说潘汉辉好几周都不理睬自己。

弟弟费利克斯对家里的闹剧厌烦透顶，能不回家就不回家。难得周末回家就去女友家待着，躲开家里的压力和矛盾。珍妮弗说，费利克斯一般周一早早就赶回学校，要么说学校里有事，要么说要参加活动。费利克斯曾发过这样的短信给女友：我很烦，不想见到我姐，他们那堆事我都懒得管。我姐喜怒无常，我真是讨厌见到她。家里死气沉沉的，根本不想回来。

梁碧霞一直是家里的和事佬，她对珍妮弗有意见会当面跟珍妮弗直说，然后再努力去化解矛盾，潘汉辉的怒气可没有那么容易平复。“以前我爸和我弟出门的时候都会叫上我。我其实蛮喜欢汽车的，所以他们出门修汽车都会叫我一起去，可后来他们就再也不喊我了，他们出门根本都不告诉我。”珍妮弗说道。珍妮弗还说了一件事，有一次，潘汉辉和费利克斯在车库里捣鼓汽车，珍妮弗拿了饮料去车库找他们，本来这是珍妮弗缓和与父亲和弟弟关系的好机会，但父子俩完全无视珍妮弗的努力，背对着她，不理不睬。珍妮弗问父亲要不要请朋友来家里吃饭，她和母亲可以烧点菜招待他们。潘汉辉仍然不理睬珍妮弗，只把自己的答复说给费利克斯听，让他传话给梁碧霞。“自从给我下了最后通牒，我爸爸就再没跟我讲过一句话。”珍妮弗补充说，“哪怕我就在跟前，他也不直接跟我讲话，他会冲着别人说，但是让站在一边的我能听到。”

虽然珍妮弗也明白父亲的冷淡事出有因，毕竟她用杜撰的大学生活骗了父亲整整四年，但是珍妮弗心底还是觉得不公平。“我很恼火，我恨他这样对我，”珍妮弗说道，“我一直想做个好人，但我的努力没人认可。所以我就会想，既然这样，我为什么还要费劲讨好爸爸?”与此同时，珍妮弗也被一种深深的自卑感折磨着。“我觉得自己一事无成。我说了那么多谎话，我的谎言引起了那么多麻烦。我觉得我配不上身边的人，我不值得他们爱。”珍妮弗在法庭上这样陈述道，“没人需要我，我没有任何存在感，心里只想去死。”在珍妮弗的内心，对父亲的愤怒和无法抑制的自怜自艾这两种情绪在不断斗争，最终还是愤怒占了上风，让珍妮弗搭上了未来一辈子的人生。

基督教里有这样一句话：游手好闲是罪恶之源。这句话说的正是珍妮弗和黄志光当时的情况。珍妮弗每天被迫待在家里无所事事自不必说，黄志光在和卡特里娜交往时已放弃当中学音乐老师或者专业演奏人员的梦想，此时他既不需要上学，也没有黏人的女友，工作之余有大量空闲时间。

黄志光新近有了一个理想：自己加盟开一家波士顿披萨餐厅。开餐厅需要钱，赚钱心切的他怎么可能不理会以前那些大麻买主源源不断的供货要求？于是，黄志光又开始重新联系从前的贩毒生意伙伴，同时继续寻找新的合伙人。渐渐地，他和一个名叫伦弗德·克劳福德的人熟络起来，在此期间他还结识了杰弗里·付。当时，黄志光已经不再打保龄球，而是迷上了打彩弹。他一般在两个地方玩儿，一个是士嘉堡区附近的彩弹中心，另一个就是约克岱尔商场附近的彩弹场。这里的员工回忆说，黄志光每次来一玩就是好几个小时，有个员工甚至还记得黄志光带珍妮弗一起来打过彩弹。这一点属实，黄志光和珍妮弗有一次还带费利克斯来玩过一次。

珍妮弗说，黄志光在短信里经常说到在外面“跑活儿”，她理解这是在外面送毒品的意思。虽然她对黄志光从事毒品交易颇为不满，但她现在已经控制不了黄志光交什么朋友和做什么营生。每天珍妮弗在家就是练琴、烧饭、打扫卫生、给家里的亲戚当司机（比如送中风的舅舅和重病的外公去看医生）。珍妮弗的外公在102岁时罹患肺炎，健康状况每况愈下。

潘汉辉原指望珍妮弗能如自己所愿，彻底和黄志光断了往来，但在这件事上，他显然低估了女儿的决心和意志。没有黄志光，珍妮弗就像没了主心骨，一时间困扰自己的种种情绪都没了宣泄出口，哪怕和朋友聊天不欢而散都会让她心情郁闷一整天。长久以来，黄志光，连同他的工作、爱好以及朋友，都是珍妮弗的情感寄托。没有了黄志光，珍妮弗终日只能流连在社交网站或者给朋友打电话，以此来打发时间。珍妮弗希望被需要，被关心，被爱，而这样的愿望却无法实现，她深深体会到一种不安全感，怕被抛弃的忧虑让她日渐憔悴。不过没过多久，惧怕孤独的珍妮弗就开始招惹身边的男性友人。虽然她认定黄志光是自己的真命天子，但这并不妨碍她跟别的男性朋友眉来眼去。她招来了不少追求者，其中至少有两个男性朋友事后承认，当时很想和珍妮弗上床，两人都觉得自己有望抢先得手。珍妮弗和这些人打情骂俏主要靠电话。最讽刺的是，珍妮弗招蜂引蝶惹来的这些追求者都跟黄志光一样，最终成了将她带入命运深渊的致命毒药，甚至有过之而无不及。

珍妮弗的追求者中有一个人名叫安德鲁·蒙特马约尔，此人是珍妮弗人生故事中的核心人物。珍妮弗和安德鲁·蒙特马约尔自幼相识，但多年没联系，珍妮弗和黄志光分手后，两人重拾幼年友情。安德鲁·蒙特马约尔相比黄志光就是个坏男孩，而珍妮弗的另一个追求者爱德华·帕奇菲卡多则比黄志光更加多愁善感。爱德华是珍妮弗在东区马里奥餐厅时的同事，珍妮弗说他们已经约会好几个月了。虽然他们在一起的时间不多，但是两人讲电话的时间很长。和黄志光分手后，珍妮弗就周旋在这两个追求者之间。

有一位自称是黄志光哥们儿的匿名网友说，珍妮弗就是在这段时间激起了自己的兴趣。他说自己从来不知道黄志光和珍妮弗曾是男女朋友的关系。"她性格比较安静内向，总是笑眯眯的。"说起中学时代对珍妮弗的印象，这人这样写道，"我一直觉得她很聪明，学习上大有前途。中学毕业后，我在MSN上找到了她。我发现她比以前开朗了很多。我们经常打情骂俏，她会说她想那什么什么……你懂的。幸亏当时我没跟进。她控制欲太强了，而且明摆着是个撒谎精。"

其实不管珍妮弗怎么努力，她都没法断了对黄志光的念想。黄志光说珍妮弗操控自己的感情，只为了让两人保持联系："她会问'你干什么呢？和卡特里娜在一起吗？'之类的。有时候她会哭着说：'你不爱我了吗？我对你来说什么都不是了吗？'我们是很亲近的老朋友，听她说这样的话，我心里也不好受，会有负疚感，但是我心里明白我们俩不可能在一起。”

不管是机缘巧合还是机关算尽，和珍妮弗分手后没多久，黄志光就开始接到莫名其妙的骚扰电话和短信。“我们差不多不再联系了，过了一个月，我就开始受到各种骚扰。”黄志光这样说道。只有珍妮弗心里清楚，这些电话和短信里有多少是她的所作所为，有多少是真的匿名人士的骚扰。刚开始在家里座机和手机上接到骚扰电话时，黄志光觉得很恼火。“到2009年底，这种接了就挂断的电话越来越多，对方从来不出声。”黄志光说道。

黄志光说这些来电都不显示对方姓名，只显示“私人电话”：“有时候一晚上能接到100个，有时候70个，也有时候一晚上只有10个电话。如果我接了电话，他们可能会过一个小时再打来，如果我再接，可能过一阵子又会再打来。如果掐掉不接，电话就会一直一直响个不停……响一个晚上。”黄志光说他确实怀疑过这些电话和短信会不会是珍妮弗在捣鬼，他也问过珍妮弗很多次想弄清真相，但最后黄志光还是相信了珍妮弗的矢口否认：“疑点很多，不过我们毕竟相识那么久，一起经历了那么多，所以我相信她。但要说有什么响当当的证据能证明不是她干的，那我是没有。不过每次我遇到麻烦，珍妮弗总是支持我，帮助我渡过难关，所以我选择相信她，我觉得这是有人想整她搞的鬼。”

黄志光遇到的骚扰还不止于此。骚扰短信慢慢发展到勒令他完全不和珍妮弗联系，专心和卡特里娜交往。一开始黄志光收到的匿名短信是这样的：你不需要她，没有她你的日子更好过。别和她在一起。和卡特里娜在一起。没多久，短信内容就变成：我们可都在看着你呢。接着卡特里娜和珍妮弗也都相继收到了神秘短信。卡特里娜说她收到了威胁短信，内容是：你可得留神点。黄志光当时真的很担心，但卡特里娜后来说，她从没把这些短信当回事，最多就是觉得比较讨厌。珍妮弗也说收到过匿名电话和短信，还收到过一封邮件。据珍妮弗说，邮件里写着：卡特里娜和黄志光永远是一对儿。后来，匿名短信开始出言不逊，比如：他怎么会想和你在一起？你那么蠢，又那么丑，像个男人婆。珍妮弗告诉黄志光，有时候自家门口会停一辆车，然后她就会收到短信，说有人在监视潘家。有一次珍妮弗还说她收到过一封匿名信，说她"死期将近"。珍妮弗说接到过匿名电话，对方跟她说"我们在盯着你呢"，然后就爆发出魔性的笑声。"这都是些什么乱七八糟的事啊。"黄志光说，他开始担心珍妮弗的人身安全。黄志光收到的短信渐渐指向他和卡特里娜生活中最为敏感脆弱的部分。"卡特里娜有个孩子，我记得有一条短信明明白白写着：你喜欢玩跳房子吗？"黄志光说道。

这些骚扰短信和电话到底是不是珍妮弗在背后指使的，这暂且不究，但这确实是黄志光和珍妮弗重新开始联系的原因。出于安全考虑，黄志光时刻都保持着和珍妮弗及卡特里娜的联系。珍妮弗存下了所有匿名骚扰短信，以此为借口联系黄志光，给他看这些短信。她会给黄志光发这样的短信：我怕那些要抓我的人还在，我一点安全感都没有，我觉得有人要害我。

因为担心珍妮弗，黄志光抛开了和珍妮弗互不来往的约定，频频给珍妮弗打电话确认她的人身安全。珍妮弗送黄志光一个新手机，还帮他申请了一个新号码，说起来是帮黄志光躲避骚扰电话，实则借此机会继续发展和黄志光的关系。黄志光换了新手机后，匿名短信确实消停了一阵。珍妮弗说，经过这番波折，她和黄志光的日常联系更为频繁，两人的感情也愈发深厚。"我们早上打电话，下午打电话，白天也会打电话，其实也没有什么特别的事要说。”珍妮弗说，“我用电话比一般人要多得多，我早上一醒就会打个电话，把黄志光叫醒，催他去上班。不管白天我做了什么，我都会打电话给他报个平安，说说我当时的心情。他下班的时候我会再打个电话问他下班后准备干什么，我也会告诉他我什么时候上床睡觉。”

和黄志光频繁的联系或许确实让珍妮弗的精神振作了起来，但她的日常生活仍然与世隔绝，她的行为举止也变得古怪而难以捉摸。24岁的珍妮弗一直有失眠的毛病，在被父母关在家里的那段时间，她的睡眠模式变得更加病态。一方面来自父母的压力不断增加，各种应对策略、从前撒过的谎、以后要说的谎都盘桓在脑海中挥之不去，失眠成了家常便饭；另一方面，珍妮弗日常没有任何责任需要承担，因此也就找不到什么起床的理由。终日无所事事的生活让她觉得自己不需要正常的睡眠。只要她觉得累了，任何时候都可以睡觉。通常珍妮弗都在晚上和朋友联络，尤其是和黄志光，因为黄志光白天需要上班，只有晚上有空。

珍妮弗这段时间频繁联系的另一个人是奥托·李，此人和珍妮弗的关系略显神秘。冰球队员奥托·李显然对珍妮弗颇有好感，他无数次主动给珍妮弗打电话，而珍妮弗却几乎从不主动联系他。面对奥托·李的殷勤问候，珍妮弗通常只给一个字的极短答复。珍妮弗的冷淡态度可能是由于奥托·李在脸书上勾搭珍妮弗的方式造成的。“他一直问我各种各样的问题……不知道是不是他天生的性格就是这样，反正我觉得有的问题由一个刚认识的人问出来未免太唐突了。”珍妮弗这样说道，“他问我有没有男友，想不想找个男友，有没有性生活之类的。”奥托·李声称中学时就认识珍妮弗，而珍妮弗却说不记得有这么个中学同学。奥托似乎时刻想要了解珍妮弗在做什么，没完没了地给珍妮弗发短信问：你在干什么？你在哪里？

有一天差不多凌晨3点的时候，奥托给珍妮弗发短信问道：你睡了吗？

珍妮弗的回复是：我基本上不睡觉。从小我就睡得少，因为要做的事特别多，脑子里想的事也多，所以睡眠从来都不好。奥托问不睡觉会不会影响抵抗力，她会不会经常生病。珍妮弗说她会生病，但是不会像很多女生那样一生病就虚张声势：我不喜欢让别人觉得自己弱不禁风。

那你不睡觉的时候都在干什么呢？奥托问。

发呆，珍妮弗回答，我的生活过得一塌糊涂，所以晚上我就一直在琢磨事儿。

又有一次，奥托凌晨3点给珍妮弗发短信，看她是不是还醒着。珍妮弗的回复是：当然。直到第二天早上珍妮弗都没有休息，奥托在短信里问：你在干什么呢？

躺在床上。珍妮弗回答说。

抛开别的不谈，这些短信透露了一点，那就是珍妮弗的睡眠已经少到了什么程度。由此可见珍妮弗的生活越来越脱离现实。

珍妮弗承认自己容易把针尖大的事想得特别复杂，最后脑子里全是鸡毛蒜皮的小事，一到晚上藏在心底的不安就会一起涌上心头。如果黄志光没有回电话或者回短信，珍妮弗就要琢磨半天，想着黄志光是不是因为和卡特里娜在一起才忽略了自己。有时候她甚至会猜测黄志光和卡特里娜是不是已经到了谈婚论嫁的地步。这样疑神疑鬼的思维方式在珍妮弗给黄志光的短信中随处可见。“我知道是我想得太多，”

珍妮弗说道，“我心思重，不管什么事情都往心里去。凡事我都会在脑子里过上好几遍，不知不觉地事情就被我自己夸大了。”

因为感觉生活处处不如意，并且处在缺少睡眠又精神高度紧张的压力之下，珍妮弗再次试图自杀，这一次，她没用药片而是用了刀，不过这次也一样没成功。珍妮弗说：“我每次竖着在手腕上划一道，这样能感觉到疼，觉得疼的时候就不用去想别的事了。我喜欢用锯齿刀割，那样比用快刀割更疼。我割的伤口都不算浅，割得越深我觉得心里越轻松，也觉得越贴近真实生活，当然我也知道自杀是多么荒唐的行为。”有一次她把自己自杀的事告诉了一个朋友，那个朋友对她说：“别做傻事了。”听了这话之后，珍妮弗再没尝试过自杀。关于自杀的问题，珍妮弗算是醒悟了，从此不再尝试，但她内心对父亲的愤怒和自怜自艾的情绪还在继续发酵，慢慢消磨着她的意志，而且可怕的是珍妮弗不知道该怎么宣泄自己的情绪。

27. 杀心初起

◇◆◇

珍妮弗和安德鲁·蒙特马约尔相识于士嘉堡区圣巴拿巴天主教小学。珍妮弗说安德鲁·蒙特马约尔是让她第一次产生弑父念头的人，安德鲁不仅帮她提出了除掉潘汉辉的点子，而且还和珍妮弗及另一个同伙密谋出具了一个具体的实施计划。尽管安德鲁对珍妮弗的这些说法拒不承认，但是大家仍不免要探究珍妮弗和安德鲁·蒙特马约尔相识相交的来龙去脉，质疑背后的动机。

珍妮弗和安德鲁·蒙特马约尔关系密切的一层原因是安德鲁的父亲是潘汉辉和梁碧霞在麦格纳汽配厂的同事。据珍妮弗说，安德鲁中学毕业之后迷惘过一阵，好在后来终于找到了方向，20岁出头便在家居店工作。2010年安德鲁住在密西沙加市，跟人合租一套公寓。珍妮弗说，安德鲁一直跟自己吹牛，说他和室友做过不少持械抢劫的事。安德鲁说自己和室友在公园持刀抢人钱包，完事后两人分赃。安德鲁的室友叫里卡多·邓肯，人称里克。珍妮弗称，被关在家里的那段时间，安德鲁开始表示对自己有意思。这一点安德鲁供认不讳。他说他和里克两人打了赌，看谁能先搞定珍妮弗。很明显，珍妮弗也没有刻意躲开安德鲁的纠缠，相反，她还主动跟安德鲁走得更近，尽管珍妮弗丝毫没有要和安德鲁发展成男女朋友的念头。在法庭上，安德鲁矢口否认跟珍妮弗讲过自己曾参与持械抢劫，里克也同样极力否认。珍妮弗的这些指认最终都未被证实，安德鲁和里克也没有被控参与潘家谋杀案，两人均以检方证人的身份出席了庭审。

珍妮弗声称，因为知道安德鲁也曾和父亲关系非常紧张，所以她一开始就想到要找安德鲁帮自己出主意。两人最终依靠社交媒体重新搭上了线：先是在脸书上互加了好友，然后直接用MSN聊天，后来还在如今已没人在用的社交软件Friendster上联络。珍妮弗说安德鲁和父亲矛盾重重，这直接导致他中学辍学，但他最终自己重回正道，在保险公司当了学徒。在他们后来频繁的电话交流中，安德鲁教了珍妮弗一些应对家庭压力的办法。珍妮弗说，安德鲁的第一招就是离家出走，但珍妮弗说自己不可能离开家庭，她还想维持和家里的联系。安德鲁想的第二招更绝——安排自己被“绑架”，这个建议也被珍妮弗否决了，理由是她不想“离开妈妈”。珍妮弗说，安德鲁提议的第三个方案让她琢磨了很久。

珍妮弗说，安德鲁的提议让她眼界大开，从此她开始琢磨以前从没考虑过的一条出路。安德鲁说，有一次他和父亲起了冲突，两人直接干起架来，扭打中他差点失手杀了父亲。“我向安德鲁倾诉我的苦恼，他很理解我的苦衷……他说：‘你知道吗，有一次我差点杀了我爸。’”珍妮弗在法庭上说道，“这话可能听起来很可怕，但他的话确实让我产生了强烈的共鸣。在听他说这话的一刹那，我内心不由得冒出一个念头：

也许，如果没有我爸，我的日子会好过很多。因为是我爸让我觉得孤立无援，让我体会到家庭温暖的是我妈而不是我爸。我和安德鲁经常讨论这事，但每次清醒过来面对现实的时候，我就会想，这也太扯了。”不过，随着和安德鲁越聊越深入，珍妮弗的想法也慢慢开始有了转变。既然一直以来所有的烦恼都来自父亲潘汉辉，那么，也许杀掉父亲真的可以一劳永逸地解决自己所有的问题。这样的念头慢慢在珍妮弗心里扎了根。

“你当时是真的想杀了你爸吗？你有没有找谁帮你谋划一下？”珍妮弗问安德鲁。在这当口，安德鲁说：“我知道谁能帮上忙……里克。”他说着便把电话递给了室友里克。珍妮弗向里克简短说明了一下自己的处境，里克表示非常同情她，接着两人约好在士嘉堡区珍妮弗的钢琴学校附近见面。真正见到里克本人，珍妮弗才恍然意识到自己走上了怎样一条不归路：“我见到里克的第一反应就是：喔，这家伙看起来好野蛮啊……他戴着帽子，涂着黑色指甲油，眼神狡诈。他看起来……就跟电影里的坏人一样。我以前从没接触过这样的人……一般看电影大家都会立刻认出谁是烧杀抢掠的大反派，你心里会想，哦，这是个坏人。里克就是电影里那种反派角色的样子，我以前一直以为电影都是在编故事，没想到坏人真的长这样。”

对里克糟糕的第一印象并没有妨碍珍妮弗和里克商讨自己的弑父计划。两人一起去喝了珍珠奶茶，珍妮弗对里克提了自己的要求。珍妮弗希望计划实施时潘汉辉是独自一人，比较理想的下手地点是潘汉辉的工作单位附近。除此之外，珍妮弗也说不出别的什么了，她需要有人给她提提建议。于是里克说请他出手需要1300加元，而且他还得先去弄把枪。“我手头还没有干活儿的家伙。”珍妮弗说里克的原话就是这么说的。“我当时还在怀疑这家伙是不是当真的。”珍妮弗补充说，她怀疑里克的所作所为只不过是在帮朋友安德鲁泡妞而已。“我还不知道他是不是在帮着安德鲁吹牛。”珍妮弗说道。

一周后，珍妮弗和里克在珍妮弗家附近的一家蒂姆·霍顿咖啡馆再次见面。珍妮弗终于接受了里克的谋杀计划，把教钢琴挣来的1300加元现金交给里克，从此走上了密谋杀父的不归路。在法庭上被问到为什么要给里克钱时，珍妮弗坦然答道：“为了杀掉我爸。”说来也是讽刺，钢琴是父亲潘汉辉费尽心血鼓励珍妮弗从小学习的乐器，如今却成了珍妮弗买凶弑父的工具。

珍妮弗和里克碰面后商讨了谋杀计划的具体实施细节。“原来的计划是里克去我爸单位找他，然后直接在停车场下手。”说妥了这个方案后，珍妮弗就给里克打印了一张潘汉辉单位及周边的谷歌地图。里克说自己先得武装起来，所以在临走前又向珍妮弗要了200加元，珍妮弗照付了，这一点银行交易记录也证实了。“他还没搞定手枪，所以我们没订最终的行动时间。”珍妮弗这样说道。如果珍妮弗的这些说法属实，那么珍妮弗、安德鲁和里克三人就涉嫌策划谋杀，可能面临14年监禁。珍妮弗和里克的这次见面正巧被珍妮弗的叔叔撞到，后来他说看到一个黑人和珍妮弗碰面，此人就是里克。

这次碰面之后，里克差不多就消失了。珍妮弗后来给里克打过几次电话，问他有没有买到枪，再后来，里克索性不再接她的电话了。珍妮弗后来终于碰到了安德鲁，便向他打听里克到底是什么情况，并且说她想收回预付的1300加元。安德鲁告诉她，里克已经从合租公寓搬走了，而且也不接自己的电话。“安德鲁总是帮里克找借口，”珍妮弗说道，“我这才意识到我被他们俩骗了。这根本就是一场骗局。”

对于两人的相识，里克说的版本和珍妮弗的完全不一样。里克坚持说，他和珍妮弗在电话里聊过几次，见过三次面，但见面只是为了加深了解，仅此而已。里克说自己一开始对珍妮弗有些浪漫幻想，他和安德鲁打赌，看谁能先追到珍妮弗。里克详细交代了珍妮弗和他说过的话，包括说她自己和表妹米歇尔一样是会计专业毕业。里克说珍妮弗告诉他，自己被父母锁在家里，因为她不断收到男友醋意大发的前女友发来的骚扰短信，父母担心自己的人身安全。珍妮弗告诉他自己被父母的家规弄得火冒三丈，而且因为父母的干预，自己都没办法和男友在一起。里克矢口否认曾与珍妮弗策划谋杀，说完全没有什么谷歌地图，买枪什么的更是子虚乌有。他承认从珍妮弗那里拿过200加元，但这钱是借了去和朋友唱卡拉OK用的。

里克说他最后一次和珍妮弗聊天时，珍妮弗说她想搬出父母家住，结果被父母发现，又把她给带回了家。当时电话那头的珍妮弗气得发疯，她让里克把她父亲连同母亲一起干掉。听了这话，里克当时就说，他觉得珍妮弗提出这样的要求是因为自己是黑人，这纯属种族偏见。里克很恼火，让珍妮弗"有多远滚多远"，然后气愤地挂了电话。此后，他再没和珍妮弗联系过。他们最后这次通话的时间是2010年7月8日。

而珍妮弗这一方的说辞是，尽管她明白自己被安德鲁骗了，但表面上还是假装和安德鲁一团和气。在这个过节之后，两人又保持了几个月的电话往来。"我们认识也不是一天两天了，"珍妮弗说道，"我都既往不咎了，反正钱财也是身外之物。"

与此同时，珍妮弗和黄志光之间已经恢复到不仅仅是打个电话互报平安的关系。珍妮弗开始悄悄溜出门，去黄志光的工作地点和他幽会。她经常给黄志光及其同事捎去麦当劳早餐。有时候她会和黄志光一起待上10分钟、15分钟，有时候会更长一点。知情者透露，珍妮弗经常利用这些机会让黄志光尝点甜头。

如果珍妮弗没法溜出来幽会，黄志光就让她给自己发各种宽衣解带的图片和视频。警方后来从珍妮弗的手机上截获了不少珍妮弗拍摄自己私处的视频，她会摆出各种姿势，暴露出身体最隐秘的部位，然后拍照发给黄志光，另外她还拍了不少双手缚在身后貌似受虐的照片。“如果男友年龄比你大，或者你觉得自己配不上他，你就会是这个状态。不管他有没有说‘你如果不百分百投入我就不爱你’这样的话，你都会感到有压力，你会觉得自己必须讨好男友。”珍妮弗和黄志光共同的朋友阿莉森如此说道，“我完全理解珍妮弗的感受，她觉得要把黄志光留住就必须这样做，哪怕预见到今后会后悔也在所不惜。不懂得自爱的女生很容易为了获得爱就把自己的身体奉献出去。她会想：我知道他喜欢我这么做，这样我跟他就会很亲近，他一定是爱我的，否则他不会

珍妮弗会给黄志光发些撩人的自拍照（开庭时所示证物）

跟我做爱……自轻自贱的女性往往依靠性来取悦对方，因为她们觉得这样男性才会喜欢自己。”

和黄志光旧情复燃是珍妮弗人生的转折点。在此之前，珍妮弗对身边所有人说谎，唯独对黄志光说实话。但自从和黄志光复合后，情况就变了。从此珍妮弗的生活中再没有一块不受谎言沾染的净土。至于黄志光是不是因为珍妮弗从没骗过自己而选择相信她后来那些胡编乱造的故事就不得而知了。

慢慢地，骚扰黄志光的短信和电话愈发猖獗，连珍妮弗给他新买的手机也没能幸免。这时，珍妮弗已经找到了一个哪怕父母在家也能偷偷溜出家门的新办法。晚上，黄志光的一个朋友悄悄去珍妮弗家接上珍妮弗，然后把她送到她和黄志光最喜欢的一家寿司店，这样他们俩就能一起吃晚饭。

幽会得逞了几次后，黄志光便收到这样的短信：*她怎么就学不会呢？你没听我们的话吧，看来我们得教训教训那丫头了。*事后，黄志光给珍妮弗发短信，看她是不是一切安好，结果黄志光收到了这样的回复：*你不用知道她在哪儿，我们抓到她了。*

黄志光说：“大概过了半个小时吧，我给珍妮弗打电话，想问她那边到底……什么情况。电话没人接，所以我只好开车到她家，看看到底怎么回事。我不停地给她打电话，最后她终于接了电话，说她没事。”

有一天晚上，黄志光和珍妮弗一起看了场电影，之后黄志光就收到了这样的短信：*你们俩为什么一起看电影？我以为你们只是普通朋友。普通朋友不该这样约会，你应该和你的女友约会。*

还有一次，黄志光带珍妮弗去一个游戏厅玩，离开游戏厅后他便收到了这样一条短信：*你为什么跟她一起在那里？*黄志光开始留意到，每次和珍妮弗在一起的时候，就不会收到任何骚扰短信，而且短信提到的是除了他和珍妮弗外没有第三个人知道的信息。“我和她在一起的时候，就不会有任何电话或者短信来烦我。”黄志光这样说道，“我一把她送回家，用不了10分钟或者15分钟，匿名短信就来了，短信会提到我们俩去的地方，还有我们在一起的时候发生的事。所以我就忍不住琢磨，这些短信和电话是珍妮弗搞的鬼，还是她指使别人干的。每次短信都会提到我对珍妮弗说过的话，一字不落，好像我说话时他们就在旁边听着似的。但是我们俩说话的时候没有旁人在场，所以这事如果不是我做的，那就只能是珍妮弗干的了。”

每次黄志光追问起来，珍妮弗都直接怪到卡特里娜头上，而卡特里娜也一直否认发送过匿名短信。没过多久，匿名短信变成了匿名威胁——珍妮弗后来承认，这些威胁短信确实是自己发送的。一天，黄志光收到这样一条短信：我们往她家里寄了点东西，等她打开包裹的时候……轰！紧接着，又来了一条短信：砰！砰！砰！黄志光马上打电话给珍妮弗，珍妮弗说她收到一个包裹，她没打开就直接把包裹送交警察局了——我们现在知道，这事纯属子虚乌有。

包裹事件之后没多久，珍妮弗告诉黄志光说，自己有一次出门的时候弄丢了手机，一直跟踪骚扰她的人捡到了手机，于是就利用手机里的联系人信息给她和黄志光发送骚扰短信。珍妮弗说她收到了这样一条短信：看看信箱，我们给你寄了点东西。她家信箱里果然有个袋子，里面装着她先前丢了的手机和一些白色粉末。她把收到的东西交给了警方，警方化验了白色粉末后认定那是痒痒粉。

就这样，珍妮弗对黄志光的谎话编得越来越离谱，似乎是希望被黄志光当面戳穿。但问题就在于黄志光从没有当面质疑过珍妮弗的谎言。包裹事件后，珍妮弗告诉黄志光说警方高度重视这个案子，他们仔细检查了珍妮弗的所有邮件，并且开始派警力跟踪保护她。她向黄志光绘声绘色地描述了有个陌生男子企图利用她在图书馆学习期间去上洗手间的空当要调包她的水壶，最后这人当场被警察制服。珍妮弗的故事越来越多，这些胡编乱造的故事让黄志光心神不宁。她说一天晚上，有五个蒙面的亚裔小混混不断来敲她家的门，最后被她父母赶跑了。她还说有天晚上她接到一通电话留言，内容是含混的尖叫声。最后珍妮弗又说有天跑完步回家，五个亚裔小混混把她强推进屋，蒙上她的眼睛，在卧室里对她实施了性侵。

"珍妮弗其实是想对黄志光说：'我需要你，我的生活不能没有你，我想你，你不能抛弃我。'但她不这么说，她说：'我被黑社会的人性侵了。'珍妮弗已经习惯了这样一种思维方式：'我不能说真话，因为没人会相信我，我得找别的说辞来达到目的。'珍妮弗就是要利用黄志光的敏感和他对珍妮弗的关心来挟制他。"黄志光的朋友阿莉森这样评论道。

珍妮弗对黄志光的说法是她母亲带她去了医院，目前警方正在立案调查。但是当黄志光问他能帮什么忙的时候，珍妮弗又坚持说她想自己一个人面对。

"她说话前后矛盾，我都不知道该信哪一句。我也不想跟她吵架，所以不管她说什么我都当那是真话。"黄志光说道，"就是有一件事我想不明白，如果真发生了性侵，新闻媒体肯定会报道。发生了刑事案件不都这样吗？最近有个女的在公园里被性侵，不是铺天盖地的新闻吗？我就奇怪为什么没有珍妮弗案件的新闻呢。"事到如今，黄志光已经完全不知道该相信谁了。他非常不情愿当场戳穿珍妮弗，但珍妮弗的话句句都假得让人目瞪口呆。"我问她要证据，比如……医院收治病人时给的蓝卡片或者纸手环，"黄志光说道，"但是她跟我说：'都在我妈那里，我也不知道她是不是还留着那些东西。'我刚开始接到骚扰电话和短信的时候就问过她：'我能不能看看你的手机缴费对账单？'她说下次见面带给我，后来也一直没带给我看过。我们交往了七年，一起经历过那么多事，原则上我是相信她的。但要说有没有过硬的证据证明她的话，那我是没见过。"

黄志光说珍妮弗有出神入化的本事能让身边的人相信自己的话，哪怕事实证据明明和她所说的不符，哪怕她根本拿不出任何证据。珍妮弗擅于一秒变脸，瞬间情感大爆发，以此要挟爱她的人。她身边就没有人是没上过她的当的。"一开始，说实话，我以为她扯这些只不过是想跟我复合，"黄志光说道，"我以为她是在寻求我的关注什么的。但是，她告诉我那件事（指性侵）之后，尽管我没跟她面对面，我也能从她的声音里听出来这事挺严重的，但我又没法给她爸妈打电话核实这事的真假。反正从那以后，我就让她每天给我打电话报平安，和我保持联系，这样我就知道她没事。从那件事之后……我就完全相信了她。"

黄志光说想过要去警察局举报匿名电话和短信的骚扰，但想到自己有案底，他就不大愿意去找警察。说出来可能让人难以置信，但正是这些短信和电话大大增进了黄志光和珍妮弗的感情。珍妮弗说，他们后来终于恢复到每天通电话的亲密程度了。

28. 致命的背叛

◇◆◇

在法庭上，珍妮弗描述的案发经过被仔细研究和推敲，最终陪审团拒绝相信她的说法。接下来，我们来分析一下检方描述的案发经过。

以一个旁观者的角度来看，案发前五个月里发生的一切恐怖至极。珍妮弗是听话的女儿，可爱的侄女，热心的朋友，同时也是狡诈、冷血的杀手。珍妮弗镇定自若地扮演着这些角色，这更加剧了她内心的折磨。难为她在这些角色间切换自如，一边和母亲梁碧霞一同给万圣节来要糖的孩子发糖，一边和杀手发短信安排弑亲计划。尽管和里克合作的第一次谋杀计划搁浅——不管是对方突然变卦还是这根本就是安德鲁和里克精心设计的骗局，珍妮弗弑杀双亲的决心没有动摇。她利用自己有限的人脉，继续寻找愿意帮她除掉父母的合作伙伴。

检方认为，在接下来的一个月里，珍妮弗在不断完善自己的弑亲计划。她使用的工具不是刀斧，而是自己的手机。珍妮弗每天躲在自己的房间里，没日没夜地压低嗓子跟人打电话，一步步走向毁灭。与此同时，不知情的潘汉辉和梁碧霞夫妇浑然不觉厄运即将来临，还照常在各种杂事和家务中生活着，继续辛苦挣钱为儿女挣得舒适的生活，帮女儿打理日常起居，谋划着她的美好未来。潘汉辉在庭审时说，直到惨案发生前的那一刻，他都觉得家人过得幸福快乐。

家庭矛盾通常都是今天儿女对父母咬牙切齿，恨不得断绝关系，明天就和好如初，尽释前嫌。而此时在珍妮弗的内心，她和父母之间的对立早已超出了家庭矛盾的范畴，因此也就不是一般家庭矛盾的解决方式能消除的。珍妮弗的谋杀筹划始于2010年夏天，一直延续到秋天，花了整整三个月时间，各种证据显示，在此期间她从未有过任何动摇或怀疑。她唯一一次貌似流露出悔恨是在梁碧霞死后，不过她当时的表现是否发自内心还要画个问号。

更让人不寒而栗的是，珍妮弗对父母从来有求必应，从没表现过一丝一毫的愤怒或暴力倾向。通常在青少年对父母施暴的案例中，长期生活在父母高压管束之下的子女在犯罪之前都会流露出愤怒的情绪或暴力倾向。而珍妮弗一直扮演着乖乖女角色，与此同时却马不停蹄地筹划着终极的弑亲计划。

2010年夏天，24岁的珍妮弗被家人孤立，满腔苦闷无人诉说，内心渐渐被复仇控制，冷血的弑亲计划占据了她的全部意念。很明显，珍妮弗当时觉得自己别无出路，只能除掉父母。从检方提供的令人难以置信的证据来看，一般人都会推断此刻的珍妮弗不是已经疯癫就是恶魔附体。珍妮弗之所以执着地步步推进谋杀计划，主要还是出于对黄志光的一往情深以及希望和黄志光共度余生的憧憬。黄志光是珍妮弗在案发前后心心念念的唯一牵挂，无论在谁面前，她都无法隐藏对黄志光的这份感情。珍妮弗生活在自己用谎言营造的世界里，与外界没有任何联系，这样的状态一直持续到案发，甚至直到梁碧霞死后，珍妮弗也仍然没有面对现实，而是继续躲在自己搭建的虚伪世界里。

在黄志光和珍妮弗相处的那么多年里，黄志光无疑是爱过珍妮弗的。但在两人分手后，尤其在黄志光和卡特里娜开始新恋情后，两人的相处模式便发生了很大的变化。黄志光想和珍妮弗保持距离，但却一而再再而三地被珍妮弗耍的各种花招诓回她的身边。

黄志光发现自己不知怎么又和珍妮弗纠缠在一起，便想寻个脱身之计，但当时已经太迟了，珍妮弗已经开始全面实施复合计划。这是黄志光摆脱珍妮弗的最后机会，但不知为什么，这一次黄志光并没有躲开，反而主动向珍妮弗伸出了橄榄枝。就在案发前几天，黄志光主动和珍妮弗重修旧好，并且公开示爱。我们的问题是：为什么？为什么黄志光也想实施这个疯狂的谋杀计划？黄志光为什么要掺和在这个阴谋中？是图谋珍妮弗父母的保险赔偿金吗？是为了不在哥们儿面前丢份儿吗？是幻想着最后能和珍妮弗白头偕老吗？这些我们永远不得而知。

庭审过程中，一位律师指出，黄志光的行为纯粹出于男性虚荣心。这位律师有着几十年处理凶杀和持械刑事案的经验，他见过多起在虚荣心驱使下铤而走险的类似案件。“这种案件就是雪球效应，”这位律师说道，“基本情况就是，先是当事人起了杀心……然后有别人介入了当事人的阴谋……那人可能又和另外的人讲了作案计划……大家的期望值就这样上去了，然后他们和一个杀人不眨眼的恶棍接上了头。到这个时候，案件的谋划就已经上升到一个新的高度，大家各就各位，一旦时机成熟，立刻就能下手。事情进行到这一步的时候，没人有胆说我不想干了。因为事已至此，没人愿意在最后一刻认怂。黄志光就是这样，为了成全自己的虚荣心和名声走到了最后。”

最让人揪心的莫过于案发前珍妮弗和黄志光两人策划谋杀的经过。两人通过短信紧张而兴奋地交流，用宝宝腔互相撒娇，案发后仍然如此，直到珍妮弗在看守所再也没法给黄志光写情书为止。

从2010年8月起，珍妮弗开始使用两个手机。一个是她日常打电话、发短信的罗杰斯公司的翻盖手机，一个是黄志光付钱买的贝尔公司的iPhone 3。“珍妮弗有两个手机，”黄志光交代说，“她被性侵后，我就另给她买了一个手机。我跟她说：‘我需要时时刻刻都能联络到你，这样我才放心，如果你爸妈还是会没收你的手机，那你起码还有这个iPhone，这样我好联络到你。’”

检方认为这个iPhone是珍妮弗的“策划谋杀专用电话”，用于策划、安排歹徒入室袭击，iPhone的通话和短信记录也证实了检方的这一推论。珍妮弗对此手机的使用集中在2010年8月3日到11月8日之间，在此期间，珍妮弗的电话和短信数量加起来超过了3000，占了电话和短信总数的74%。珍妮弗从来没用这个iPhone联系过朋友阿德里安·蒂姆克维茨或爱德华·帕奇菲卡多。这个手机只用来联系安德鲁·蒙特马约尔、“宅男”和黄志光。这个手机号码就是戴维·米尔瓦加楠在案发前多次联系的那个号码。

早在2010年6月，珍妮弗就开始策划谋杀父亲，彼时她和黄志光的关系正经历着波折。当时她是让里克来帮忙，联系里克时她用的是罗杰斯公司的翻盖手机。和里克商量的谋杀计划泡汤后，珍妮弗暂时收手，静候新的时机。后来珍妮弗和黄志光的关系峰回路转，于是她将原来的计划稍事修改，邀约黄志光入伙。2010年8月3日，黄志光给了珍妮弗一个iPhone手机，随即在8月16日，两人就打了一通马拉松电话。正是在这通电话里，珍妮弗第一次跟黄志光讲了除掉父母的计划：她想雇用杀手闯进家门，对父母下手的同时把她也绑上，造成入室抢劫的假象。如果能得逞，这个计划可说是简单而缜密，而且想法很新颖。

入室行凶时，凶犯要尽量让整个行动看起来像纯粹的入室抢劫，他们需要翻遍所有抽屉，把床垫也掀翻以查找藏钱的地方，另外还需要用枪逼着珍妮弗和她的父母索要现金。接下来，除了珍妮弗拿出来的钱之外，他们应该在家里找不到什么现金，然后凶犯就会因为没劫到钱财而恼羞成怒，直接枪杀珍妮弗的父母。按照计划，整个行动速战速决，从持械凶犯闯进家门到最后离开应该不超过30分钟。整个过程只有一个目击证人——手无缚鸡之力、楚楚可怜的珍妮弗。珍妮弗事先会把罗杰斯公司手机别在瑜伽裤的裤腰上，这样凶犯离开后，珍妮弗就可以利用自己擅长说瞎话的本事，打电话给911报警。在报警过程中，珍妮弗会表现得失魂落魄、手足无措，以至于警察赶到现场时，珍妮弗还被绑在楼梯栏杆上，得等警察来给她松绑。警察勘查现场时只有珍妮弗一个目击证人可询问了解案发经过。至于其他物证，凶犯闯入时会戴手套和帽子，所以现场不会留下任何DNA证据。凶犯行凶时穿着的衣物、使用的凶器都会妥善处理，他们会用毛毯裹住被害人的头，防止开枪后血浆四溅，存有重要策划证据的贝尔公司iPhone里的SIM卡必须适时消失——珍妮弗没料到警方最后还是掌握了那张SIM卡上的信息。

按照计划凶犯会直接射杀潘汉辉和梁碧霞夫妇，只留下珍妮弗一个活口。珍妮弗对警方说凶犯之所以留下她这个活口是因为：第一，她配合凶犯，把自己存着买新手机的2000加元现金交了出来；第二，潘汉辉和梁碧霞关于家里的现金撒了谎，不够配合凶犯；第三，凶犯最后着急赶时间，匆匆撤走，不得已留下了还绑在二楼的珍妮弗。外人一眼就能看出，这是整个谋杀计划中最漏洞百出的一环。然而直到案发后的11月22日，珍妮弗都一口咬定这个说法。

尽管珍妮弗也知道自己的这个谋杀计划有漏洞，但她觉得在没有目击证人和任何物证的情况下，风险都在可控范围内。纵观那些逃脱谋杀罪名的嫌疑人，谁的辩护词里没有破绽？但是众所周知，找到嫌疑人容易，举证罪行不易。就算侦破刑警有疑虑，他们也只有珍妮弗一个证人可以传唤。如果大家一切按计划行动，就不会留下自相矛盾的证据。警方绝不会在不掌握确凿证据的情况下，冒险指控本案受害人涉嫌如此恶劣的欺骗和诡计，更何况这个受害人刚刚痛失双亲。

珍妮弗的作案计划从理论上看无懈可击，在没有任何作案工具、DNA样本或现场目击证人的情况下，刑侦工作确实寸步难行。加拿大司法系统强调以证据为主，如果既没有现场证人的目击也没有嫌疑人的供认不讳，案件侦破便主要依靠如脚印、毛发、凶器、手机交流记录、窃听记录等可以呈上法庭的证据。按照珍妮弗的计划，所有这些证据警方都无法掌握。然而珍妮弗的计划仅仅是理论而已，在实际操作中，凶犯在整个作案过程中频频失误。假如凶犯作案更加小心，警方是否还能抓获这些嫌疑人，并且搜集到足够的证据捉拿珍妮弗？检方是否还能搜集到足够的证据给珍妮弗定罪？这些问题都不得而知。尽管本案刑警都声称，不管怎样他们都能将珍妮弗捉拿归案，这也只是警方的一面之词而已。如果不是潘汉辉大难不死，如果珍妮弗及时删除了iPhone上的短信和通话记录，如果研科电信公司没有储存用户的短信，都有可能让整个案件成为无头案。一位办案律师说，如果一切都按珍妮弗事先计划的那样，案件的侦破就会非常困难，尤其是珍妮弗常用的罗杰斯公司三星手机除了和安德鲁的一些信息往来外，可以说几乎没有任何物证价值。

详尽的通话记录显示，在珍妮弗和里克最后一次通话后一个月，2010年8月16日凌晨1点21分，珍妮弗用iPhone拨通了黄志光的电话，两人在电话里讲了五个小时。这通电话的长度还不是最能说明问题的，关键是接下来48小时之内发生的一切。这通电话之后，黄志光将珍妮弗的来电在手机上全部设成静音，完全不理会珍妮弗的各种骚扰，但珍妮弗一刻也没消停。在接下来的数小时内，珍妮弗用自己的罗杰斯公司手机、家庭座机和iPhone给黄志光打电话、发短信多达40次。这还不算完，第二天，也就是2010年8月17日，凌晨1点到晚上11点30分之间，珍妮弗再次用两个手机和自家座机尝试联系黄志光100余次。到了8月18日，她先给黄志光发了四条短信，而后又打了15次电话，但所有电话都无人接听，直接转到语音信箱。接着，在早上5点53分到8点之间，珍妮弗又发了五条短信，打了17次电话，电话仍然被转到语音信箱。在早上8点之后的35分钟内，珍妮弗又拨打了12次黄志光的手机号码。早上8点47分，黄志光终于接听了珍妮弗的电话。这次电话联系之后，黄志光终于让步，给了珍妮弗她要的信息—— 一个朋友的电话号码。此后整整一天，珍妮弗都没有再打电话给黄志光，而是开始给一个新的联系人发短信，此人名叫伦弗德·克劳福德，绰号“宅男”。“宅男”上午11点零9分给珍妮弗回电，两人在电话里讲了四分半钟。这通电话后来直接导致珍妮弗的作案行径败露无疑。

在案件调查过程中，只有两个人提到珍妮弗这段时间行为异常，两人都是珍妮弗的音乐老师，一位是艾娃·克拉耶夫斯卡，另一位是费尔南多·巴尔达西尼。两人都认识珍妮弗多年，和珍妮弗的联络从未间断过。巴尔达西尼老师说，2010年春天他在辅导珍妮弗备考5月的对位法乐理考试。“她已经为5月的考试做了大量准备工作，”巴尔达西尼老师说，“她到我这儿来的时候显得状态很差，我布置的功课她也没做完。我当场就教训了她，一点没留情面。然后珍妮弗就崩溃了，她说她父亲不同意她和她的厨师男友继续来往。”

艾娃·克拉耶夫斯卡和珍妮弗的最后一次见面更接近案发时间。“我们9月还见过面，”艾娃说，“她把借我的所有钢琴教材都还给我，告诉我说她已经考过了钢琴教师资格认证。我注意到她的表情比较奇怪。我教她钢琴很久了，从没见过她这样，看起来好像是在隐瞒什么事，要不就是健康状况非常糟糕。”

没有任何证据显示珍妮弗通过了钢琴教师资格认证。珍妮弗的前同事梅利莎在案发前一周还见过珍妮弗，但是没觉察出珍妮弗有什么异常，两人当时还说好要找个时间一起吃午饭。

珍妮弗先前有过一次落空的弑父计划，这一次则截然不同。黄志光向珍妮弗保证，要说有谁能找到人接手这么一桩杀戮计划，那只可能是“宅男”。珍妮弗答应在拿到联系方式的十天之内主动联系“宅男”，她确实照做了。珍妮弗和“宅男”先是短信往来，然后开始有一些几分钟之内的简短电话交流。

价钱是主要的讨论内容。虽然我们没法直接获知珍妮弗到底向凶犯交付了多少钱，但是有三条线索可供我们了解双方的交易筹码。

珍妮弗承认，“宅男”对她说过一般杀一个人收费两万加元，但给她的友情价是1万到1.5万加元。根据黄志光对警方的交代，买凶杀人的行价是1万加元，这个价码和警方了解到的情况相符。听起来这个价格并不高，因为这些钱要五个人分，还要用来打点相关人员，但警探说，对于那些愿意下手行凶的人来说，这已经是巨额现金了。一个不愿意透露姓名的多伦多警探说，在多伦多，有人愿意以比这低得多的价码替人行凶，最低500加元就可以成交。另外，经验丰富的警探认为，凶犯多半还指望着作案之后继续敲诈不谙世故的珍妮弗。不少警官和律师都推断，这些凶犯可以轻轻松松地利用谋杀案的内情或直接以暴力勒索珍妮弗，从珍妮弗领到的父母的人身保险金中分得一杯羹。

潘家案件侦破中最关键的一环就是破解珍妮弗和凶犯之间的联系。这是好莱坞电影里经常用到的情节，1992年昆汀执导的犯罪惊悚片《落水狗》就是一例。电影讲述了六个互不相识的强盗被召集去抢劫珠宝，策划人为了保密，给他们设计了金先生、粉先生、棕先生、橙先生、蓝先生和白先生这样的代号。潘家入室行凶案里比较难以攻破的一点是珍妮弗和入室凶犯之间几乎没有任何联系。因为完全不认识同谋者，珍妮弗也就不可能向警方供出他们，或者含沙射影地招供什么。警方再想尽办法也不可能让嫌疑人招供出连他们自己都不知道的人名。而且要证明两个完全没有交集的人之间的同谋关系难度也更大。

其他四个同被指控的嫌疑人中，珍妮弗只和其中一人直接商讨过行动计划，那就是黄志光。对于黄志光的朋友伦弗德，珍妮弗只知道他外号“宅男”，和他短信联系过几次，打过几次电话而已。除了“宅男”的电话号码和他在电话里的声音，其他的珍妮弗一概不知。另外几个入室行凶的同谋，都是伦弗德一人出面招募和协调的。除了在行凶现场之外，珍妮弗从没见过他们，也从未联系过他们，这正是策划阴谋最理想的状态。如果案件同谋之间所有的联络证据都被销毁，那么警方就只能依靠案发后获得的证词和证据来反推案发经过。虽然黄志光同时认识珍妮弗和伦弗德，但他和伦弗德在案发当晚都有非常过硬的不在场证明。而且，三人之间的交流证据按计划都会在案发当晚全部销毁。警方如果仅搜查珍妮弗的罗杰斯公司三星手机，就不可能发现任何疑点。闯入潘家的几名凶犯固然没有不在场证明，但因为没人知道他们的身份，他们也根本用不上不在场证明。如果一切都按计划进行的话，那么珍妮弗的可疑举止、潘家并未失窃任何财物的事实，以及珍妮弗双手反绑居然还能拨打911这些疑点，最后只可能停留在警方怀疑的层面。

最终，案件侦破的结果验证了六度分离的人际交往理论[1]，而且案件实施过程中也确实漏洞百出。伦弗德用来联系珍妮弗的是自己实名注册的手机，警方很轻易就利用珍妮弗的通话记录顺藤摸瓜找到了伦弗德。iPhone不仅在SIM卡上保存信息，还在手机上本地保存，而珍妮弗把iPhone放在自己的房间，大大咧咧地毫不避讳。珍妮弗所有的涉案通话记录都是警方在她的iPhone上截获的。案发前，黄志光和珍妮弗都收到了戴维·米尔瓦加楠手机上打来的电话，电话极有可能是埃里克·卡蒂打的。黄志光曾经和埃里克有过毒品交易，两人当时关于生意往来的短信后来也被警方查到了。珍妮弗没有销毁iPhone本地保存的信息，甚至没有删除讨论案情的敏感信息。黄志光对警方供认不讳，说珍妮弗曾经要他帮忙除掉自己的父母。同时，珍妮弗也承认了和“宅男”合谋的事实，而且她似乎还告诉库克警探，埃里克就是她先前在警方口供里提及的“一号凶犯”。如果埃里克和戴维当时买一个新手机，专门用来在案发当晚和珍妮弗联系，那么估计警方就很难查获两人

1　该理论提出，一个人最多通过五个人就可以认识任何一个陌生人。

的真实身份了。不过，不巧埃里克和戴维两人都手头拮据，没有为本次行动专门购买手机。

警方掌握确凿证据的是，随着珍妮弗和黄志光策划得越来越深入，两人的交流时间也在暴增，连分手之前两人也没有如此频繁地联络过。2010年8月3日至9月26日之间的短短55天内，两人的电话和短信交流多达969次，其中珍妮弗主动打电话和发短信809次，黄志光主动联系的只有160次。9月27日至11月8日之间，两人的联系次数骤然升至1754次通话和短信，其中珍妮弗主动联系的占1067次，而黄志光主动联系的占687次。这还只是iPhone上的记录，珍妮弗的罗杰斯手机在2010年5月至11月之间，还另有3000条与黄志光的通话和短信记录。相比而言，珍妮弗和伦弗德之间的联系要少得多，在初次电话联系至8月底之间，珍妮弗和伦弗德短信沟通了六次，9月通过一次电话，10月通过三次电话，11月通过12次电话，所有通话总时长为40分钟。

关于珍妮弗在案发前的心理健康问题，庭审时出现了两种说法。两个律师说她有病态的撒谎症，也就是在日常生活中控制不住地或自然而然地说谎，哪怕预见到说谎会导致严重后果或者谎言最终必将败露也仍然控制不住自己的说谎行为。著名美国心理咨询师芭芭拉·格林伯格医生认为，珍妮弗有反社会型人格障碍，也就是一而再再而三地一意孤行，完全不顾及他人的处境、权利和感受。反社会型人格障碍患者眼里只有自己的终极目标，说谎只是用来达到目的的手段。

虽然法庭对珍妮弗的心理健康一直未做任何专业评估，但显然，珍妮弗的行为举止已经超出了一般意义上的正常范围。她不仅对父母及身边所有人撒谎长达十年之久，而且还伪造文件、自残和自杀。也许有人会说，这些异常举止的根源是珍妮弗所说的长期困扰她的抑郁症，珍妮弗说过她经常自问到底还要不要活下去。但是，芭芭拉·格林伯格医生认为，珍妮弗只是希望身边的人相信她罹患抑郁症而已，这是她的诡计。她把自己刻意打扮成受害人的模样，而暗地里，她实际上是一个加害人，一个极端自私的人，擅长操控身边所有的亲朋好友。格林伯格医生将珍妮弗类似抑郁症的各种症状定义为她对身边人的"印象管理"，这种行为反过来证明了珍妮弗实际上是一个聪明、有决断力、"有创造力并且诡计多端"的人。

格林伯格医生是临床心理学家，在康涅狄格州行医，她的专长是为有自残倾向、患有严重抑郁症和有人格障碍症状的年轻人及其父母提供心理治疗和疏导。格林伯格医生认为珍妮弗的行为更接近于社交障碍的症状。"她的症状里有自恋型人格障碍的因素，不过我觉得更准确的诊断应该是反社会型人格障碍。"格林伯格医生说道，"她从十几岁(大约14岁左右)就开始撒谎，这是反社会型人格障碍的一个特征。而且她明显缺失道德观念，而大部分自恋型人格障碍患者仍然保有道德标准，能明辨是非。当自恋型人格障碍和反社会型人格障碍同时存在时，就会出现类似珍妮弗这样的行为表现。如果仅仅是自恋型人格障碍患者，哪怕发展到恶性自恋的程度——自恋型人格障碍中最严重的情况，通常也不会出现珍妮弗这样的行为、心理和思维活动。"

格林伯格医生说，珍妮弗小小年纪就擅长瞒天过海这一点不容忽视，除此以外，还有一个特别值得重视的趋势就是随着年龄增长，珍妮弗的谎言变得越来越恶劣，范围越来越广，数量也越来越多。格林伯格医生说，珍妮弗对所有撒过的谎操控自如，将反社会型人格障碍的症状演绎到了极致。直到最后，因为谎言已经完全超出了珍妮弗的可控范围，她的虚幻世界轰然坍塌。

格林伯格医生还举了一个与此类似、症状不断升级的案例。一个男子一开始只是吵架的时候对女友恶语相加，然后就开始捶墙，最终发展到对女友使用暴力。施暴并没有给他带来什么负面结果，于是他更加胆大妄为，得寸进尺，直到最后犯下无可挽回的罪行。这样不断升级的攻击行为多见于最让警方头痛的变态犯罪分子，多见于男性。有这样一个案例：性骚扰罪犯先是屡屡向不知情的女性伸出咸猪手，后来就升级为强行撕开受害女性的衣服。在这种时刻，警方就需要特别增加侦破警力，锁定嫌疑人，因为嫌疑人的攻击性继续升级的可能性极大。

格林伯格医生说，孩子对父母撒谎的现象在望子成龙的家庭里比较普遍，不过通常情况下谎言都停留在孩子对父母有所隐瞒或者模仿家长签名之类的小奸小坏。而珍妮弗则登峰造极，一开始就伪造成绩单，继而升级为伪造学历和整个本科阶段的成绩单。

珍妮弗撒谎的对象涉及之广也实属罕见。一开始她只对父母撒谎，后来发展到对身边所有人撒谎。“这种行为已经远远超越了讨好型文化背景教育出来的孩子的正常行为模式，”格林伯格医生说，“我认为望子成龙的家庭教育培养出来的孩子更多还是隐瞒真相，不向父母摊底牌，真正去伪造真相的不多。珍妮弗的行为说明，她从十几岁就开始出现了反社会型人格，她的所有欺瞒举动无一不是经过精心策划的，从伪造成绩单，到伪造毕业证书，直到伪造出另一个自我存在，这些都是反社会型人格的表现形式。”

格林伯格医生认为，虽然潘汉辉夫妇的教育可能确实导致了珍妮弗最初的撒谎行为，但是瞒天过海到她这个地步，就不仅仅是简单的望子成龙式教育方式的问题了。格林伯格医生说，梁碧霞选择在珍妮弗和潘汉辉的矛盾中站在女儿这边维护她，这样的护短行为反而极有可能导致了珍妮弗从不觉得理亏的心态："我们观察了很多反社会型人格障碍患者的童年经历，发现很多患者的父母对待孩子的态度都存在极大的反差……很多患者的病史里都有这样的记录，这是一个非常明显的特征。家长帮孩子树立是非观念时，必须向孩子传达前后一致的信息。如果父母一方说可以这样做，另一方说不可以，那么孩子就很难建立起一套清晰完善的道德准则，因为他们从父母那里得到的信息本身就是自相矛盾的。梁碧霞或许是珍妮弗的精神支柱，但是母亲的纵容并没有对珍妮弗的成长起什么正面作用。"那么为什么珍妮弗把一贯支持自己的母亲也列为枪杀目标呢？格林伯格医生说："爱和恨可以共存，比如激情犯罪就是典型的爱恨交织的例子。"

格林伯格医生认为，珍妮弗不仅把自残行为告诉身边的熟人，还告诉了素昧平生的陌生人，比如给她录口供的警察，这说明自残行为只是她为了粉饰自己在他人眼中形象的一种手段。她说："我的初步诊断印象是，珍妮弗不是抑郁症患者。我接诊过很多有自残行为的青少年，他们的描述和珍妮弗说的非常类似，比如'被刀割伤的感觉让我回到现实，我觉得自己又能感受到这个世界了'。我怀疑珍妮弗身边可能有自残的朋友，或许她读到过相关书籍和报道。珍妮弗虽然说了同样的话，但她不具有自残倾向患者的个性特征。有自残行为的人往往都是重度抑郁症患者，连基本的日常生活都无法维持，不可能有精力去炮制假成绩单，更不用说策划谋杀了。我认为自残行为只是珍妮弗整个计划的一个组成部分。我推测她的自杀企图都是为了塑造自己在他人眼中的形象，是她试图操控他人的手段之一，就是我前面讲过的'印象管理'，我的判断是珍妮弗想要给人留下一个自己身患抑郁症的印象。实际上她每时每刻都在运筹帷幄，她想要达到什么目的，就会不顾一切去实现。如果她真的一心想死，她早就得逞了。这话可能不中听，但是话糙理不糙。坦白讲，如果她真的有抑郁症的话，她多半会在谋杀行动之前或之后就自寻短见。所以，我比较倾向于认为珍妮弗的自残行为是一种手段，好让她看起来像个无法控制自己情感的抑郁症患者。

“反社会型人格障碍是最不易治愈的心理疾病，因为确诊的患者在心理治疗的过程中会有意表现出完全异于真实自我的模样，”格林伯格医生接着说道，“他们往往都很可爱……他们知道怎么糊弄心理咨询师。而且通常来说，如果患者自身不因病情而感到焦虑或者不具备同理心，治疗就会非常困难。简而言之，反社会型人格障碍患者在道德观上和我们常人不在一个维度里。”

格林伯格医生认为，潘家案件之所以震惊社会，原因之一就是如此冷血的谋杀居然起意于一个年轻女性，这完全颠覆了社会常规。格林伯格医生说：“反社会型人格障碍患者中男性居多，而各种谋杀案件策划也多见于男性。男性更容易攻击他人，而女性则更容易将自己作为被攻击的对象。女性比较容易做出折磨自己的事，而男性则容易折磨他人。”

最后，格林伯格医生说，她把珍妮弗身上表现出来的各种症状对照着美国精神医学协会的《精神疾病诊断与统计手册》做了一番试诊，除了第四条“使用肢体暴力”外，珍妮弗的行为符合如下所有反社会型人格障碍的症状：

1）不能遵守社会规范对遵纪守法的要求，表现为一再做出侵犯法律或社会规范的违法行为。

2）狡诈虚伪，表现为一再说谎和使用化名，或为自己的利益、娱乐而欺骗、愚弄他人。

3）做事冲动或不能事先计划。

4）易怒且好攻击，表现为频繁打架或攻击他人身体。

5）行事鲁莽，不在意自己及他人安危。

6）没有责任感，表现为无法维持长期稳定的工作或信守财务上的义务。

7）缺乏悔恨和内疚感，表现为对他人无动于衷或认为自己对他人的伤害、虐待或偷窃是合理的。

如果用从1到10给珍妮弗的反社会型人格障碍的严重程度打分，1代表最轻微，10代表最严重，珍妮弗的得分会是多少？格林伯格医生掷地有声地说："珍妮弗会得10分。"然后她又补充说，自恋情结的一个表现就是幻想自己有超能力："比如有些政客各种丑闻缠身，但还觉得自己是正人君子。珍妮弗也是这样，她好像觉得自己不受各种日常规则的约束。"格林伯格医生说，珍妮弗的自残、自杀企图以及黄志光收到的那些短信（如果真的是珍妮弗在后面捣鬼的话）确实说明了珍妮弗当时已经癫狂到什么地步。"这些行为表明珍妮弗的控制欲和是非捏造已经到了丧心病狂的程度，她思维敏捷，同时又阴险狡诈，这姑娘真的有严重的心理问题。"格林伯格医生这样说道。

29. 筹备中……

◇◆◇

如果珍妮弗周围的人留心到她的反常举止并且探明究竟，珍妮弗的谋杀计划很容易就会被扼杀在摇篮中——说到底，这不过是一个少不更事的24岁姑娘为了解决生活中的难题而想出来的不理智的对策。一开始，谋杀计划还流于胡思乱想，慢慢地，具体操作细节才有了框架，珍妮弗付出的实实在在的钞票让计划变得现实可行。珍妮弗和伦弗德在8月底联系过后便再没有任何交集，直到9月13日，珍妮弗才又给伦弗德打了个电话。即便那时，两人的通话也是短而又短。一个半月后的10月28日，两人又通了一次电话，这次联络之后过了11天，真枪实弹的凶犯便闯进了潘家。

为什么在10月28日之后谋杀计划迅速成型并付诸实施了呢？发生了什么新情况吗？能回答这个问题的人没有几个。检方的说法是这样的：凶犯中至少有一人刚好在这个节骨眼上缺钱——缺得厉害。在10月22日之前的一段时间，埃里克·卡蒂给丽莎·蓬佩发过短信，抱怨说缺“米”。短信原话是他觉得自己很“没用”，女儿要过生日了，父亲连生日礼物也买不起。当时埃里克正被多伦多警方通缉，在逃的他还没法重拾毒品生意。这不是两人第一次讨论这个话题，两人在全家一起去吃自助餐时因为丽莎坚持要帮埃里克埋单有过争执。丽莎一直安慰埃里克，说他是个好父亲，不管能不能给孩子买礼物都没关系。埃里克最后分两次向丽莎要了四样东西，第一次他跟丽莎说要一个新手机，还要租一辆车。没过一周，他又向丽莎要了一顶黑帽子和一副黑手套，所有这些东西埃里克都没解释会做什么用。“给你找了两只不成对的手套，是比较厚的冬天戴的手套，倒是黑色，能用得上吗？”丽莎回复说，她对这些东西的用途一无所知。

对于珍妮弗来说，10月她的事情很多。潘汉辉的法庭证词提到，10月珍妮弗正在准备申请第二年的1月入学，也正是这个时候，潘汉辉深思熟虑之后做了一个决定，要让全家人和珍妮弗更亲近些。2010年10月8日，费利克斯最后一次见到梁碧霞，之后就去学校了。而珍妮弗则和父母一起去了波士顿参加亲戚的婚礼。接下来的周末，珍妮弗和母亲梁碧霞及专程从英国飞来美国参加婚礼的姨妈三人一起参加了华人旅行团，去了趟渥太华和蒙特利尔。一路上，珍妮弗不断给黄志光发自己的毛绒玩具在各个旅游景点的自拍，比如在蒙特利尔圣母大教堂前的照片。10月24日，珍妮弗回到家，当天她从附近的银行取了500加元现金。

五天之后的10月29日，埃里克给伦弗德发了这样一条短信：“一切都好，今晚下手也成。”伦弗德没有回复。埃里克可没闲着，他转头就开始给一个朋友打电话，邀他入伙。埃里克给一个用牙买加雷鬼歌手杜安·斯蒂芬斯的名字注册的手机发了这样一条短信:“给你找了一活儿,就今天。”

10月30日,丽莎终于给埃里克弄来了他要的新手机,但手机并不是丽莎本人开的户,因为注册地址是西尔维娅·鲍威尔的住址。2010年万圣节那天是珍妮弗谋杀计划的关键时间节点。在万圣节当天(10月31日,周六)晚上6点30分到7点12分之间,通信基站监测到伦弗德的手机在向东移动,在士嘉堡区购物广场停下,这里正好位于伦弗德所住的多伦多市莱克斯区和黄志光所住的阿贾克斯市中间。与此同时,黄志光的手机定位也显示他当时在士嘉堡区购物广场。当晚8点50分,通信基站记录显示两个手机同时出现在珍妮弗家附近。当晚是谋杀行动前踩点的绝佳时机——两人那天晚上都不当班,昏暗的街上到处都是跑来跑去要糖的孩子,正好为他们侦查珍妮弗家周遭的地形提供了掩护。当晚埃里克本该一起踩点,可他碰巧没法同去。当然埃里克也没闲着,他给自己的小兄弟戴维·米尔瓦加楠留了好几条电话留言。最后,两人通过短信聊起了这桩交易:

戴维:嘿,怎么说。

埃里克:十摞。

戴维:行……你定日子。

埃里克:行,每个五摞。

戴维:有数。

埃里克:够胆两个一起做了,全是你的。

戴维:小菜一碟。

埃里克:要的就是你这句。

戴维：过来拿个暗线[1]。

侦破行家帮忙把这几条黑话短信译成了正常行文，大致意思是：谋杀潘家夫妇二人报酬是1万加元，埃里克和戴维一人5000加元；如果戴维一个人就把两个目标都解决了的话，就可以一人独得1万加元。有了这几条短信，凶犯的谋杀分工和契约便铁证如山了。戴维、埃里克和第三个人是入室行凶的执行人。伦弗德和黄志光牵线搭桥，在埃里克和珍妮弗之间传话。

离开珍妮弗家的小区之前，黄志光和珍妮弗在屋后的小径上匆匆见了一面，很可能就在这短短的时间里交接了些现金作为定金。珍妮弗前两天刚取出来的那500加元是不是就是在这一天交给了黄志光？这一点不得而知。黄志光带着伦弗德到珍妮弗家认了门，又看了周边小区里的情况，还看了怎么从她家开上高速公路，之后两人就打道回府了。

伦弗德回家之前又去了一个地方，他去了埃里克的一个熟人家，伦弗德此前和之后都没来过这户人家，那么他此行是不是专程来交付珍妮弗给埃里克的定金呢？这个推测很靠谱，但也无从证实。据说，谋杀行动的最终日期就是在那天定下的，定在2010年11月3日下手。

动手前的那八天，珍妮弗如坐针毡，几乎时时刻刻都在打电话。行动开始前的紧张和未知让她兴奋，她心头又重新燃起和黄志光长相厮守的希望。那几天里，她把嫉妒、愤怒、贪婪、色欲这几宗罪尝试了个遍。珍妮弗的短信里充斥着“手心出汗、心跳加快”这样的描述，字里行间都是关于黄志光到底有多爱自己或到底爱不爱自己的担忧。截至

1　指匿名手机。

此刻，珍妮弗的麻木不仁、冷酷无情已是明白无疑的了，她一分一秒都没有考虑过父母的性命安危。我们常人很难理解和想象这种对男友和对父母完全两级的情感状态。

2010年11月1日，距离原定行动时间还有两天，埃里克突然拼命给伦弗德发短信，索要黄志光的电话号码。伦弗德坚持按照计划行事，不让埃里克和黄志光直接联系，所以他对埃里克的短信置之不理。但埃里克不依不饶，步步紧逼，发了至少一条开骂的短信，留了一条骂人的电话留言。伦弗德最后只好让步，把黄志光的电话号码给了埃里克，他发牢骚说埃里克找自己骂战的架势跟个娘们儿似的。

埃里克为了躲避通信基站的监控，使用手机的方式十分狡猾。他先用女友西尔维娅的手机，在密西沙加市西尔维娅的家里接收了黄志光的电话号码，随后他驱车前往位于莱克斯区的戴维家，一到那里他就立刻用戴维的手机联系黄志光。埃里克急着和黄志光说了什么无从得知，估计应该是关于报酬的讨价还价。下午5点15分，戴维和黄志光的手机之间传送了这样的一番短信对话：

埃里克：现在碰个面吧，知道我是谁吧？给我打个电话。

黄志光：你谁啊？

埃里克：你知道的，电话我。

埃里克：我是昨天要跟你接头的人，尼玛，电话我！

黄志光：哦，你啊，说好昨天我们见面的。

黄志光：现在我不方便打电话。

黄志光：我回头给你电话。

埃里克：什么时候啊？我现在就有空。

黄志光：现在我不行啊。

埃里克：尼玛，把我晾在这算什么？

这番短信对话让我们明白了几件事情：第一，万圣节那天，埃里克本该加入伦弗德和黄志光一起去踩点，结果没能去成；第二，黄志光非常明白他不能用手机联系具体实施谋杀计划的人，所以他最后也没给埃里克去电话。实际上，除了早前7月因为一桩毒品交易的恩怨，埃里克发短信把黄志光痛骂了一顿之外，这些短信是两人之间唯一的联系证据。第二天，2010年11月2日，谋杀准备工作紧锣密鼓地展开，警方后来就是从这一天的短信往来中第一次探明了“宅男”到底是谁。当晚临近深夜，黄志光给珍妮弗发短信，约她第二天到自己的工作单位来。黄志光不愿意给珍妮弗打电话，因为他知道一旦打电话过去，有时候珍妮弗就为了多听听他的声音，会没完没了地缠着他聊上几个小时。而且，因为两人已经有一阵子没好好聊天了，珍妮弗显然对此非常不满。

黄志光：嗯哼哼，大嘴猴[1]今天不开心。

黄志光：今晚不想讲电话啰！

黄志光：你明天能来找我吗？

珍妮弗：不讲就不讲啰，明天我尽量。

珍妮弗：几点合适？

黄志光：随你。

黄志光：一起吃早饭吧。

---

1 黄志光指自己。

黄志光：你联系下“宅男”。

珍妮弗：明早联系他。

黄志光：好好休息，我的小仓鼠。

黄志光：晚安。

珍妮弗：晚安，大嘴猴。

黄志光：大嘴猴睡了。

第二天早上，珍妮弗给黄志光发了这样一条短信：你保证说要打电话来的。我明白你的处境，但我还是觉得不开心。一点儿都没睡。珍妮弗给“宅男”打过电话后，又给黄志光发了一条短信：“宅男”说他还没跟你联系呢。

侦破警探把珍妮弗和“宅男”之间的短信（“宅男”保证说他早上会打电话）、珍妮弗给黄志光的短信（“宅男”说他还没跟你联系呢），以及黄志光后来给伦弗德的电话放在一起比对分析，这才恍然发现原来“宅男”就是伦弗德。也正是在这一天，伦弗德第一次打电话给一个名叫蒂姆·康特的人，此人是埃里克的朋友。蒂姆·康特的电话号码在11月8日再次出现在案件相关通话记录中。

当天晚上，距离原先预定的谋杀行动还有一天，而黄志光不知为什么突然向珍妮弗的希望泼了冷水。在整个谋划过程中，珍妮弗一直坚信，只要除掉碍事的父母，她和黄志光就可以甜甜美美地一起厮守到老。有了父母的人寿保险金，他们俩从此吃穿不愁。黄志光显然对此心存疑虑。

黄志光：我现在感觉很糟。

珍妮弗：怎么了??

黄志光：我把你当成无话不说的朋友，这样的朋友也就你一个。

黄志光：我明白你的感受。

黄志光：但是关于她[1]。

黄志光：对不起。

珍妮弗：你什么意思？你能说明白点吗？我感觉我这就是要误会你。

珍妮弗：你有什么对不起的？

珍妮弗：说话啊，你半天不吱声让我很难受啊。你能不能回我一句？

珍妮弗：你对她的感情，是跟我对她的感情一样，还是跟我对你的感情一样？所以你说对不起？我想搞清楚到底怎么回事，猜来猜去搞得我手心出汗、心跳加速。

珍妮弗：赶快回答！

黄志光：我不知道该怎么说。

珍妮弗：看来你对她的感情是跟我对你的感情一样啰？那行，你叫“宅男”收手别干了。

黄志光：我挺喜欢跟她在一起的，她也是我的红颜知己。现在倒好，因为那些鬼电话[2]，我跟她连朋友都做不成了。

黄志光：你说“别干了”什么意思？我以为你想干。

珍妮弗：我是想的，那是因为我走投无路才想这么干。

黄志光：叫“宅男”收手不干？你不是说这事有我没我你都

---

1 这里指卡特里娜。

2 指威胁和骚扰电话。

要干吗？

珍妮弗：如果你变心了，我还怎么指望你保护我？

珍妮弗：我是要干的。

珍妮弗：你到底想说什么？你想和卡特里娜在一起？

珍妮弗：我心里一团漆黑没有方向，请你告诉我到底怎么回事好不好？你到底想不想跟我在一起？你到底爱不爱我？

珍妮弗：对不起，刚才我情绪不好，现在要说的是你，别管我刚才说的那些疯话。我会乖乖做个好姑娘。

珍妮弗：对不起了啦，刚才是我耍脾气，我不是那意思。接着说你的。卡特里娜是你的知己，然后呢？

珍妮弗：跟她在一起不是也挺好的吗？大家不都看好你们俩吗？几个电话怎么就让你不能跟她做朋友了呢？你想跟她好吗？

黄志光：我爸妈，还有所有人都不想我跟她好。

黄志光：其实不是她的问题。是我自己不想成天藏着掖着，还要担心别人心里怎么想，就像我和你那样。

黄志光：跟你在一起成天提心吊胆的。

珍妮弗：我问的是你想不想跟她好，我没问别人。她身边那些恶友[1]肯定希望你们出双入对。

珍妮弗：你就跟我实话实说吧。

珍妮弗：你怎么想的？

黄志光：我讲不清，你别逼我，你知道我是爱你的。

黄志光：（掉眼泪的表情图）

1　所谓威胁珍妮弗的人。

珍妮弗：我这是在帮你呀。

珍妮弗：我不是逼你，这事我觉得我能帮得上你。但是备胎我是不会再当第二次了。

珍妮弗：对不起。

黄志光：根本不相干的事。

（一个半小时之后）

珍妮弗：我想了半天，前面我们讲的话我反复在看，你想跟她好你就去，说到底这个主意我拿不了，你爸妈也拿不了。如果她真能给你幸福，我也没办法，我只能放手让你走。提到她你都是好话，讲到我你就说什么提心吊胆，你的意思是之所以还跟我在这里耗着，是因为你爸妈不想让你跟她在一起。从朋友的角度来看，你心里已经想明白了。我也只能心痛着说再见了。愿上帝保佑你。

珍妮弗：我不会再挡你的道，麻烦你跟那些人说一下别再麻烦了。死活由我去吧。

黄志光：嗯？

黄志光：你那段话用两个手机各发了一次？

珍妮弗：不好意思，另外那条短信不是要发给你的。我不会再来烦你了，不会再让你郁闷了。让你提心吊胆了，对不起了。

黄志光：嗯？

黄志光：你不要这样好不好？

从短信里那句看来你对她的感情是跟我对你的感情一样啰？那行，你叫“宅男”收手别干了可以看出，珍妮弗起意谋杀父母的动机是想和黄志光长相厮守。这样的短信就等于珍妮弗自己承认了一个简单的假设：如果你都不想跟我继续交往下去，那我也就不用杀我爸妈了。这条短信也是唯一的证据，说明珍妮弗可能重新考虑过谋杀计划，或者可能想过打退堂鼓。但是，珍妮弗是真的打退堂鼓了吗？也可以说珍妮弗可能根本不想推翻原先的计划，这只不过是她要的手段，要让黄志光知道跟她分手的严重后果。说不定这只不过是珍妮弗一直以来苦心经营的控制黄志光的计划的一部分。珍妮弗怕黄志光抛弃自己，而黄志光怕的是珍妮弗突然反悔，取消计划。否则黄志光为什么两天之后再次向珍妮弗表忠心——说到卡特里娜时说她又不是我妈？

我们可以进一步推断，珍妮弗一头要顾着买凶弑亲的计划，要烦心的事情已经很多了，但是另一头和黄志光的关系似乎眼看要完结，她觉得自己必须得重新开始给黄志光发匿名短信了。黄志光刚一疏远珍妮弗就收到珍妮弗用罗杰斯公司手机发来的短信：我恨你，我再也不要见到你。你和卡特里娜好好过吧。我恨你。别再给我打电话了。我不敢相信你居然不关心我的遭遇。我要去你工作的地方找你，结果路上吃了枪子。

黄志光说他立刻打电话给珍妮弗问是什么情况，珍妮弗接到电话显得很吃惊，说自己没事。黄志光告诉她自己打电话来是因为收到短信说她中了枪。珍妮弗的回答是："你怎么知道的？"珍妮弗说确实有人邮寄子弹给她，但是自从上次遭到威胁之后，警方一直在搜查她的信件，所以他们拦截了有子弹的包裹。

珍妮弗一口咬定短信不是自己发的。黄志光只好去请教精通技术的朋友，朋友说，盗用别人的手机号码发短信不是没可能，这是一种技术诈骗手段。"有人盗用了珍妮弗的手机号码给我发短信。"黄志光这样说道。2010年11月3日，原定的谋杀行动日，当天一大早，黄志光和珍妮弗就开始互发短信。早上7点47分，黄志光给珍妮弗发短信问她在哪里，说希望珍妮弗能出来跟他一起吃早饭，两人用短信敲定好时间和地点。然后黄志光又问珍妮弗为什么还没到，珍妮弗回复：等“宅男”的电话，顺便等我妈出门。

珍妮弗最后来到见面地点时，已经是上午9点30分了。黄志光的工作开始忙碌起来，已经无暇顾及珍妮弗。

珍妮弗：我知道你这会儿出不来。

珍妮弗：我在你车上留了张条子，我想再见你最后一面，你却不能见我。

珍妮弗：你如果不想见我，只想抽烟放松一下，那我立马走人。

黄志光：我真走不开。

15分钟之后，珍妮弗又给黄志光发了两条短信，另外也给伦弗德发了一条短信。但是和对待其他短信不一样，珍妮弗发完之后立刻删除了这三条短信，因此这三条短信的内容永远没有机会大白于天下。从黄志光的回复可以看出，珍妮弗的短信可能和谋杀计划有关。

黄志光：小心点。

黄志光：一定哦！

也就是在11月3日当天，埃里克给伦弗德发短信说两摞就成，意为他要求在谋杀现场结清2000加元现金。埃里克似乎还从一个名叫阿扬·穆罕默德的女友那里要了一些汽油钱，大概在20加元到40加元之间，准备当晚就出门行凶。晚些时候，伦弗德给埃里克发了一条短信：你想什么时候开工？不一会儿，伦弗德又发了一条：今晚7点？你成吗？接着伦弗德收到了来自戴维手机发来的一条回复：Gusi fo sho。这条短信在庭审时争议颇多。辩方律师认为，短信中的Gusi指的是电影《牙买加黑帮》里的一个角色Gussy（埃里克是这部电影的粉丝），而检方则认为这条短信意为Go see for sure[1]。

珍妮弗和黄志光通过短信再度复合，珍妮弗对于近来黄志光在情感上的摇摆不定气愤不已，她在短信里宣泄了自己的感受。看起来黄志光一开始说想要和卡特里娜在一起，而此刻已经彻底回心转意。

黄志光： 干什么呢？

珍妮弗： 一个人在床上窝着。什么事？

黄志光： 就问问你。

珍妮弗： 你别管我，让她知道了不好。

黄志光： 我不怕，你我还是朋友。

珍妮弗： 你还把我当朋友啊？

珍妮弗： 是你要跟我分手的，你跟她甜蜜蜜去吧。我不想再自寻烦恼了。我肯定会罩着你，但是我现在心都碎了。

黄志光： 我懂，真的对不起。

珍妮弗： 你才不难过呢。我早就知道会这样，我的那些委屈你都不在乎。

---

1 指当晚7点动手没问题。

珍妮弗：不过你别担心，我马上就要彻底自由了。没了我你也好落个逍遥自在。

珍妮弗：我曾经那么信任你，你是我在这个世界上唯一真爱的人。可你玩弄我的感情，一次又一次伤害我。我能不离开你吗？我知道未来的路该怎么走，抱歉没能满足你所有的要求。再见。

黄志光：别这样！

珍妮弗：你把这段话转发给卡特里娜：恭喜你还有你那帮恶友，你们赢了。你们让我身心俱损。你的恶友强奸我、打我，你还把我最心爱的人抢走了。求你让你的恶友放过我，让我一个人安静地离开这世界。我吃够了苦头，我不想在生命最后几天里继续受你们的折磨。今后的日子里请你帮我好好照顾黄志光，也祝你们好运。对我来说他就是我的一切，可惜无论我怎么做，都没法获得他的真心。

黄志光：我没料到会是这样。

珍妮弗：我早就料到了。永别了。

黄志光：我怎么讲你才能相信我？

黄志光：我现在做的这一切不都是为了你吗？

黄志光：你别这样，大嘴猴不想孤零零一个人。

珍妮弗：你不是有卡特里娜吗？怎么会孤零零呢？

黄志光：我说过的，我真的离不开你。

黄志光说没料到会是这样，是在解释没料到自己会因为爱上卡特里娜而不得不和珍妮弗分手。珍妮弗不接受他的解释，黄志光又坚称：我现在做的这一切不都是为了你吗？这句话很容易理解为“我如果事先知道自己会爱上别人，我就不可能帮你计划谋杀你爸妈的事”。珍妮弗说她会罩着黄志光，其实就是承认事成之后，会和黄志光分享父母的保险金。就在那天晚上，离约定的下手时间只剩几个小时，珍妮弗突然发了一条短信给“宅男”，取消了行动计划：今天不行，我们出门吃饭，那时候不在家。

潘家对面邻居家的监控摄像头拍到5点54分有一辆车离开了潘家，7点14分又开了回来。多亏这顿和梁家亲戚的聚餐，梁碧霞又多活了四天。不知道是不是巧合，珍妮弗是在上述和黄志光的那番短信争执之后33分钟通知“宅男”取消行动的。我们不禁要怀疑：珍妮弗是真觉得当晚下手时机不适合，还是又一次操控了黄志光，利用父母的性命做筹码，让黄志光明白利害，今后可以更重视自己。

取消行动后，珍妮弗仍在纠结和黄志光的关系。半夜12点多她给黄志光打电话，没人接听，之后她又发了一条短信：对不起，太晚了。你多半正在给她打电话，反正她现在是你最亲的朋友。对不起，再见。

第二天早上，也就是11月4日，珍妮弗仍在为昨晚黄志光既没接电话也没回短信生闷气。

珍妮弗：喂？

黄志光：什么事？昨晚那些短信是你发的？

珍妮弗：哈，我昨晚就给你发了一条短信好不好！

珍妮弗：我一直等你回信，等到四五点的样子，撑不住睡着了。你昨天跟她快活得顾不了别的了吧。

黄志光的回答表明，昨晚他又收到了莫名其妙的匿名短信。

几个小时之后，下午1点25分，通信基站记录显示，珍妮弗从银行自助取款机里又取了500加元现金。然后她的手机定位就变成了黄志光的工作地点。20分钟后，她给黄志光发送了这样一条短信：开下门好吗？珍妮弗去黄志光的工作地点是不是去送第二笔雇凶费用呢？

不管怎样，这番插曲之后，黄志光的短信就完全变了口风，他又开始和珍妮弗在短信里卿卿我我地甜言蜜语起来，甚至表示了他爱珍妮弗胜过卡特里娜。

黄志光：我的小宝贝不跟我好了。

黄志光：:([1]

珍妮弗：你现在身边有了小甜心，比以前那个小宝贝好多了。那小宝贝不够好，谁会喜欢？

珍妮弗：就这样我还是爱你。

黄志光：她不是我的小甜心。

黄志光：她对我没你对我好 :(

黄志光：人家很伤心嘛。

珍妮弗：过来亲亲。

黄志光：嗯。

珍妮弗：你不喜欢亲亲？（垂头表情图）

珍妮弗：看，我说的吧，对你再好你都不满意 :(

黄志光：我喜欢。我很想你。

珍妮弗：人家更想你哦。

1 伤心表情图，下同。

当晚，珍妮弗实现了长久以来的愿望，两人电话里聊了一个半小时。第二天，11月5日，证据显示定金已经到位，埃里克和戴维开始着手具体的准备工作了。埃里克和戴维之间有这样的对话：

戴维：我要搞个新喷子。

埃里克：明白。

戴维：便宜的就行。

埃里克：嗯嗯。

破译黑话的专家杨斯警探解释说，破译有暗语的短信或通话时，了解背景至关重要，上下文情境是破译的关键所在。杨斯警探说，喷子指枪，必须是没有被警方备案所以无法追查的枪。"便宜"自然是要求枪的价格不能太高，因为用完之后就得立刻丢掉。

11月6日，埃里克还在四处筹钱，为此他联络了另一个名叫希瑟·马丁斯的女友。希瑟住在距离多伦多约两个小时车程的伦敦市大学城。

希瑟：怎么了？

埃里克：没米了。

希瑟：是要几个小钱花花，还是缺大钱？

埃里克：小钱就行，周转一下。这周就有进账，说到做到。想你。

希瑟：宝贝，我跟你讲过我这里过得还不错，你那点破事我还是能帮的。我也想你。

埃里克：那就好，那你能不能今天就汇点钱过来啊？

与此同时，珍妮弗对前几天黄志光的话还耿耿于怀，不断在短信里报复他。在下面的短信往来中，珍妮弗抱怨说看到了一张黄志光和卡特里娜在游戏厅的合影。她告诉黄志光说自己会把所有游戏储值卡放在一个信封里带给他。

珍妮弗：你的游戏卡都装在信封里了，明天如果有空就给你送到波士顿披萨去。要说不难过是骗人的。跟你一起在游戏厅是我最美好的回忆，但是现在我满脑子都是你们俩在那里的情形。你带她和带我都去一样的地方啊。对不起我实在没法忘记从前，我真喜欢跟你一起打游戏的时光……

黄志光：我们再一起去啊。

（几个小时之后）

珍妮弗：我知道对你来说我是过去时，她是现在时。我没想到你会真的对我这么绝情。

黄志光：我现在也不跟她联系了，我有事都跟我爸妈说。

黄志光：等你从你那个魔窟家里解放出来之后，我们好好谈谈心。

最后这句话似乎是黄志光在表白，等珍妮弗甩开父母，离开那个“魔窟”以后，两人可以再续前缘。

11月7日，埃里克不再使用注册在拉里·戴维斯名下的手机，而是开始用女友西尔维娅·鲍威尔给他的新手机，这个手机注册时用的名字是坦尼卡·圣路易。

与此同时，黄志光仍在继续讨好珍妮弗，但珍妮弗似乎还在生气，因为黄志光不愿意如她所愿地和她煲电话粥。

珍妮弗：潘潘真受不了老被你当备胎了。今天一天都没来烦你。你说什么我都照做了。你叫我别烦你，我就听话不联系你。我都做到这份上了，你还嫌我不够好：(

黄志光：你够好你够好！

黄志光：晚安我的小潘潘。

珍妮弗：晚安。

珍妮弗：你能来找我吗？我家现在没人，来嘛，求求你了。

珍妮弗：你说你没法跟我讲电话，你倒有时间跟那个小妖精煲电话粥？我擦！

珍妮弗：行，你过逍遥日子去吧。我快要把自己逼疯了。我给你自由，我真傻，你反正怎么样都不可能像爱她那样来爱我。

珍妮弗：你知道昨天我受了多大伤害吗？我知道我现在没机会跟你见面，整晚我都睡不着。你想跟她聊天了就挂了我的电话，还跟我讲是去“看个片儿”。我现在只气我自己，为什么又信了你的鬼话。

30. 就今晚

◇◆◇

2010年11月8日，对潘家人来说这只不过是个普通的周一，但对参与当晚谋杀计划的五个人来说，这一天太不寻常了。早上10点零5分，珍妮弗收到了“宅男”的短信：下班后两小时，就今晚。今晚之后，他们所有人的人生都将永远改变。

伦弗德发这条短信时，正忙着和埃里克互发短信。这条短信的意思是会在潘家所有人都下班回家安顿下来之后入室。收到短信后，珍妮弗和“宅男”在电话里讲了四分钟，然后珍妮弗删除了一些和伦弗德的往来短信。11月8日，案件里出现了一个名叫迪米特里厄斯·马布斯的人，此人与埃里克和伦弗德都相熟。这一天，珍妮弗和安德鲁·蒙特马约尔互传了很多短信。在下午4点30分到5点零6分之间的短短半个多小时里，两人来回发了50多条短信。但是珍妮弗把所有这些短信都从贝尔公司的手机上删除了。为什么珍妮弗单单谨慎地删除了这些和安德鲁的短信，却保留了大部分和黄志光的短信呢？黄志光最终获刑终身监禁并且25年内不得申请假释会不会就是因为珍妮弗喜欢和黄志光短信聊完之后，一个人躲在房间里一遍又一遍重温黄志光的短信？关于这一点，我们永远无法找到答案。我们同样永远无法知道11月8日珍妮弗和安德鲁到底在短信里聊了什么珍妮弗不愿让别人知晓的内容。

当天下午潘汉辉下班回家后，又再次出门，去家得宝卖场买了U盘和家里暖气空调出风口的档板。珍妮弗和梁碧霞两人先吃了晚饭——梁碧霞最后的晚餐。潘汉辉买完东西后再次回到家，邻居的监控摄像头拍到了他回家的时间：6点零3分。6点12分，伦弗德给珍妮弗打了电话，通话时间只有43秒。这是两人的最后一次手机联系。

动手的人选都敲定下来，现在真的是箭在弦上了。6点23分，阿德里安·蒂姆克维茨到潘家来找珍妮弗。

6点51分，埃里克此刻正在位于莱克斯区的女友阿扬·穆罕默德的家里，用着阿扬的手机打电话。

梁碧霞已经出门跳集体舞去了，珍妮弗和阿德里安在地下室看电视。这时珍妮弗接到一通电话。阿德里安的证词说珍妮弗在电话里只讲了一分钟的样子，也没说是谁打来的。基站记录显示，这个电话来自迪米特里厄斯·马布斯的手机，通话时间28秒。检方认为这是迪米特里厄斯在帮埃里克传话。作案经验丰富的埃里克知道此刻不能再用自己的手机和珍妮弗联络。“这就是当晚血腥弑亲惨剧的第一幕。”检察官米歇尔·朗布尔在法庭上这样说道。阿德里安在法庭做证时说，当晚珍妮弗没有一丝一毫和平时不一样的表现。

8点32分，阿扬拿回了自己的手机，埃里克出门了。8点32分，阿德里安离开了珍妮弗家，他走后，珍妮弗开始和黄志光短信聊天。两人都对即将开始的谋杀行动感到紧张又激动，可他们在短信里聊的内容却完全和正题风马牛不相及。想到两人在这起残忍的谋杀行动中扮演的角色，此刻他们居然还有闲情逸致东拉西扯，着实令人震惊。

黄志光： 大嘴猴干什么呢？

珍妮弗：（猴子动图）

黄志光： 嗯？怎么啦？

珍妮弗：（苦脸表情图）想找人聊聊。

珍妮弗：（小鸡踱步动图）

黄志光： 呵呵，又怎么啦？

珍妮弗： 小鸡宝宝叽叽叫，大嘴猴呢……

黄志光： 呜——咪——！

珍妮弗： 大嘴猴不是这样叫，没有呜。

黄志光： 咪——姆——！

珍妮弗： 傻样！

黄志光： 大嘴猴叫起来是呃——哦！

警方记录显示，埃里克和戴维当晚9点碰头。此前，埃里克正在处理让他焦头烂额的家务事。埃里克的女友梅根·约翰逊在埃里克的另一个朋友西尔维娅·鲍威尔的帮助下，发现17岁的阿扬与埃里克有染。8点56分，在梅根的指使下，西尔维娅给阿扬的手机发了短信。本来梅根准备直接打电话给阿扬，但是阿扬不接电话，这才退而求其次，改成短信骂战。

阿扬：你他妈谁啊？

梅根：你家男人长什么样？

阿扬：矮个儿黑皮壮汉，怎么？

梅根：没别的意思，就问一下，你叫什么？

阿扬：凭什么告诉你？

梅根：我都不知道那个王八蛋在外面还有别的女人。你们俩认识多久了？

阿扬：你继续编，我睡觉去了。

在开车去珍妮弗家的路上，埃里克用戴维的手机给阿扬和梅根都打了电话，安抚完这个安抚那个，两头讨好。当晚阿德里安离开潘家后，珍妮弗就一直在自己的房间里和安德鲁·蒙特马约尔及爱德华·帕奇菲卡多电话聊天。7月以来，珍妮弗一直只用贝尔公司的iPhone联系安德鲁，但案发当晚，她用了罗杰斯公司的手机和安德鲁打电话。这是为什么呢？显然她不能让iPhone占线，因为她在等电话。她等的电话最后在凶犯破门而入之前的26分钟打了进来。晚上9点28分，梁碧霞回到家。她换上小熊维尼的睡衣，然后打了一桶热水，一边看中文电视新闻，一边泡脚。潘汉辉此刻已经上床睡了。

在警方讯问时，珍妮弗说自己借着要去楼下和母亲道晚安的机会，悄悄下楼打开了家里正门的门锁，然后飞快地和梁碧霞道了晚安。

再说埃里克这头，埃里克并不是唯一一个家务事缠身的人。戴维·米尔瓦加楠此刻正在联系自己的前女友丹尼斯·布朗。两人早前因为戴维朝三暮四而分手，现在正尝试重修旧好。戴维想讨好丹尼斯，希望当晚谋杀挣到的钱能用来向丹尼斯证明自己长了本事。戴维许诺挣到的这笔钱大部分都会寄给丹尼斯，供她抚养两人的儿子。埃里克、戴维，还有第三个人，沿着401公路一路往东，开往珍妮弗家。在此期间埃里克和戴维不断轮流使用戴维的手机，埃里克打电话给梅根和阿扬，而戴维则和丹尼斯保持着联系。9点34分，戴维的手机拨通了珍妮弗的iPhone，打电话的人很可能是埃里克。

给珍妮弗打电话的目的是通知珍妮弗他们快到了。通话时间持续了1分42秒。在这通电话前后，埃里克又再次给两个女友打了几通电话。然后，埃里克用戴维的手机给伦弗德打了个电话，电话铃声整整响了61秒——这显然是两人事先商量好的暗号，说明自己已接近目的地。9点42分，戴维和女友丹尼斯的一番短信往来暴露了一些信息：

> **戴维：** 跟金布尔开会呢，完事儿我发短信给你，爱你。
>
> **丹尼斯：** 好的，刚我听到在骂人的就是他吧，帮我问个好。
>
> **戴维：** 就他，你先睡。

戴维说两人在开会，意思就是在赶去开工的路上。

10点零2分，潘汉辉书房里的灯亮了起来。此时，一辆新款本田讴歌轿车开过潘家，在街角左拐上了一条小路，两分钟后，戴维的手机最后一次联系了珍妮弗。珍妮弗此刻正在和爱德华讲电话，她告诉爱德华自己有一个电话进来，需要挂掉，一会儿再给他打回去。戴维和珍妮弗手机之间的通话时长为3分23秒。检方认为，这通电话很可能是凶犯用来了解潘家的情况的，他们可能问了“你爸睡了吗？你妈在哪里？门开着吗？灯亮着吗？你准备好了吗？”之类的问题。凶犯车上有三个人、三把枪，至少有一把枪是真枪实弹的。

10点零8分，珍妮弗重新打电话给爱德华。爱德华在法庭上做证说，当时珍妮弗的声音听起来没有任何异常。“从以往珍妮弗的所作所为来看……她这样的反应也不足为奇。”检方这样说道。这次珍妮弗和爱德华的电话讲到一半的时候，珍妮弗打断了爱德华，说她听到楼下有动静，过一会儿再打给爱德华。此时是晚上10点14分，凶犯已经进入了潘家。

从潘汉辉对事情经过的描述来看，本案对一个寻常家庭来说，无疑是噩梦成真，从父亲的角度来看更是雪上加霜。潘汉辉从熟睡中被惊醒，一睁眼就看见一支枪正对着自己。潘汉辉后来指认，持枪人就是戴维·米尔瓦加楠。凶犯口口声声说要钱，但也并没有真的动手去搜。潘汉辉看到持枪人的外套上有棕色的污渍。“他的外套上有脏脏的印子，”潘汉辉说，“看起来好像彩弹留下的墨迹。我以前见过这样的东西。有一次我开车带儿子和女儿去约克岱尔商场附近一家店买彩弹射击游戏装备，去那里玩彩弹射击游戏的人身上也有这样的墨迹，是浅棕色的，所以我认得那是玩彩弹射击留下的。”警方的推断是，凶犯入室时身上的衣服是黄志光从自己常去的彩弹射击游戏场偷来的。

潘汉辉说那人外套里面穿着黑色高领衫，头上的黑色棒球帽遮住了眉毛和耳朵的上半部。潘汉辉挣扎着站起身来，眼镜也没戴就被拖出了卧室。在卧室外他看到的情景比有人用枪抵着面门更让他心惊胆战。顺着二楼过道看过去，他原本睡得迷糊的双眼一下子睁得滚圆。二楼走道尽头，女儿的卧室门口，有两个人在说话，一个人是珍妮弗，另一个就是珍妮弗在后来的警方讯问中形容长得和埃里克·卡蒂很像的一个人。虽然只是匆匆一瞥，但潘汉辉说他感觉交谈中的两人似乎彼此熟识，而且说话都压低了声调。“我听不见他们在说什么，因为他们说话的声音很轻。”潘汉辉说道，“就像朋友间说话一样，轻声轻语的。”他说在整个谈话过程中，女儿并没有被限制行动自由。

潘汉辉被枪抵着下到一楼，看到了哭哭啼啼的梁碧霞。她的脚还泡在水里，脖子被另一个人拿枪抵着。潘汉辉完全蒙掉了，不知道这样的事怎么会发生在自己身上。但是潘汉辉并没有惊慌失措，他尽量让自己不要被恐惧压倒。“我以为他们是想劫财，不是要杀我老婆。”潘汉辉说道。他对等待着自己的命运一无所知。

潘汉辉被推搡到沙发上，梁碧霞问他家里的大门怎么会不声不响就被撬开了，潘汉辉也说不上来。然后一个凶犯就让他“闭嘴”，凶犯说：“你的话太多了！”潘汉辉后来估测此人身高至少6英尺。实际上几个入室凶犯的身高都不超过5英尺8英寸。大约是潘汉辉当时坐着，容易觉得歹徒比实际身高要高一些。

“钱他妈在哪儿？”第三个凶犯叫嚷着。潘汉辉说自己身上的现金只有60加元，但是家里有不少他们可能会感兴趣的东西。凶犯恶狠狠地说他“骗人”，并且迅速用枪抵住了他的后脑勺。

梁碧霞见状尖叫起来：“求你们了，不要伤到我老公！”

凶犯让梁碧霞把电视新闻的音量调低，结果梁碧霞因为太紧张，在遥控器上摸摸索索怎么都弄不对，最后还是潘汉辉去调低了音量。凶犯问梁碧霞家里有几个人，梁碧霞老老实实交代家里还有一个女儿，但她立刻补充说女儿现在在睡觉。凶犯于是招呼楼上的同伙，让他看看潘汉辉说的那60加元在不在，另外把两口子的女儿带下楼。

梁碧霞笃信不疑的女儿被带到一楼，她既没有被用绳索缚住，也没有被推搡。珍妮弗先来到了厨房，冰箱上的灯光照亮了她的脸，接着她又走向餐厅，潘汉辉双手捧着头，正蜷缩在梁碧霞旁边，指缝中渗出鲜血。珍妮弗和押她下来的凶犯小声说了几句话，声音太低，潘汉辉没听清他们在说什么，然后用枪指着潘汉辉的凶犯又命令同伙把珍妮弗重新带上楼去。珍妮弗上楼时，梁碧霞又哭喊起来："求你们了，冲我们来吧，千万别伤害我女儿！"

庭审中，潘汉辉想通过翻译说明白当时凶犯的回答，说了好几遍都没有说明白。潘汉辉终于受不了和翻译的折腾，用带着浓重口音的英语直接转述了当时凶犯对梁碧霞的回话："别担心，你女儿很好，我不会伤害她的。"

接着，梁碧霞和潘汉辉被凶犯命令站起身，然后被带去了地下室。这时，第三个凶犯离开了潘家。潘汉辉和梁碧霞被推搡着坐到地下室的沙发上，潘汉辉听见一个凶犯对另一个凶犯说："我们是用绳子绑他们还是用胶带？待会儿从前门出去还是从后门出去？"

回答简洁无情："毙了他们从前门出去。"这干脆的命令让梁碧霞夫妇意识到此命休矣。

接着凶犯用毛毯兜住两人的头。潘汉辉没有挣扎，一切听天由命。而梁碧霞则疯狂地反抗起来。"我老婆拼命反抗……不想让头被毛毯裹住。"潘汉辉对陪审团说道。

那些人先对潘汉辉下了手，用枪凑近他的脑袋连开两枪。潘汉辉弓背栽倒在地，显然该是死了。然后，他们掉头来收拾梁碧霞。他们最终也没能用毛毯裹住梁碧霞，求生欲让梁碧霞几近疯狂地拼命挣扎。"砰——砰"两声枪响后，梁碧霞没了声息。为了万无一失，凶犯又用枪贴着梁碧霞的后脑勺补了一枪，鲜血飞溅到地下室另一头的墙面上，很可能在凶犯的衣服上也留下了血迹。

潘汉辉放弃抵抗，平静地让凶犯用毛毯裹住自己的头，这样的做法反而救了他一命。因为毛毯的遮挡，凶犯看不清目标，所以潘汉辉中的两枪都不致命。潘汉辉和梁碧霞双双倒在冰冷的地下室地板上。两名凶犯旋即跑上楼，冲出潘家，上了早已等候着的接应车。10点33分，凶犯驾车驶入夜色。

他们走后，珍妮弗摸出手机，拨打了911。正当她拨打911的时候，潘汉辉苏醒过来。“我看见老婆倒在我脚边，”潘汉辉神色凝重地在法庭上说道，“我推了推老婆，发现她已经没有了动静。”潘汉辉居然自己挣扎着走到了一楼，他怕凶犯还在家里，所以跑出了家门，跑到了邻居家的车道上。“我跑出了家门，大喊救命，邻居当时正好要出门上夜班。他打开车库门正准备把车倒出来，就看见我站在外面。我让他帮我打911，告诉他我家被抢了，我中了枪。”潘汉辉说。

临上救护车之前，潘汉辉告诉赶来的警察，入室凶犯有三个人，两个黑人、一个白人。

车上的凶犯给了自己大约14分钟的时间缓了缓神，然后才继续该干吗干吗。10点46分，戴维的手机定位显示他在401高速公路上向西行驶，接着这个手机打通了蒂姆·康特的电话，通话时长1分零8秒。通信基站数据显示，康特的手机当时正在基克家居用品公司附近，而这里正是伦弗德工作的地方。接着，这伙凶犯继续西行，开到了莱克斯区。11点33分，戴维给住在蒙特利尔市的女友丹尼斯打了个电话。两人说了大概四分钟。后来丹尼斯在证词中说，当时她没有从戴维的声音中听出任何焦虑或烦恼的迹象，戴维挂了电话之后发给她的短信还特别温情脉脉。究其原因，很可能是戴维在电话里告诉女友自己挣了一大笔钱，说自己第二天要给她汇点钱。丹尼斯说，戴维给自己和儿子汇钱的时候都是他最开心和自豪的时候。

当晚11点53分，伦弗德给杰弗里·付打了电话。“跟那小子说一声，一切都好。”伦弗德这么跟他说。凌晨0点49分和1点20分，迪米特里厄斯·马布斯两次接到伦弗德的电话。接着埃里克给阿扬打了电话，然后戴维和女友丹尼斯互发了这样的短信：

戴维：晚安，做个好梦，明早联系你。爱你。

丹尼斯：晚安，我永远爱你，明早电话。

戴维当时膝盖上放着自己分得的2000加元赃款，我们不禁怀疑，戴维在短信里提到第二天联系丹尼斯的事由，会不会就是他案发一小时后在电话里对丹尼斯保证的第二天要给她汇钱的事。戴维第二天早上发的短信让这个问题的答案愈发明显。第二天，11月9日，戴维给丹尼斯发短信，说他正要去“西联”，指的应该就是西联汇款了。

除了行动之前珍妮弗可能已经交付的定金以及珍妮弗被拘捕后黄志光替她垫付给伦弗德和埃里克的一点大麻之外，在谋杀现场从珍妮弗手上拿到的这2000加元就是此次潘家谋杀行动最终交付的所有酬劳。入室行凶夺人性命，图谋的居然仅仅是这么一点点蝇头小利。

第四部分

结 论

命运从此改写：案件的深远影响

◇◆◇

潘汉辉

我不仅失去了妻子，同时也失去了女儿。我觉得自己无家可归。碧霞死的那天，我觉得我也一起死掉了。那一天彻底改变了我的命运。有时候，我会觉得自己大难不死很幸运，但同时我又感到自己整个人已经死了。因为伤势的原因，我再也没法工作。以前喜欢做的事，现在我也无心再享受，比如园艺、音乐、汽车修理，这些爱好哪一样都没法让我再快乐起来。

我太想念我的妻子了。她是这个世界上最了解我、关心我的人。没有她，我觉得孤零零的。我们结婚差不多有30年，碧霞是个贤妻良母，她总把孩子放在第一位，很少在自己身上花钱。她喜欢音乐，喜欢跳舞。我去上班的时候，都是她在家照顾孩子。她一直想回越南看看，我却总是说我们应该首先把钱花在孩子的教育上，等两个孩子都大学毕业，我们就可以做自己想做的事了。现在她再也看不到这一天了。

逢年过节对我来说再也没有任何意义。我终日都在孤单和伤痛中度过。跟朋友见面的时候我想强颜欢笑，但是很难，我嫉妒朋友们的幸福家庭。我唯一的希望就是费利克斯结婚以后能让我跟他们一起生活。我现在和我的老母亲，还有我的两个妹妹一起住。我自己的家我已经回不去了，那里有太多惨痛的回忆。家里需要重新装修，但是我有伤在身，什么都做不了。我也不想再回那个家，邻居会问我家里发生的事，我会觉得很丢脸。那房子我也卖不了。周围住的都是中国人，这样的凶宅也卖不出去。

晚上我总是失眠，要么就不断地做关于中枪的噩梦。我每时每刻都处在紧张恐惧的状态中，看到街上有成群结队的年轻小伙子就更紧张了。我以前从来没有种族歧视观念，但现在，我变得很怕黑人，看到一伙黑人凑在一起就更害怕了。我每天都在忍受各种疼痛，每天靠止疼片度日。我也没胃口吃饭，美食对我已经不再有任何意义，因为我知道再也吃不到碧霞烧的饭菜了。我有糖尿病，胆固醇也高，目前只能靠

梁碧霞与潘汉辉的合影，拍摄日期已无从考证（开庭时所示证物）

吃药控制，也没法做任何体育锻炼，因为那样就太痛了。我的人生完全改变了方向。逢年过节，还有到了我妻子的忌日，我都会和弟弟、弟媳一起去给我妻子扫墓。想到她的惨死和我现在的生活，真的让我很难接受现实。

我现在非常非常孤独，找不到人和我交流我的内心感受，儿子费利克斯不愿意谈论家里发生的事，他只求能早日忘记一切。他的日子过得也很不容易。他不想听到姐姐的名字，不愿意了解案件庭审的情况。费利克斯现在变得离群索居，性格跟以前大不一样。他内心也很难过，所以他把自己封闭起来，不跟外界打交道。他说他想把过去全部忘掉，他不打算在多伦多市找工作，因为他觉得多伦多市所有人都知道我们家的事，我们家名声太坏。

在此我想感谢以下涉案工作人员，他们帮助我度过了最艰难的时刻：米歇尔·朗布尔、珍妮弗·哈拉真、罗布·斯科特、比尔·库尔蒂斯及整个约克郡警察局、博斯韦尔法官、陪审团成员凯伦·宾奇和黛安娜·布莱尔。我希望我的女儿珍妮弗能好好反思过去发生的这一切，今后能做一个诚实、正直的人。

费利克斯·潘

2010年11月8日的案件已经过去四年了，很多事情都变了，但我最希望有所改变的却没变。我无数次听到别人安慰我说“时间会治好一切创伤”，虽然我满心希望时间有这样的魔力，但实际上时间对我并没有什么奇效。时间只是淡化了一些记忆，让我变得麻木，在我的抑郁有所好转的时候给我一丝希望，让我有动力去改变自己的生活。家人的支持、朋友的鼓励、网上的搞笑视频帮助我重新站立起来，让我尝试在有生之年改变自己的命运。我的努力不仅仅是为了自己和家人,还为了我们共同拥有的这个世界。但是,哪怕陌生人的一句评论、广播里的一则负面新闻、心情不好的一天,都会让那些积极正面的想法瞬间消散无形。有时候,哪怕一丝熟悉的气味都会将我的思绪立刻被打回万劫不复的深渊。我的心跳会加快,我需要全神贯注于自己的每一次呼吸,因为我的大脑已经完全忘记了该怎么呼吸。我感到有个巨大的黑影在朝我逼近,而我却只能束手待毙。我唯一能做的就是不断地跑开,我自己也明白,逃避现实不是健康的应对策略,但这是我唯一会做的。不逃开的话,我觉得自己就完全活不下去了。我一向是个喜欢敞开心扉和人谈心的人,我身边也一直有我信任的亲朋好友,但唯独这件事,我跟谁都没法说。到现在我都不知道怎么开口说。我不断地告诉自己,我必须开口,哪怕是为了逝者也应该开口。但在这件事上我就是止步不前。我想说说失去了妈妈的感受,她是我的精神支柱,是我的情感支柱,但一触及这个话题,我的情绪就会完全崩溃,任何语言都无法描述我的感受,然后我就完全没法继续再讨论这个话题了。

偏偏这个话题从来不缺关注。案件的相关报道传播起来快得像燎原之火,瞬间所有的朋友、家人、脸书上的联系人都知道了。打这以后,我的世界就彻底改变了。大家对我的态度多少都有点和从前不一样,跟我打招呼时说的“嘿,最近怎么样?”听起来都跟以前不同。有时候他们就说一句“嘿!”然后沉默很长时间,似乎是在想要不要继续聊下去。有的朋友真的就不会再跟我聊下去。说真的,我不埋怨任何因为这件事而疏远我的朋友。我比谁都清楚这件事对人的负面影响有多大。对那些坚持和我来往的朋友,我心存感激,但同时也心存怜悯。在现在这种情况下,和我做朋友后果挺严重的。我最近请了几个朋友,让他们各自再带几个朋友来我家庆祝新年。他们都扭捏地想方设法拒绝了，还不好意思承认是因为害怕要跟朋友解释怎么会把他们带到这么一座恐怖的凶宅里来。这些反应我也见怪不怪了，在发出邀请之前我就预见到会是这样。有个朋友有次想用谷歌地图查一下怎么来我家，结果竟然无意中搜出了连篇累牍的新闻报道——我的名字、我的学校、我的专业。任何看了这些新闻报道的人一定都会问一个问题："嘿，你听说过几年前万锦市的入室凶杀案吗？"四年过去了，我依然不知道该如何回答这个可怕的问题。

四年来，大家一直对我说"你很坚强"或"你是我认识的最坚强的人"。我本人并不认同这样的评价。我认为坚强是一种选择，而我只是不得不挨过艰难时刻，这只是一种生存之道。我不断告诫自己"我要放下包袱，重新出发"。为了不让自己被这件事左右，这是唯一的出路。我努力工作，努力学习，我做了所有我觉得自己应该做的事。我时刻提醒自己，我这么做不仅是为了自己好，同时也是为了所有爱我的人，包括已经离世的人。

相信我，真的摊上这事可比在电影里看到的要难多了。当时我以为我可以让生活快进到几年之后，作为一个刚毕业的大学生，生活可以重新开始，最坏的都已经过去了。我以为我可以把家庭包袱都抛在身后，开始一份新的工作和事业。我当时还不知道，事情根本没这么简单。在毫无宽容可言的社交网络里，没什么是能彻底删除的。我可以炮制一份完美的简历，一份完美的领英档案，但这些都不如2010年的案件新闻抢眼。任何人只要在网上搜索"费利克斯·潘"，就会首先看到《谋杀案庭审直击：弟弟相信了姐姐的谎言——〈多伦多明星日报〉报道》这样的标题。这在用人单位那里可不是个良好的开端。我觉得辛苦的工作并不一定能得到回报。不管你说了什么、做了什么，不管你的个性如何、技能怎样，你都不可能让别人完全不看你的过去，你没法得到一个让人重新认识你的机会。记得第一次有人让我谈谈案件对我有怎样深远的影响时，我还不知道自己的生活会有什么变化。现在，我写下了我内心的想法，我在想，是不是大家当初都预见到了这些影响？事情过去好几年了，但我还是无法去深挖内心的感受，更不用说付诸文字了。有的是我不愿意说的，有的是哪怕我想说也说不出口的。对于发生在我家的事，我所说的这一切连皮毛都算不上。我希望你们能从这些叙述中找到你们要的答案，也希望你们能从这些文字中对我的为人和处境略知一二。

案件审判结束后，检方要求对珍妮弗实施禁止联络家人的禁令，尽管珍妮弗的律师提出申诉，但法官最后还是通过了这一禁令。珍妮弗仍在继续努力和家人重建联系，但截至本书发稿，她都未能如愿。除非有一天禁令正式解除，否则此生她都不可能重新联系上家人。

他们现在的下落

◇◆◇

黄志光 目前被关押在科林斯湾监狱，这是加拿大最早设立的监狱，位于多伦多市以东约两个半小时车程的金斯顿市。这所监狱有城堡一样的尖顶，因此被称为“北方迪士尼乐园”。在黄志光还没从林赛监狱转押到科林斯湾监狱之前，有朋友去探望过他。据那个朋友说，身穿橙色连体衣的黄志光虽然坐在厚厚的树脂玻璃后面，但看起来还是很开心，不断在说笑话。他说他已经跟同一个区的几个说广东话的狱友交上了朋友，他们正在帮他适应监狱生活。

黄志光在狱中开始谱曲，他让探望他的亲友给他带点乐谱纸去。有个朋友探望过黄志光之后说，他看起来完全正常，当然也不知道他是不是在故意装出没事的样子。黄志光对另一个去探望他的朋友说，如果一个人整天想着“当初如果不……”，那人就会疯掉。他现在集中精力上诉。他的上诉正在走法律程序，但是看起来越来越没可能被审理了。黄志光拒绝了和本书作者的当面交流，鉴于他当初在法庭上据理力争要证明自己无罪，这个拒绝也就容易理解了。如果黄志光的上诉不成功的话，他至少得等到50岁才能有资格申请假释。

戴维·米尔瓦加楠 目前被关押在新布伦瑞克省的大西洋监狱，在蒙克顿市东北约两小时车程之外。监狱原址是从前的军火仓库，现在关押着约240个犯人。戴维拒绝了本书作者的采访要求。

伦弗德·克劳福德 目前被关押在不列颠哥伦比亚省阿加西市的肯特监狱。这个监狱里同时还关押着加拿大头号连环杀人犯罗伯特·皮克顿。伦弗德的妈妈说，伦弗德被关押在米尔黑文监狱的时候，非常积极地参加监狱里的各种活动，当时他在监狱厨房工作。现在被转押到肯特监狱后，不知道他是不是还承担着同样的工作。伦弗德同样拒绝了本书作者的采访要求，但是伦弗德的父母毫无顾虑，侃侃而谈，他们坚信儿子是无辜的。伦弗德的母亲还表达了对加拿大监狱管理部门的强烈不满，因为他们把伦弗德转押去了西海岸，远离住在多伦多市的父母。伦弗德目前正准备上诉。

埃里克·卡蒂 目前被关押在米尔黑文监狱，这里专门关押新近被联邦法庭判刑的犯人，埃里克很快会被转押到别的监狱，预计不是去海洋省，就是去西海岸。米尔黑文监狱负责为联邦政府制作办公家具，犯人可以获得非常微薄的薪水，大约每周20加元。加拿大最臭名昭著的犯人保罗·贝尔纳多也被关押在这里。埃里克正在就柯克·马修斯一案对他的定罪进行上诉，他拒绝了本书作者的采访要求。[1]

珍妮弗·潘 目前被关押在多伦多市以西约一个半小时车程之外的基奇纳市女子监狱。这里的女犯人大多住在独栋住宅楼或多层住宅

1 埃里克·卡蒂于2018年4月死于肯特监狱。

楼的单元房里，屋少人多是长期存在的问题。在给黄志光的一封信中，珍妮弗说平时大部分时间她都在打扫她和狱友同住的套间。她说伙食不好，自己很孤单，很想念黄志光。“我觉得很郁闷，房间里的床一点也不舒服。”她向黄志光描述了自己的狱友，说自己如何给一个狱友编辫子，说自己每天忙着打扫卫生，希望这样凶悍的狱友就能放过自己。珍妮弗说有时候会有人骂她，她很害怕和狱友冲突起来而受到伤害。她在狱中交了个朋友，这个朋友离开的时候她很担心，不知道失去保护以后会发生什么。本案的一位律师说，庭审结果最具讽刺意义的是，主谋珍妮弗服刑期间的日子可能会比任何其他同谋犯都要好过得多。珍妮弗至少还和一个以前的朋友保持着联系。

珍妮弗一直坚称自己是无辜的，并且正在准备上诉，不过上诉被受理的可能性极小。作为审判结果的一部分，她被禁止和同谋黄志光联系，在给黄志光最后的信里，珍妮弗的落款简单而寓意深远——永远爱你的珍妮弗。珍妮弗多次拒绝了本书作者的采访要求。

后　记

贝蒂·克什纳博士，注册心理医生

一名年轻女子为什么会起意杀害自己的父母？是什么驱使她真的动手实施了这个狠心的计划？是天性狠毒还是后天教育所致？珍妮弗是不是生来就带孽根，心理天生有缺陷，这才最终变成恶魔？抑或是因为她的家教方式，虎爸虎妈过分严苛的要求使然？本书作者杰里米·格里马尔迪给我们提供了很多潘家谋杀案的细节，包括法庭证词、涉案人采访等。我从来没见过珍妮弗·潘，也没对她进行过心理测评，但是珍妮弗的经历中有很多值得我们分析的心理现象和特征——比如说她的家庭背景、家庭教育和社会生活等，这起弑亲案的背后有很多发人深思、值得我们关注的话题。

基于我搜集到的所有相关报道和其他间接素材，我可以从珍妮弗的成长轨迹和这起谋杀案中估测珍妮弗的个性、心理健康状况，以及案情的由来和发展。我在这里分析的并不是珍妮弗·潘这个特例，因为我并不了解她本人和她的家庭，我在这里提供的是一种带有普世意义的、建立在事实依据基础上的分析推理。

我们还是从头说起。

珍妮弗的父母从越南移民到加拿大。越南的农业经济在战争中遭受重创，城市里受过良好教育的中上阶层在战后也饱受摧残。珍妮弗父母那辈人在战争中度过童年（1946—1975），在即将成年时经历了越南的战后重建。美军撤出胡志明市的时候，潘汉辉应该已经22岁了。

我们无从得知潘汉辉的家人或亲朋好友有没有饱尝战乱之痛，有没有经历流离失所、重新求学等种种困难。可以确知的一点是：潘汉辉战后在胡志明市念了大学。但当时的胡志明市对潘汉辉来说没有任何发展和成长的机会。至于梁碧霞的教育背景我们一无所知。但是我们知道潘汉辉和梁碧霞离开越南的时候，抛弃了所有家当及社会关系。此中伤痛在所难免——不论是战乱还是远渡重洋的辛苦。我们知道，一代人经历的伤痛，其深远的影响往往会体现在下一代甚至隔代人身上。

如果说潘汉辉和梁碧霞没有直接遭受战争重创，或因为年龄太小没有体会过战争的残酷，他们的父辈一定有过这样的伤痛经历，这一点毋庸置疑。熬过动荡和战乱的父母，他们的生存之道往往是通过强行淡化某些情绪，让最脆弱稚嫩之处长起厚厚的伤疤，这样就不会再感受到任何痛楚。但是这样的结果就是他们不容易意识到他人，甚至是他们自己的情感需求，更不用说对这样的情感需求做出适时和适当的回应。认同情感需求有时候需要冒一点风险，弄不好就会让自己的情绪决堤，完全失控。经历过创伤的家长，出于保护孩子的目的，通常会把自己的情感需求隐藏起来，不跟孩子提，更不会和孩子分享。

成长在这样的家庭环境中，孩子会感觉到有所缺失。他们的成长氛围中总有一个巨大的阴影存在，构成一种说不清、道不明的威胁，让孩子总是隐隐觉得焦虑不安。家长为了保护孩子而杜绝自我情感宣泄的初衷反而给孩子带来了始料未及的忧虑。孩子能觉察到有什么地方不对劲，但他们说不出哪里不对，家里也没人讨论这个问题。

我们知道珍妮弗有哮喘病，因此她很害怕一人独处，害怕突发意外离开人世。珍妮弗遇到她的“一生挚爱”，即本案合谋黄志光，就是在随学校乐团去欧洲演出的时候。外界环境因素可能诱发哮喘，比如演出剧场里的烟雾，而焦虑情绪同样也会诱发哮喘。我们无从想象，欧洲之行对从未离开过家的珍妮弗意味着什么。虽然珍妮弗主观上想随乐团去欧洲，但客观上来说，她习惯于父母常年从不间断的监督和管理，这样骤然的分离可能会让她感觉到孤立无援。当她在欧洲突发哮喘时，是黄志光陪在她身边，安慰她，让她平静下来，帮助她恢复正常呼吸。珍妮弗觉得是黄志光救了她，从那之后，她就无可救药地爱上了黄志光。

潘汉辉和梁碧霞两人奋力工作，同心协力要给孩子创造一个良好的生活环境。正如《虎妈战歌》里所写和费利克斯在庭审证词里所说，亚裔文化里的家长普遍认为不应该对孩子施以太多赞美之词，梁碧霞和潘汉辉就是典型的亚裔家长。他们对孩子一直以批评和督促为主。很多人都说过，亚裔家庭教育模式下长大的孩子，得不到来自父母的情感支持，父母会无止境地提出期望和要求。

父母的终极目标是子女能掌握尽可能多的资质和能力，这样他们长大了才能创建美好未来。这个理想中最关键的恐怕还是一个面子问题：整个家庭在外人看来必须是一个造就成功人士的成功家庭。为了这个奋斗目标，潘汉辉和梁碧霞可谓不辞辛劳。

他们把辛苦赚来的钱都投给了孩子和面子工程——高档住宅和豪华轿车。身为父母，他们把精力都花在了工作、持家以及接送孩子奔波在一个又一个兴趣班的路上。珍妮弗练完了几个小时的花样滑冰之后，回家还要继续练习钢琴和写作业，小小年纪就得忙碌到深夜。而珍妮弗并不是家里唯一一个没有个人生活的人。潘汉辉和梁碧霞也同样没有属于自己的时间。尤其是梁碧霞，她的时间都被各种家务侵占，根本无暇放松地好好陪陪珍妮弗。在这样的家庭里，家庭成员可能很少有机会一起好好放松和娱乐休闲——共同休闲的时间最能让父母和孩子更好地互相了解，建立起一种深层次的、亲密的亲子关系，让他们学会彼此坦诚相待，分享交流各自的心声。

潘汉辉和儿子费利克斯有时候会一起捣鼓汽车，有机会一起聊聊天，而梁碧霞总是忙于家务。在这种情况下，珍妮弗可能会觉得家里没有谁真正了解自己——她在证词里也说到，自己就像个谜，没人能猜透。她可能会觉得家人不够重视自己，不够爱自己。珍妮弗后来说到，她对于父母的意义就在于自己获得的那些成绩。如果珍妮弗自己都不相信自己在家庭中无可取代的地位，那么别人又怎么可能去真正了解她？她对孤单的恐惧说明她不知道如何安抚和开导自己，同时也说明，可能在她的孩提时代，作为一个孩子的一些正常的恐惧情绪没有能够得到足够的重视。被父母要求“勇敢克服困难”的孩子，有的会学会独立面对困难，而有的则会留下自认为胆小和脆弱的心理阴影，终生无法克服。

婴幼儿生来就有生存危机，他们害怕如果没有人保护，没有人愿意费心照顾他们，他们就会死掉，从此消失，因此孩子无一例外都强烈需要得到父母的关注和认可。婴儿会觉得父母是无所不能的，由此错误地认为如果父母看不到自己，或没有觉察到父母看到了自己，婴儿就会以为自己似乎也不存在。这就是孩子都喜欢玩“躲猫猫”游戏的原因，他们刚刚认识到一个人即便不在自己的视线范围之内也还是继续存在这个道理。“躲猫猫”游戏中，消失的人再度出现，验证了他们的这个认识是正确的，这给了孩子很大的心理愉悦。但是，如果婴幼儿害怕，并且呼叫父母，而父母却迟迟不出现的话，他们就会陷入怀疑，并且产生不安全感，他们会担心父母真的从此消失，而最终结果是他们自己也会随之消失。这样的童年经历会在个性成型之初留下深深的印记，让这种安全感缺失甚至进入潜意识层面。

珍妮弗所描述的内心感受，让我们有理由怀疑，她在婴幼儿时期曾经因为缺乏陪伴而产生过在她的年龄无法承受的恐惧。母亲可能会时不时来安抚她一下，但是在幼年的那些恐惧时刻，母亲的安抚也许不是总能按时出现。在珍妮弗的内心最深处，她似乎一直蜷缩成胚胎姿态，就像她在警方讯问的压力之下做出的样子。珍妮弗的内心似乎觉得自己非常孤单无助，随时可能消失，觉得自己无足轻重，或者根本就不曾真正存在过。同样，如果黄志光不再爱她，如果黄志光彻底收回他曾经给予珍妮弗的认可，珍妮弗觉得自己会遁入无形。

此外，如果珍妮弗不能够正确认识自己的存在，而是听任父母决定自己的命运，让自己成为父母的附属品，她可能会认定自己必须符合父母眼中自己的形象，过着父母觉得自己应该过的生活。如果不这样，她可能会觉得内心无比空虚。在这种情况下，子女即便成年也会觉得无法和父母分离——两代人的生活因此纠缠在一起。大多数人通常在童年时期形成自己独立的、有别于父母的人格。不能顺利在童年完成这个分离过程的人，往往会和父母相伴终生，始终和父母在情感上非常亲近，而这种亲近会影响子女成年后的人生选择。

培养起明晰的、独立于父母之外的自我意识是正常孩子在童年时期就应当和必须完成的首要任务。面对人生的第一份答卷，珍妮弗就败下阵来。从小学到中学，她的自我意识都完全来自父母对她的看法。随着时间推移，她越来越觉得自己“不够好”——当黄志光告诉珍妮弗自己另有新欢时，珍妮弗对黄志光用的就是“不够好”这个说法，这个用词细节非常能说明问题。这表明珍妮弗认定的自我存在价值就是取悦父母。所以一旦珍妮弗的成绩下滑，她觉得无法再取悦父母时，她就会觉得到了世界末日，似乎不能取悦父母就会让自己毁灭，让自己消失。

从珍妮弗的证词中我们不难发现，珍妮弗的内心有严重的焦虑情绪，而她学着假扮开心来掩饰自己的焦虑。一开始，她只在外人面前掩饰，后来，在家人面前她也开始伪装。从珍妮弗描述的成长经历来看，可能从幼年开始，她就形成了一种不成功便成仁的思考方式——要么能够获得父母的赞赏，要么万劫不复。

如果珍妮弗有明确的自我意识作为人生观和世界观的基础，她可能就能经受得住父母的批评。而珍妮弗只有在相信自己可以满足父母期待的时候，才具备经得起父母批评的能力。对于父母的批评意见，珍妮弗从来照单全收，然后加倍努力。珍妮弗的小学同学说，珍妮弗小学时的成绩是比较好，但不是最好的。珍妮弗小学时的朋友形容她的个性是“冷冰冰的”，很“被动”。据报道说，珍妮弗对于八年级毕业时没有获得学校颁发的任何奖项而耿耿于怀。她满心以为自己能获奖，这意料之外的结果可以说是颠覆了她的世界。珍妮弗从中获得的信息是，她已经竭尽全力，却没有得到充分的认可和嘉奖。她的努力和勤奋并没有换来能让父母满意的奖项，因此也就无法验证她自身存在的价值。

进入中学阶段，从九年级开始，学校里的学业竞争日趋激烈，珍妮弗意识到自己不具备成为尖子生的能力。很多学生在努力之后可能仍然一无所获的情况下，会选择完全放弃努力。这样在面临失败时，他们就可以自我安慰说，失败是因为自己没用功。这样的结局比起拼尽全力却仍然失败要更容易接受。珍妮弗便是这样。随着年龄增长，心智成熟，在失去了用功苦学的动力之后，她开始将注意力转移到与同学的社交上。九年级开始，珍妮弗的谎言也开始了。珍妮弗此前一直没有树立独立的自我意识，而是听任父母帮她打造她的自我意识。而如今，珍妮弗意识到自己没可能成为父母期望中的理想女儿，于是父母帮她树立的那个自我也逐渐消失，留给珍妮弗的只有一片空虚。这就注定了她日后必定会无可救药地迷恋上另一个人，将那人视为自己的一切，以此填补自我价值和独立人格缺失带来的空虚。

进了中学没多久，珍妮弗就认识了黄志光。黄志光在珍妮弗哮喘突发时出手搭救，无形中替代了“母亲”的角色，被珍妮弗视为拯救自己身体和灵魂的大救星。珍妮弗坚信，多亏了黄志光，自己才活了下来，就像婴儿必须要仰仗成人的照顾才能存活一样。黄志光安抚了珍妮弗，让她平静下来，正常呼吸，就像母亲安慰孩子那样。虽然黄志光所做的不过就是陪伴她，关心她，但珍妮弗觉得危难中最有可能挺身而出保护她、照顾她、关心她，同时也最具备这个能力的人，非黄志光莫属，于是珍妮弗就把黄志光当成了情感寄托，将对父母的依赖转移到了黄志光身上。只要有黄志光在身边，母亲梁碧霞对珍妮弗来说就变成了可有可无的角色——甚至是可以被牺牲掉的角色。

自从父母为珍妮弗缔造的自我坍塌之后，黄志光就成了珍妮弗自我意识的来源。珍妮弗可能一直渴望着有人能像黄志光这样关注她。他们交往到后来，珍妮弗可以几个小时几个小时地和黄志光煲电话粥，哪怕只是在电话里听着黄志光呼吸，什么话都不说也好。这说明，在珍妮弗很小的时候，忙于生计的父母可能没能给她这样静静的陪伴与关注，因此错失了建立亲密的亲子关系的机会。人生的头几年是决定性格形成最关键的几年，那时的珍妮弗一定常常觉得孤单、觉得害怕，而父母忙着各自的事情，无暇顾及年幼的女儿。梁碧霞忙于家务，而潘汉辉即便有空，可能也觉得哄孩子是女人家的事。

珍妮弗很喜欢毛绒玩具，哪怕已经20岁出头了，在和黄志光聊天时，提到自己的毛绒玩具都好像在说真实生活中的伙伴一样。珍妮弗在证词中说到，自己很喜欢照顾比自己小三岁的弟弟费利克斯。上小学的时候，珍妮弗也乐于帮助老师照看低年级的同学。这些行为也显示了行为发出者希望获得他人关爱和照顾的愿望。珍妮弗的毛绒玩具起到了过渡性客体（或称慰藉物）的作用。孩子往往依恋毛绒玩具，在父母不在时聊以自慰，抱紧毛绒兔子或毛毯能起到缓解焦虑、获得安全感的效果。随着孩子逐渐长大成熟，获得安全感的过程从借助过渡性客体演变为从内心获得力量。成功过渡的孩子能够从内心寻找安慰和安全感——他们具备了独立自主的能力，不再需要依靠玩具或母亲来保护自己。孩子自己也会知道自己掌握了独立自主的能力。

但是看起来珍妮弗没能度过这个成长阶段，没能掌握自我安抚的能力。作为一个20多岁的成年人，她依然依靠毛绒玩具获得安慰，给它们起名字，不断向黄志光提到它们。这也就解释了为什么珍妮弗喜欢和黄志光几个小时几个小时地用宝宝腔讲电话。珍妮弗可能试图在黄志光心中唤起类似家长哄婴儿时的那种专注和关切。珍妮弗把黄志光想象成一个称职的家长，无论发生什么都会陪伴在自己身边给予支持。孩子不会认识到家长也有自身的需求，孩子觉得不管什么时候，只要自己需要，家长就应该立刻出现，帮自己解决一切困难，否则孩子就会发脾气。在这一点上，珍妮弗显示出心智不成熟、孩子气的一面，而且她把这种孩子气的要求投射在黄志光身上：她觉得自己应该尽力做个合格的女友，就像她想尽力做父母的好女儿；同时，黄志光也应当充分认识到她的价值，尽心尽力地保护她，满足她的需求，就像父母满足婴儿的需求那样。珍妮弗心怀这样的期待，一旦发现黄志光这个“家长”并不是无所不在、无所不能的时候，梦想必定会破灭。珍妮弗说黄志光能让自己心绪平静，她必须要黄志光在身边才能平静下来。而黄志光在说到珍妮弗的情绪状态时却说，自己和珍妮弗交往时总是战战兢兢的，要百般迁就她的感受。珍妮弗对黄志光一往情深多少也源于黄志光能够并且愿意帮助她调节她多变的情绪。

作为心理医生，我感觉珍妮弗非常脆弱。她可能充满怨气，冷若冰霜，她可能处心积虑，但她不懂得如何安抚自己的情绪。她的内心似乎充满焦虑和不安，需要有人帮助她控制自己的情绪，显然这个人就是黄志光。这多半归咎于珍妮弗小时候和父母相处的问题，尤其是最终形成的混乱型依恋。所谓依恋是两个个体之间的关系，通常产生于无法独立生存的婴儿和负责保护、抚养婴儿的家长之间。当婴儿意识到守护者在尽职尽责地保护自己、喂养自己和关爱自己的时候，婴儿就会对这个人产生强烈的依恋。反之，当婴儿发现照顾自己的人有时不在身边，有时径直走开，有时忙于别的事情，有时让自己饿着、冻着或遭遇危险的时候，婴儿对这个监护人就不会产生强烈的依恋。在这种情况下，婴儿要么会学着自己应付一切，要么会更加紧密地依附于父母，好让父母别再把自己忘记。两种情况都是婴儿逐渐习得的对策。

从珍妮弗的情况来看，她似乎将注意力都放在父母身上而不是关注自我感受，她一心想按照父母的心意做父母要自己做的事。她一直生活在父母的影响之下，忘记或无法发展完全属于自己的个性、风格和喜好。而她的父母又是怎样的呢？旁人眼中的潘汉辉和梁碧霞对孩子苛刻、忽视、冷漠，他们对珍妮弗的教育是，成绩和名次头等要紧，比珍妮弗真正更感兴趣的友情、亲情重要百倍。比如父母让珍妮弗专心做事，但同时又让珍妮弗觉得父母嫌自己做得"不够好"。父母对珍妮弗的态度忽冷忽热、忽近忽远。这样的家庭教育给孩子传递的信息从本质上来讲是完全矛盾的，没有章法可循，这很容易让孩子丧失与人建立一种持久、稳定关系的能力。在这样的家庭环境下长大的孩子与人交往，包括与配偶相处时都会问题重重，容易以不好的结局收场。

珍妮弗十年级时结识了黄志光。此时她已经经历了八年级毕业没有拿到优秀毕业生奖的失望，并且已经伪造了九年级的成绩。当时的珍妮弗正在抛弃父母帮她塑造并且强加给她的自我认同。她已经看清了，埋头苦干并没有给她带来满意的结果，因此她开始寻找别的解决途径。当时珍妮弗花了不少时间和朋友相处，也有了一个不算非常正式的男友。但自从黄志光救了她之后，一切都改变了。黄志光成了那个她可以为之奉献的人，那个她可以求助的人，那个她可以像讨好父母那样去讨好的人。她或许希望从黄志光那里获得一向梦寐以求的宠溺和关注。和黄志光交往后，珍妮弗接触到了大麻，也初尝禁果，她乐在其中。原本用来对付外人的"开心"面具，现在被珍妮弗用来对付父母了。潘汉辉和梁碧霞对于珍妮弗的所思、所想、所感都一无所知。只有和黄志光在一起时，珍妮弗才能卸下面具，彻底放松——珍妮弗在证词里也确实说到了她需要黄志光帮助自己放松。对父母谎称在上大学的那几年里，珍妮弗在精心经营着一个谎言世界，伪造她要展现给父母看的生活，她要向父母证明，自己是他们想要的那个完美女儿。不过不幸的是，珍妮弗也知道自己不是。如果没有黄志光，她绝对无法承受数年如一日地瞒天过海、编造谎言的压力。

我们都成长在一个不是百分百真实的世界，逢场作戏、装装样子的事情并不少见，只不过珍妮弗将这种观念发挥到了极致。她似乎掌握了一种超能力，能假装眼前明摆着的事实不存在。比如，她“不想知道”黄志光涉及毒品交易，起码她在警方讯问时是这样说的。或者也可以说，虽然她知道黄志光贩毒，但她能把这些信息深藏在心底，这样在必要的时候她能够做出一副真的完全不知情的模样。她一直坚定地抱持着这样的鸵鸟策略，所以有时候，恐怕连她自己都会相信自己不知道黄志光涉毒，尽管有证据显示，她曾帮助黄志光贩毒。珍妮弗这样的行为模式在警方讯问时也暴露了出来。警探暗示他们怀疑珍妮弗在撒谎，珍妮弗的肢体语言真切地表现出无辜的受害人极度震惊的感受，以至于警探立刻向她道歉。而事实上，当时珍妮弗确实在说谎。也许当时珍妮弗给了自己太多心理暗示，连自己都信了这套谎言，觉得自己就是这起凶杀案的受害人。

有人认为珍妮弗是个完美的演员。我认为还有另外一种可能：珍妮弗并不是时时刻刻都在演戏。她的人格分裂成了互相对立且互不知情的两部分，这是一种自我保护机制，能帮助人面对无法应对的问题。“人格分裂”可以让人在明明有罪的情况下还觉得自己冤枉，而且真心表现出被冤枉的模样。这种人格分裂机制一旦启动，就能在日常生活中处处发挥作用，让人提升自信心，自我感觉良好。它可以让人忘记生活中的烦恼，不论这烦恼是不是自己一手造成的。在谎称读大学的那几年，珍妮弗每天靠谎言度日，雪球越滚越大，她可能是靠着这样的心理防御机制应对了谎言带来的巨大压力。在某种程度上，我觉得珍妮弗自己也相信了那些谎言，这样她才能不去想那些让人头痛的事实。珍妮弗也对警方承认，自己有时半信，有时全信那个谎言搭建出来的虚幻世界。她自己也说，她不去想将来，不去想最后怎么收拾说谎留下的烂摊子。她的态度是过一天算一天，过一秒算一秒。珍妮弗采取的这种心理防御机制是最初级的，因为从长远来讲这并没有什么用处。真相早晚会大白于天下。

我不禁要质疑，珍妮弗和黄志光的感情基础到底是什么？珍妮弗说过，就连黄志光也不了解她的真面目。案发前，珍妮弗针对黄志光设计了一个很大的骗局，目的仅仅是为了让黄志光疏远新女友卡特里娜，而卡特里娜对黄志光的评价是他爱用插科打诨掩饰自己的内心情感。那么珍妮弗和黄志光之间到底有没有坦诚相待？两人在情感上到底有多亲密？他们确实会花很长时间煲电话粥，说些甜言蜜语。但那种对话一般都不会非常深刻，也不会很有内涵。这样的电话起到的作用类似孩子在上床睡觉之前需要的一种安慰。当然维系他们的还有肌肤之亲。警方认为，黄志光之所以和珍妮弗交往，部分是因为珍妮弗舍得为他花钱，同时也因为珍妮弗很宠他，完全听他摆布。珍妮弗一心要做黄志光“最好的”女友，就像她小时候一心想做父母“最好的”女儿。眼看黄志光涉毒越来越深，珍妮弗会不会觉得当一个压寨夫人那样的女性会对毒贩黄志光更有吸引力？当一个无恶不作的罪犯？杀人犯？这样黄志光会觉得她更可信赖吗？

对珍妮弗来说，黄志光的吸引力或许来自他接近母爱般的关怀和宽容——他对珍妮弗的情绪变化呵护备至，帮她排遣焦虑。珍妮弗对黄志光的情感需求表现出她希望获得缺失的母爱。如果说黄志光代替了母亲的角色，那么真正的母亲梁碧霞对珍妮弗来说也就可有可无了。珍妮弗不再只关注家人，不再企图从父母身上寻找情感寄托——她把所有的情感都倾注在黄志光身上。

黄志光曾劝珍妮弗离开父母搬来跟自己同住，但被珍妮弗拒绝了。黄志光虽然有意和珍妮弗同居，但显然他当时还无意迎娶珍妮弗。珍妮弗的拒绝也许是因为不愿让家人因此蒙羞。珍妮弗的朋友也曾插手帮忙，他们觉得珍妮弗的父母给她定的条条框框太过严苛，珍妮弗完全应该离开父母，独立门户。他们主动提出可以帮助珍妮弗找个地方住。朋友的帮助也被珍妮弗拒绝了。这是因为珍妮弗贪恋父母家舒适的生活条件吗？我觉得并非如此。珍妮弗在父母的影响下长大成人，此时应该已经内化了父母的价值观，她对自我价值的判断基本建立在所谓“成功”的基础上，也就是在外人面前摆出一副成功的模样。她不愿意住在一个不上档次的地方，维持着一段没名没分的关系。名分是至关重要的。其实，在真实意义上，珍妮弗早已失去了家人。她已经“杀死”了那个父母心中的理想女儿，也已经彻底背叛了他们传统的家庭伦理，只不过这些离经叛道都只是暗中发生的。珍妮弗说，如果她搬出父母家，她“会失去所有对她来说重要的东西：爸爸、妈妈和弟弟”，因为这样搬出去和人同居会让家人脸上无光。

同时珍妮弗也清楚，自己一个人是活不下去的。当她一人独处的时候，她觉得自己活得很不真实，心里一片空虚，“一无所有”。这一点在警方讯问的时候显露无遗：她的身体控制不住地狂抖，当警探留她一个人待着的时候，她同样抖得无法自持。警探离开时，珍妮弗总会要求他找人进来陪自己。一开始警探满足了她的要求，但是随着警方对她的怀疑逐渐加剧，警探不再理会她的要求。于是珍妮弗一个人在审讯室里上演了“崩溃”的场面。她不停地踱来踱去、狂捋头发、喃喃自语，甚至突发眩晕，得扶着东西才能站稳。有时候，她把身体蜷成胎儿在母体里的样子，前后晃动着身体，捂着脸哭泣。诚然，大多数罪犯都招架不住警方讯问，但珍妮弗的反应也属极端。当她一个人面对压力时，她的内心似乎没有任何力量来源。在经历了被家人嫌弃和抛弃之后，黄志光又另寻新欢，抛弃了她。在和黄志光的现任女友卡特里娜的较量中，珍妮弗败下阵来。珍妮弗无法忍受失败，她必须把黄志光赢回来，就像她必须为了父母去赢取那些奖杯和奖状。珍妮弗说自己曾经几度轻生，这种自杀行为可以被看作是一种依附行为的表现，目的是寻求他人关注，让他人表达关切，并且拉近和身边亲人的距离。如果说珍妮弗真的有过自残行为（她身上还有疤痕），小小年纪就想过自杀（她曾经和费利克斯说过），她的目的应该是让父母更爱自己，让他们看到并且关心那个真实的珍妮弗。同样，她对黄志光捏造各种胡话（关于骚扰电话、匿名短信、威胁、性侵等），也有可能是为了拉近和黄志光的距离，把黄志光重新赢回来——事实证明，这招还是挺成功的。

投入和坚忍不拔是父亲潘汉辉长期以来刻意在珍妮弗身上培养的品质，珍妮弗却把这些品质用在拆散黄志光和新女友的计划上。黄志光如珍妮弗所愿恢复了和珍妮弗的日常联系，每天打电话来确认珍妮弗的安危，珍妮弗成功地启动了黄志光的依恋机制。对珍妮弗来说，谋杀计划是又一个和黄志光保持密切联系的事由，她希望自己手里有点能拴得住黄志光的东西。现在两人开始合谋弑亲，黄志光就算想甩都甩不掉珍妮弗了。珍妮弗在电话里用了五个小时对黄志光抛出了自己的谋杀计划，随之而来的是黄志光的沉默，而珍妮弗持续用短信和电话轰炸黄志光，竭尽全力要和黄志光说上话，这说明，当时的黄志光显然需要说服动员才肯入伙。

案发前八天，珍妮弗和黄志光还在没完没了地用宝宝腔煲电话粥。在原定谋杀行动日的前一天，黄志光突然向珍妮弗坦白了自己对新女友卡特里娜的感情。黄志光为什么偏偏选在他和珍妮弗最需要彼此信赖的节骨眼儿上挑起这个最容易招惹事端的话题呢？我们研读了珍妮弗和黄志光的往来短信就会发现，黄志光对于珍妮弗的作案动机抱着非常天真的理解，他傻乎乎地单纯相信珍妮弗的为人。我的理解是，谋杀计划的部署让黄志光觉得和珍妮弗唇齿相依，他参与谋杀完全是为了珍妮弗——算是老朋友送上的一份厚礼。我猜想黄志光一定觉得自己为珍妮弗付出了那么多，珍妮弗怎么也该为他做点什么。黄志光要的是珍妮弗把自己当作真哥们儿，真心祝福自己和卡特里娜的感情。这种想法暴露出了黄志光的天真。对珍妮弗来说，黄志光的全部存在价值就是提供无条件的爱，而不是满足他自己的个人诉求。黄志光一提出这个要求，珍妮弗立刻觉得自己对黄志光来说是可有可无的，没有人是缺了她就活不了的。于是珍妮弗再次失去了生存之本。珍妮弗从来只活在他人眼中，必须有人时刻把她放在心中第一位，她才会觉得自己是真真实实地活在这世上，这也解释了为什么她会不停地给黄志光发短信、打电话。

黄志光告诉珍妮弗自己爱卡特里娜，珍妮弗听了这话后问道："那你都不在了，谁来保护我呢？"珍妮弗很清楚那些匿名威胁短信、骚扰电话都是自己捏造的，并没有人要伤害她。但我的感觉是珍妮弗确实有很强烈的不安全感，她需要黄志光守护自己，而珍妮弗的敌人不是具体的某个人，而是长期以来对自我消亡的恐惧，对丧失自我的恐惧——对完全丧失自我认识的恐惧。珍妮弗在得知黄志光对卡特里娜的感情之后还是选择了义无反顾地将谋杀计划进行下去，此时她很可能只是出于自身的考虑，庭审期间她自始至终也是这样说的。也许珍妮弗觉得没了父母之后，哪怕黄志光暂时还和别人在一起，自己一个人也可以应付得来，她很可能盘算好了她能把黄志光赢回来。

黄志光对珍妮弗坦白了自己爱卡特里娜，当时珍妮弗假装接受了他的新恋情，她在给黄志光的短信中说道："对不起，我从来都不够好。"在提到和家人的相处时，珍妮弗说的也是同样的话。珍妮弗先是觉得自己不够格当个好女儿，继而又觉得自己不够格做个好女友。这样一而再再而三地被嫌弃是珍妮弗无法承受的。为了应对"遭人嫌弃"的局面，她花了大量的时间和精力去改变现状，让一切合乎心意，哪怕这种改变意味着要除去和自己看法相左的人。她恭喜了黄志光（和卡特里娜）的"胜利"，并且暗示了自己只有一死了之，当然这很可能又是一个想激发黄志光对自己的依恋的诡计。

珍妮弗在法庭上说，谋杀计划本来是要让凶犯闯进家门把自己干掉，而不是杀掉父母，其实这是一个自杀计划。从某种角度来说，珍妮弗说的也是实话。没有了父母，那么父母想要的那个完美女儿的形象也就灰飞烟灭。珍妮弗要从这个完美形象的枷锁中解放出来，脱胎换骨，做真正的自己，那么父母的牺牲是在所难免的。可以说，杀掉父母是珍妮弗不让父母因自己的失败人生而丢脸的终极保护手段，这样他们永远都不需要知道他们出色的女儿其实已经堕落到何种地步，外人也永远不会知道这个勤奋努力的成功家庭其实也并不像他们看到的那样和谐。让父母干脆一死了之也算是珍妮弗尽了她的孝道。他们有生之年起码还残存着对女儿的一些幻想,就算女儿最终未能如他们所愿回学校继续读书,他们也不用忍受他人的议论。珍妮弗想通过送父母下黄泉的方式来帮他们躲开他们不愿面对的现实。起码梁碧霞就不用面对家丑外扬的局面,只可惜潘汉辉和费利克斯没能逃开。

同时,整起案件还掺杂着谁是最后的赢家这个问题。弑杀父母是最极端的行为,这起戏剧化的案件对珍妮弗来说可能是一次终极比拼,考验着她的全部才能和获胜的决心。她继承了父亲潘汉辉的严格和倔强吗?她到底有没有具备潘汉辉一直要她养成的坚忍不拔、不达目的誓不罢休的品质?通过策划这起谋杀案,珍妮弗向自己也向知情人——比如黄志光——证明了自己有多卓尔不群。谋杀成了展示珍妮弗勇气的最佳机会。对黄志光来说,谋杀计划展示了他对珍妮弗有多么重要,也展示了珍妮弗为人有多么决绝,多么爱恨分明,这样的珍妮弗是他应该会想与之共度余生的人。如果说家务事里总是会哭的孩子有奶吃,珍妮弗就是一个典型,她把这种伎俩发挥到了极致。她向所有人证明,自己并非一事无成,自己可以做出大部分人都做不出的极端的事,这一点上她绝对遥遥领先:说到底,她那争强好胜的脾气完全随了潘汉辉。

案件中有个细节颇耐人寻味:珍妮弗并没有在父母被枪杀之前给他们留下最后的话。当凶犯拿枪指着潘汉辉和梁碧霞时,珍妮弗本可以利用这个机会大胆地宣泄出她对父母的积怨,她本可以跟他们做最后的交流,要么道歉,要么为自己开脱。然而珍妮弗没有这么做,她自始至终都假扮成本案的受害者。我认为,如果报复父母是珍妮弗策划谋杀的主要动机的话，她绝对不会错过这个控诉父母、宣泄愤怒的绝佳机会。我相信，珍妮弗是真的希望父母带着对自己的美好错觉奔赴黄泉。珍妮弗不想破坏儿女出色、家庭和睦这个假象。这个假象不仅仅是给父母的，同时也是珍妮弗留给自己的，她要把这个假象留在记忆中，这样她每每回忆起来都会自我感觉良好。

我认为，珍妮弗可能有混乱型依恋，她具有掩盖真相并且从真相中抽离的能力，她的头脑中可能真的只有她自己幻想的完美生活和她炮制出来的自我形象，她早就将真实生活中有血有肉的父母置之度外。珍妮弗这样的性格是天生的吗？我认为不是。我认为，珍妮弗在成长过程中缺少了能帮助她克服恐惧感和无助感的适当的家庭教育，珍妮弗现有的家庭教育没法帮助她渡过成长过程中会遇到的各种难关。因此当身陷恐惧、备感无助的时候，珍妮弗做出了不理智的选择，而这些人生选择一旦做出便无可逆转，这些选择会成为个人的成长经历，塑造个人品质。当然，我们也必须认识到，个性缺陷不能成为谋杀的借口。

作者后记

我写这本书是为了说一个事关生死的故事。写作过程很困难，因为涉案人中只有极少数人愿意跟我聊这个案子。我多次请求检察院接受我的访问，然而作为公共部门的检察院同时也是非常官僚的部门，他们拒绝了我的请求。这实际上是放弃了一个向普通民众普及加拿大司法机构基本知识的好机会。我写这本书的目的并非是要诽谤或羞辱已经定罪的犯人。实际上，我是在尽力抛开他们的犯罪事实，着眼于他们的人性本质来看待整个案件。有鉴于此，我的叙事切入点有别于传统的报道方式——黑白分明，丑化一方，神化另一方。我要说的是犯了错的普通人的故事，他们犯错的原因各有不同，有的人涉案的本意并非是为了作恶。

诚然，本书中提到的少数族裔及他们的价值观和信仰问题都是敏感话题，可能会有人借此大做文章。在此我只想说，我心中没有半分恶意，我尽量在写作过程中保持价值中立。如果你想知道我个人的倾向，我觉得有必要在此申明，我个人遵循传统道德，父母教育我的方式也是我教育自己孩子的依据。我对传统价值观和传统文化满怀尊重，绝不会恣意中伤其中任何一点。我写这本书也绝不是为了暴露他人私生活中的猥琐细节。我的目的在于准确描述事情的来龙去脉，警醒大众关注家庭教育，关注亲子关系。希望我的书能帮助大家了解我们所处的世界，了解和我们共享这个世界的芸芸众生。

从我个人的趣味层面来说，写这本书是为了探讨家庭伦理关系。好端端一个由爱开始的故事怎么会发展到如今的局面？我想探究这个错综复杂的家庭故事背后隐含的深意。

这本书不仅仅是潘家的故事，万锦市那个血腥的夜晚发生的一切影响的也不仅仅是潘家一家人。还有好几个家庭的父母因为此案失去了儿子，有人失去了兄弟，孩子失去了父亲。缺席的家人此时正在监狱里，未来起码25年都不可能有机会与家人团聚。埃里克·卡蒂、伦弗德·克劳福德、黄志光和戴维·米尔瓦加楠一方面是珍妮弗的共犯，另一方面也是被亲人和朋友深爱着、想念着的人。这本书里也有他们的故事。

这本书或许会勾起涉案人噩梦般的回忆，对此我深表歉意。我希望这本书能起一些积极的作用，希望本案能提醒大众更多地关注家庭内部亲子之间的沟通。

在此我需要特别声明，鉴于案件的性质，为了保护当事人的隐私，本书中使用了一些化名。

最后，我还有一个额外的小故事要跟大家分享。这件事很少有人知晓。我料到潘汉辉多半不会愿意和我聊他家的案件，但我还是想去拜访一下，碰碰运气。2016年4月，我第一次来到了位于海伦街238号的潘宅，但是不巧并没能见到潘汉辉。走近这所潘汉辉和梁碧霞耗尽一生积蓄买下的房子，我首先注意到的是房屋破败的门脸。门廊上的两根木头廊柱和两扇装饰窗都已经腐朽。

想到这所外观寻常的住宅曾经历过怎样的血腥，我立刻觉得这房子变得阴森起来。整整两年时间，为了写作这本书，我沉浸在潘家的案件里，此刻，我难免会情绪用事，走近门廊的时候我忍不住打了个寒战。离潘家愈近，奇怪的感觉就愈甚，几乎到了无法承受的地步。我的胃开始绞痛，也许珍妮弗在接受警方讯问时也是这样的感觉。眼前看到的最让我恐惧的，莫过于前门上遮挡视线的半透明窗帘。帘子的下半截被漆成了黑色，卷到一边。我想象着潘汉辉不断把帘子卷起来，看看是谁在敲门。是记者，还是摄影师？抑或是好心人？我敲了敲门，没有人来开门。我绕到屋子后面，从和海伦街垂直的小道上打量潘家的屋子。我的目光立刻落在二楼的窗户上，那儿原来是珍妮弗卧室的窗户，我想象着珍妮弗坐在那里，琢磨着怎么实现自己的谋杀计划。我在潘家信箱里给潘汉辉留了张便条，然后匆匆离开。

命运的驱使让我在2016年4月10日又一次来到了潘家旧居门前。这是我第二次，也是最后一次来这里。站在门廊里，一双似乎是潘汉辉穿的鞋还有一盆花就在我的右手边。我突然有点情绪失控，觉得无比紧张，我不想打扰那个可怜的人。但就在转身要走的当儿，我还是平静下来，掉回身去，抬手敲了门。如果开门的人看到我以后立刻砰地关上门，我也不会惊讶。结果正相反，一个矮个男子笑容可掬地开了门。我们寒暄之后，他告诉我他是梁碧霞的兄弟，现在他住在这里。在我们交谈的过程中，他始终笑容满面，我也笑起来，对他说："你很喜欢笑啊。"

“他们都叫我‘微笑先生’。”他咯咯笑着说。

我让“微笑先生”代我向潘汉辉转达我希望能和他见面聊一聊的愿望,然后谢过了他,离开了潘宅。

两天后,23岁的珊迪·梁失踪。4月15日,特雷西(珍妮弗的表妹)和警方一起出现在电视节目上,呼唤珊迪回家。

“我们都很爱珊迪。”特雷西说,“她是那种轻声细语的女生,喜欢看书,人很善良,很体贴。哪怕她身上只有一块钱,她也会全部拿出来帮助有需要的人,她就是这样的人。”采访镜头的背景里有个男子捂着脸抽泣。这个几乎崩溃的人抬起头对着镜头说话的时候,紧皱的眉间写满了绝望——不正是“微笑先生”吗?他对着镜头,用带着浓重口音的英语快速地说:“珊迪,如果你看到这个节目,无论如何给我打个电话。”说完,他几乎立刻逃出了镜头。

珍妮弗的表妹、“微笑先生”的女儿珊迪早前一直在姑姑梁碧霞被枪杀的海伦街238号住着。节目播出两天后,珊迪被警方证实已经死亡,死因是自杀。

参考书目

Barlow, D.H. et al. *Abnormal Psychology: An Integrative Approach.* 2nd ed. Toronto: Nelson Education, 2009.

Berling, Judith A.“ Confucianism.” *Focus on Asian Studies* 2, no. 1 (Fall 1982).

Chao, Ruth, and Vivian Tseng. “Parenting of Asians.” In *Handbook of Parenting: Volume 4, Social Conditions and Applied Parenting.* 2nd ed. Ed. Marc H. Bornstein. Mahweh, NJ: Lawrence Erlbaum Associates, 2002.

“ Children and Lying.” The Truth About Deception website: www. truthaboutdeception. com/lying-and-deception/children-and-lying. html. Accessed in 2015.

Choi, Yoonsun et al. “ Is Asian American Parenting Controlling and Harsh? Empirical Testing of Relationships Between Korean American and Western Parenting Measures.” *Asian American Journal of Psychology* 4, no. 1 (March 2013).

Chua, Amy. *Battle Hymn of the Tiger Mother.* New York: Bloomsbury, 2011.

Lam, Andrew. “ The Education of a Vietnamese American Writer.” *The Huffington Post,* January 29, 2013.

Park, Julie. “ On Tiger Moms.” *The Point* (2012). Accessed at https:// thepointmag. com/2012/examined-life/on-tiger-moms.

Reappropriate.com. “ Let’s Talk About On-Campus Depression and Suicide.” (May 9, 2014). Accessed at http://reappropriate.co/2014/05/ today-is-aapimentalhealth-awareness-day-remembering-jiwon-leekevin- lee-andrew-sun-others-apahm2014.

Tan, Amy. *The Opposite of Fate: A Book of Musings.* New York: Putnam, 2003.

Truthaboutdeception.com.